山东省泰山学者工程专项经费资助项目

原始儒学：早期中国的大成智慧

——孔子思想与先秦社会互动研究

魏衍华 / 著

山东人民出版社 · 济南
国家一级出版社 全国百佳图书出版单位

图书在版编目（CIP）数据

原始儒学：早期中国的大成智慧：孔子思想与先秦社会互动研究/魏衍华著.--济南：山东人民出版社，2019.4
ISBN 978-7-209-10257-5

Ⅰ. ①原… Ⅱ. ①魏… Ⅲ. ①孔丘（前551－前479）－哲学思想－研究 Ⅳ. ①B222.25

中国版本图书馆CIP数据核字(2018)第250176号

原始儒学：早期中国的大成智慧
——孔子思想与先秦社会互动研究
YUANSHI RUXUE ZAOQI ZHONGGUO DE DACHENG ZHIHUI
魏衍华 著

主管单位 山东出版传媒股份有限公司
出版发行 山东人民出版社
社　　址 济南市英雄山路165号
邮　　编 250002
电　　话 总编室（0531）82098914
　　　　　市场部（0531）82098027
网　　址 http://www.sd-book.com.cn
印　　装 山东省东营市新华印刷厂
经　　销 新华书店

规　　格 16开（169mm×239mm）
印　　张 19
字　　数 270千字
版　　次 2019年4月第1版
印　　次 2019年4月第1次
印　　数 1-1000
ISBN 978-7-209-10257-5
定　　价 48.00元
如有印装质量问题，请与出版社总编室联系调换。

序　言

杨朝明

中国文化研究首先要在早期儒学研究上下功夫，如果不把孔子及其时代搞清楚，如果不理解孔子儒学的来源和形成过程，要把握中国文化的基本特性，要理解中国文化的高度与深度，则是难以想象的。魏衍华博士选择原始儒学作为研究对象，经过初步研究之后把它定位为“早期中国的大成智慧”，应该说十分妥帖。

放在我们面前的著作是衍华博士的学位论文。2010年5月，衍华完成了他的博士论文的写作，在答辩时得到了各位专家的一致好评，顺利获得了历史学博士学位，成为曲阜师范大学历史学专门史专业的首批博士。毕业后，衍华随我来到孔子研究院工作，在其他繁重的科研和琐碎工作之余，他坚持收集新材料、新成果，对全文进行了系统的修改。现在，这部著作即将出版问世，我心里十分高兴。

我与衍华相识于2004年，他当时师从曲阜师范大学《齐鲁学刊》编辑部的杨春梅教授，攻读史学理论及史学史专业硕士学位。在此期间，我曾给他们开设过“儒学与中国传统史学”“中国史学名著导读”等课程。衍华的硕士论文题目是《二十世纪中国通史编纂的成就与特征》，但他似乎对孔子与中国文化有着浓厚的兴趣。他最初给我的感觉就是勤奋刻苦，知识牢固，视野开阔，为人谦恭，他的十余万字的硕士学位论文就是最好的证明。另外，他给我印象很深、也是最打动我的，是利用课余时间，不辞辛苦，通过自己的劳动解决生活费用，这是一种来自农村的学子的坚忍品格。

2007年9月，衍华考入曲阜师范大学孔子文化学院，成为专门史专业的首批博士研究生，跟随我攻读“孔子与中国文化”方向博士学位。衍华是我招收的第一位博士研究生，当时我心情的确有些复杂，兴奋的同时也有一些担忧。兴奋的是他有一股子上进精神，我希望他能成为孔子儒学研究领域的新秀，担忧的是他的底子有些单薄，学习起来会有些吃力。于是，我与衍华约定，他要对自己要求非常严格。的确，在此后的几年中他从不松懈，坚持扎扎实实打基础，从基本经典的研读入手，补齐了此前孔子儒学底子较薄的短板，在此后的研究中也显得得心应手。

我之所以鼓励他选择这样的题目，还有一个特殊的原因，就是此前我曾组织当时单位的其他六位教授编纂“孔子与历代中国社会”丛书，其中“儒学与先秦社会”这部分由我来承担。这套书至今还没有出版，但衍华的这篇博士论文却可以说是第一部将要出版的该丛书的成果。我与衍华商量，对此前拟定的提纲、体例和已经写作的内容进行调整。现在，这部著作分为上、中、下三篇，讲清楚了许许多多重要的学术问题，如孔子学说深深扎根于孔子以前数千年的中国社会，孔子学说在先秦时期就得到了社会的检验，孔子学说的生命力在于具备了天地之美、万物之理，孔子学说不愧为早期中国的集大成的智慧等。

不言而喻，对衍华这样的初学者来说，这样宏阔的选题无疑是一个不小的挑战。衍华知难而上，他尽可能地收集和阅读国内外的相关资料，边学习、边研究、边思考、边调整，孔子学说来源于先秦社会，服务于先秦社会，又超越了先秦社会，与当时的社会形成了一种双向互动的关系。循着这样的思路，他看到，孔子学说并不是不为社会所接受，而是不为春秋末期那个特定的时代所接受而已。正如孔子弟子颜回所说：“夫道既已大修而不用，是有国者之丑也。不容何病，不容然后见君子！”孔子学说不被那个时代所接受，可能不仅是孔夫子的悲哀，更是那个时代的悲哀！

衍华的结论无疑是对所谓孔子儒学“迂远而阔于事情”这一传统说法的挑战。然而，他的研究却是建立在扎实、科学论证基础之上的，是对孔子学说正本清源式的研究与解读。这种解读基于对史料认真准确的分析与解读，充分运用了新出土文献资料和被新出土文献“激活”的传世文献，他力争思路开阔，不断拓展自己思维的深度和宽度。尽管这一研究还显得有些稚嫩，还有许多需要继续开拓的空间，但是为我们继续“孔子儒学与历代中国”的研究工作进行了有益的探索，提供了新的思路。

不言而喻，我们研究孔子儒学与先秦社会的互动关系，一个重要的原因是认识传统的中国，认识古老的中华文明，正本清源地解读孔子思想与儒家学说，汲取孔子儒家解决春秋战国时代问题和重建社会秩序的智慧。就像我们常说的，研究孔子学说与他那个时代的“已然”，是为了探讨“儒学与现代社会”这个“未然”，是为了我们当下如何准确把握时代脉搏，怎样为解决当今的社会问题提供资鉴。衍华博士在这方面做了扎实的工作，作出了自己的贡献。前年，衍华被评为“山东省泰山学者青年专家”，相信他一定会更加不懈地努力，会取得更大进步，做出更优异的学术成果。

2018年9月29日

目 录

绪　论

任何一个有希望的民族都不会无视自己的文化传统，都会从自己的文化传统中汲取有益于当今社会的营养，在现实世界中构建自己的“新”文化。今天，中华民族在思考如何建立自己的“精神家园”时，当然也不能不认真审视、细细瞻望两千五百多年前“孔子的智慧”。即使没有西方有识之士给我们的善意“提醒”，中国人当然也会回顾历史，回顾孔子留给我们的遗产。我们对孔子思想的现代价值进行逻辑推理和注释，不能不依托孔子思想在中国历朝历代的“具体实践”。那么，回顾孔子思想形成的年代，研究孔子学说与先秦社会之间的双向互动关系，是否具有更重要的学术价值与现实意义呢？

班固在《汉书·艺文志》中说：“儒家者流，盖出于司徒之官，助人君顺阴阳明教化者也。游文于六经之中，留意于仁义之际，祖述尧舜，宪章文武，宗师仲尼，以重其言，于道最为高。”[①]其中，“祖述尧舜，宪章文武，宗师仲尼”一语，可以说是原始儒学形成、发展以及孔子思想最显著的特征。孔子是儒学的创始人，他尊崇尧、舜、禹、汤、文、武、周公等三代“明王”，认为其统治时期是中国社会政治的“大同”世界，是后世政权文化的制作之“源”。而孔子以后的历代儒家又以孔子为“宗师”，逐渐形成一个能代表中

① 〔汉〕班固：《汉书》卷三〇，中华书局1962年版，第1728页。

华传统文化的学术团体——原始儒家。

在孔子以前，已有“儒”的存在，但那时只是指“以教书相礼等为职业之一种人”，而孔子所创立的儒家则是“先秦诸子中之一学派”。“儒为儒家所自出，儒家之人或亦仍操儒之职业，但二者并不是一回事。”[①]“后来在儒之中，有不止于以教书相礼为事，而且欲以昔日之礼乐制度平治天下，又有予昔之礼乐制度以理论的根据者，此等人即后来之儒家。孔子不是儒之创始者，但乃是儒家之创始者。”[②]冯友兰先生肯定了孔子对于儒学创立的特殊贡献。

儒家学派在先秦时期创立和形成后，在中国此后两千多年里，不断发展壮大。相对于后世儒学发展的各个阶段而言，先秦儒学则具有原创性。在“祖述”尧舜、“宪章”三代“明王”的基础上，孔子及其圣徒批判地继承了三代以来文明的精髓，教授弟子，整理旧典，创立学说。孔门弟子及其后学记录与整理了孔子遗说，并将孔子思想加以弘扬、践履和传播。在数量庞杂的孔门弟子及其后学之中，战国时期的三位儒学大师子思、孟子、荀子的成就尤为显著。子思是孔子裔孙，其成就自不待言。据业师杨朝明先生研究，许多孔子“遗说”赖子思整理得以流传。[③]战国时期，孔子儒学之道“分殊”，“唯孟轲、孙卿守其所习”[④]。孟子“私淑”诸人，“受业子思之门人”[⑤]“通《五经》，尤长于《诗》《书》”[⑥]，阐发孔子学说的精义。荀子被称为原始儒学中的最后一位大儒，他批判诸子，总结原始儒学，阐释孔子思想。荀子不仅将孔子“遗说”带到了秦国，而且在《荀子》一书中留下了大量与孔子相关的珍贵资料。所谓“原始儒学”，就是指以孔子为核心，包括孔子弟子、子思、孟子、荀子

① 冯友兰：《中国哲学史》下，生活·读书·新知三联书店2009年版，第538页。

② 冯友兰：《中国哲学史》下，生活·读书·新知三联书店2009年版，第556页。

③ 据杨朝明先生研究，不仅《论语》应该是孔子裔孙子思最终主持编纂而成，而且在子思的著作中，一定有专门记录孔子遗说的内容，并且为数不少。

④ 杨朝明、宋立林主编：《孔子家语通解》，齐鲁书社2013年版，第578页。

⑤〔汉〕司马迁：《史记》，中华书局1959年版，第2343页。

⑥〔清〕焦循：《孟子正义》下，中华书局1987年版，第7页。

等“圣”“哲”在内的早期儒家创立的学术共同体。

从儒学发展史的角度看，原始儒学立足于诸子“争鸣”的春秋战国之世，主张“修己以安人”和“德治仁政”，强调“正名”，带有明显的“德性色彩”，与秦汉之后与皇权相结合的“威权色彩”儒学有着明显的区别[①]。因此，“原始儒学”又因其时代而称为“早期儒学”或“先秦儒学”。由此看来，“原始儒学”其实就是指孔子儒学发展的最初阶段，是相对“两汉经学”“宋明理学”以及“现代新儒学”而言的，它具有更强的学说原创性。从这个意义上说，此后儒学的形态均可以称为“新儒学”，有人称为“学着讲”“照着讲”或“接着讲”[②]。就其“宗师仲尼”的共同特征而言，将后世儒学列入此范畴，显然是有其道理的。

孔子学说来源于社会，立足于“礼坏乐崩”的春秋末期，把拯救混乱的社会秩序作为目标，所用资源是上古三代以来礼乐文明和诗书文化中的“明王之道”。在孔子学说形成之初，他曾通过在鲁国的短暂为政（曾任鲁国的中都宰、司空和大司寇），使其学说得到春秋末期社会的初步检验。孔子因“好学”而“博学”，因“博学”而“闻名”。他以由“天道”到“人道”的思维方式切入，思考人与自然、人与人、人与社会之间的相处之道。在这一过程中，孔子学说逐渐丰富、发展与成熟。虽然孔子学说未被“礼坏乐崩”的春秋之世的诸侯士大夫们所接受，但是新出土文献资料证实，在“争于气力”的战国之世，孔子儒学得到广泛的传播，形成了“南传”“北进”的宏阔格局。这不仅使人们过去对早期儒学的模糊认识变得更加清晰，而且“激活”了部分被长期视为典型“伪书”的传世文献，为重新认识孔子学说提供了新的契机。在“百家争鸣”中，原始儒学经过孔子弟子、子思、子思门人、孟子与荀子等数

---

① 杨朝明：《儒学的三个阶段》，《光明日报》2015年8月24日。

② 郭庆堂：《20世纪中国哲学的历史分期：学着讲、照着讲、接着讲》，《聊城师范学院学报》（哲学社会科学版）2001年第3期。

代人的努力，逐渐成为战国时期的“显学”，成为当时社会影响最广泛的学术共同体。

原始儒学凝结着中国早期先民的超凡智慧，决定着此后两千五百年中国文化发展的大方向。正如柳诒徵先生所说：“孔子者，中国文化之中心也。无孔子则无中国文化。自孔子以前数千年之文化，赖孔子而传；自孔子以后数千年之文化，赖孔子而开”。[①]梁漱溟先生亦说：“中国文化自很古时候到后来，自然也有几个重要的变动——如封建郡县之变，然而总可以说自始至终没有大变。这前后差不多的文化，似乎中间以孔子作个枢纽：孔子以前的中国文化差不多都收在孔子手里，孔子以后的中国文化又差不多都由孔子那里出来。”[②]1988年，“第一届诺贝尔奖获得者国际大会”在法国巴黎举行，会议的主题是“面向21世纪”。在此次会议上，“人类要生存下去，就必须回到25个世纪以前，去汲取孔子的智慧”[③]，是与会者普遍赞同的一个重要“结论”和“建议”。而这也将孔子思想学说与人们面对的现实困惑以及整个人类社会的持续生存困境等问题连接起来。那么，人们汲取的是怎样的“孔子的智慧”呢？孔子思想、儒家学说又何以具有这样的价值呢？

其实，认识到孔子学说的价值者大有人在，钱穆先生曾极力赞誉孔子，说：“孔子为中国历史上第一大圣人。在孔子以前，中国历史文化当已有两千五百年以上之积累，而孔子集其大成。在孔子以后，中国历史文化又复有两千五百年以上之演进，而孔子开其新统。在此五千多年，中国历史进程之指示，中国文化理想之建立，具有最深影响最大贡献者，殆无人堪与孔子相比伦。”[④]另外，联合国教科文卫生组织干事泰勒博士曾经说：“当今一个昌盛、成功的社会，在很大程度上，仍立足于孔子所确立和阐述过的很多价值观

---

① 柳诒徵撰，蔡尚思导读：《中国文化史》上，上海古籍出版社2001年版，第263页。

② 梁漱溟：《东西文化及其哲学》，商务印书馆1999年版，第150页。

③ 顾犇：《关于诺贝尔与孔夫子的一些说明》，《中国文化研究》2002年冬之卷。

④ 钱穆：《孔子传》，生活·读书·新知三联书店2002年版，序言第1页。

念。这些价值观念是超越国界、超越时代的；属于中国，也属于世界的；属于过去，也会鉴照今天和未来。”[①]立足于当前儒学与社会的关系问题，回首两千五百多年前精神矍铄、步履蹒跚的老人在各国之间游说，孔子又是如何思考自己的学说与社会间的关系呢？他的学说为什么能超越时空、跨越国界、具有更广泛的普世价值呢？这实在是令人深思的问题。

在不少人心目中，孔子“是不同于一般人的‘圣人’，他几乎无事不知，无事不能的”[②]。从孔门弟子对他的尊崇中可窥见孔子“博学而无穷”的特点。正如子贡说：“譬之宫墙，赐之墙也及肩，窥见室家之好。夫子之墙数仞，不得其门而入，不见宗庙之美，百官之富。得其门者或寡矣。”（《论语·子张》）孔子并非真的苛求世人了解他，说：“人不知而不愠，不亦君子乎？”又说：“不患人之不己知，患不知人也。”（《论语·学而》）但是，当他被人了解或为人“知”时，孔子也会“不亦说乎”。如在陈蔡绝粮时，颜回说：“夫子之道至大，故天下莫能容。虽然，夫子推而行之，不容何病，不容然后见君子！夫道之不修也，是吾丑也。夫道既已大修而不用，是有国者之丑也。不容何病，不容然后见君子！”孔子则欣然曰：“有是哉颜氏之子！使尔多财，吾为尔宰。”（《史记·孔子世家》）虽然后世批判或赞扬孔子之人未必都能够真正了解他的学说，了解孔子其人，但是并不妨碍他成为中国历史上最受关注的至圣先师。如有学者说：“到目前为止，世界上大概还找不到第二个人，象中国的孔子这样，在差不多长达两千五百多年的日子里，受着无数亿万人的关注，从膜拜、尊崇，到评论、指责，乃至谩骂、揶揄，竟从未中断过。”[③]这不能不说“是中国文化史上的一大景观”。

这一“景观”何以会出现？最根本的原因是什么？我们今天应如何看待？

---

① 王华山：《儒学与中国软实力》，《齐鲁文化研究》第五辑，山东文艺出版社2006年版。

② 杨朝明：《“博学”的孔夫子》，《国际教育周刊》2006年第6期。

③ 李启谦、姜林祥主编：《孔子思想与当代社会》，天津社会科学院出版社1992年版，第35页。

孔子作为“中国文化”的象征与代表，对孔子思想的探讨已经不仅仅是对孔子本人的研究，而且涉及对中国哲学的整体估价。孔子思想被称为“集大成”者，它既包含着对此前两千五百年文化的继承，也凝聚着他那个时代诸多贤哲的智慧。要探讨中国哲学的形成、研究中国哲学的起点，就有必要探讨孔子处于怎样的社会之中，他又是站在怎样的高度思考人生真谛、重构社会秩序。特别是，孔子晚年对《周易》的喜爱，体现出他对上古时期形而上思维的继承。如《史记·孔子世家》云：“孔子晚而喜《易》，序《彖》《系》《象》《说卦》《文言》。读《易》，韦编三绝。”从中可以看出，晚年的孔子定对哲学进行过系统的研究，才有“加我数年，五十以学《易》，可以无大过矣”（《论语·述而》）的感叹。同时，马王堆帛书《要》篇中说：“夫子老而好《易》，居则在席，行则在橐。”这恰好可以与《汉书·儒林传》中的相关记载相印证。[①]孔子后学也继承与发展了其形而上的哲学思想，如《中庸》中“万物并育而不相害，道并行而不相悖”的宇宙观；《易传》中“天下一致而百虑，同归而殊途”的文化观；等等。这也难怪《庄子·天下》中认定中国古代的“道术”中蕴含着“天地之美”“万物之理”和“古人之全”[②]，是战国时期诸子所无法彻底领悟的深层原因。

一、“孔子儒学与早期中国的关系”研究的意义

从根本上讲，孔子儒学的研究大致可归结为何为孔子儒学和孔子儒学有什么用两方面，而且二者密切相连。对原始儒学以及它与早期中国的关系的理解，决定着此后中国儒学的发展方向。孔子儒学自秦汉时期开始就逐渐成为中国传统文化的主干，儒学与中国社会的关系便成为历代学者思考的核心问题

---

① 《汉书·儒林传》：“盖晚而好《易》，读之韦编三绝，而为之传。”

② 陈鼓应：《庄子今注今译》，中华书局1983年版，第855页。

之一。如汉唐经学、宋明理学以及近代中国的新儒学，无一不是儒者思索中国社会问题的智慧之果。当然，要真正了解儒学与中国社会的关系，最佳路径就是要回到先秦社会、回到元典、回到孔子生活的那个时代，切身体会孔子是如何思考与回应社会问题的。在文化多元、文明对话的今天，中国传统儒学在社会转型期过程中应起到怎样的作用？新社会应孕育出怎样的新儒学，或者说中国的新儒学应该走向何处？换句话说，这个社会出了什么问题？我们应该怎么办？从性质上讲，多少年来学者们的研究和探讨大都可以归结于此。当然，这种对"未然"命题的探讨与追问，理应在"已然"的命题中得到启示和借鉴。所以，研究原始儒学与先秦社会之间的互动关系，就具有了更强的现实性，更具社会价值。

当前学术界对原始儒学还存在诸多误解，如早期儒学有没有形而上的哲理思考？孔子学说与同时代的思想家相比又有着怎样的独特之处？德国著名哲学家黑格尔曾在对比了孔子与老子以及其他哲学家的思想之后，不无玩笑地说："我们看到孔子和他的弟子们的谈话（按即《论语》——译者），里面所讲的是一种常识道德，这种常识道德我们在哪里都找得到，在哪一个民族里都找得到，可能还要好些，这是毫无出色之点的东西。孔子只是一个实际的世间智者，在他那里思辨的哲学是一点也没有的——只有一些善良的、老练的、道德的教训，从里面我们不能获得什么特殊的东西。"[①]黑格尔的观点则代表了当时西方世界对孔子思想的认识，代表了以西方文化为中心的学者对孔子儒学的态度。正如美国著名汉学家安乐哲先生说："排外的别种文化拒绝接纳儒学的态度，源于一种文化不情愿从根据另一种文化的价值观来规范和再定义自身。"[②]正因如此，当时的西方世界是不可能真正了解孔子思想精髓的。

---

① 〔德〕黑格尔：《哲学史讲演录》第一卷，贺麟，王太庆等译，上海人民出版社2013年版，第117、118页。

② 〔美〕安乐哲：《和而不同：中西哲学的会通》，温海明等译，北京大学出版社2009年版，新版序言第5页。

其实，对孔子哲学思想高度的误解，主要来源于对孔子与《周易》《易传》关系的错误认识。孔子“正《易传》”以及“定五经”，说明孔子与《易传》是有密切关系的。正如李学勤先生说：“孔子定《易》，当然不是孔子仅仅读过《周易》，否则就不能用一‘定’字。”[①]《易传》中包含着丰富的哲学思想，孔子对于《易》所采取的态度与史、巫都不相同，正如马王堆帛书《要》篇云：“后世之士疑丘者，或以《易》乎？吾求其德而已，吾与史巫同途而殊归者也。”[②]由此可见，孔子思想中并不缺乏哲学的思维，对他的误解是由学术界认识范式的偏差造成的。其实，只有将孔子思想与上古三代、春秋诸贤的智慧连接起来，才能对孔子学说的高度和深度有真切的把握。

自孔子儒学产生之日起，世人对儒学的认识就有分歧。这里面有认识到儒学的积极价值者，如仪封人说：“二三子，何患于丧乎？天下之无道也久矣，天将以夫子为木铎。”（《论语·八佾》）同时，有不少误解者，如齐国大夫晏婴说：“今孔子盛容饰，繁登降之礼，趋详之节，累世不能殚其学，当年不能究其礼。”（《史记·孔子世家》）楚令尹子西说：“今孔丘述三五之法，明周召之业，王若用之，则楚安得世世堂堂方数千里乎？”（《史记·孔子世家》）而梁惠王给予孟子“迂远而阔于事情”（《史记·孟子荀卿列传》）的评论，则成为后世批评孔子儒学最经典的话语。其实，汉代史家司马谈的评论应代表人们心目中对儒学的双重印象，他说：“儒者博而寡要，劳而少功，是以其事难尽从；然其序君臣父子之礼，列夫妇长幼之别，不可易也。”（《史记·太史公自序》）

近代以来，随着人们对中华传统文化批判的深入，孔子儒学“迂远而阔于事情”的特质，似乎成为讥讽甚至否定原始儒学的重要依据，似乎也找到孔

① 李学勤：《周易经传溯源——从考古学、文献学看〈周易〉》，长春出版社1992年版，第107页。

② 刘彬：《帛书〈要〉篇校释》，光明日报出版社2009年版，第16页。

子及儒家不为“世”所用的铁证，至今这一观点在人们心目中仍有很大的影响。当然，越来越多的学者也注意到这些批判对原始儒家存在偏见，如方铭先生评论说：“不是孔子、孟子不知道卫灵公、梁惠王所想，而是不愿意迎合卫灵公、梁惠王的不义之战，所以被认为‘迂远而阔于事情’。这种‘迂远’，正是孔子、孟子的坚守，其‘阔于事情’，是与违背仁义的事实人情保持距离，而不是不明事理。”[①]要消除人们对孔子儒家的特点、社会功能的误解，走出对原始儒家的迷茫，必须回到先秦社会，认真探讨原始儒学与早期中国社会相关的系列问题。

孟子称孔子学说为“集大成”者，说：“孔子之谓集大成。集大成也者，金声而玉振之也。金声也者，始条理也；玉振之也者，终条理也。”（《孟子·万章下》）汉代赵岐在《孟子注》中说：“伯夷清、伊尹任、柳下惠和，皆得圣人之道也。孔子时行则行，时止则止。孔子集先圣之大道，以成己之圣德者也，故能金声而玉振之。”[②]朱熹则说：“此言孔子集三圣之事，而为一大圣之事；犹作乐者，集众音之小成，而为一大成也。成者，乐之一终，《书》所谓‘箫《韶》九成’是也。”[③]然而，由于人们尚未真正对孔子思想与先秦社会之间的关系作出准确评价，所以对孔子思想以及上古文明的估价也存在诸多的问题。就当前研究的成果而言，人们对原始儒家思想的不少断语都可以用“习焉不察”“莫名其妙”来形容。其实，只有深入分析进而正确认识二者之间的关系，才能清楚地理解孔子儒学是怎样成为早期中国“大成”智慧的，才有可能走近我们的孔夫子。

总之，学术界在中国古代文明发展的长度和高度的认识上存在偏见，对相关材料的认识也有着明显的误解，进而严重影响到对孔子思想与中国传统文

① 方铭：《儒家“迂远而阔于事情”辨——以秦博士与秦始皇的冲突为例》，《淮阴师范学院学报》（哲学社会科学版）2005年第2期。

② 〔清〕焦循：《孟子正义》，上海古籍出版社1993年版，第301页。

③ 〔宋〕朱熹：《四书章句集注》，中华书局1983年版，第315页。

化关系的正确估价。因此，如何理解孔子站在历史高度思考社会、国家、人生等问题？孔子学说有着怎样的理论高度和认识深度？欲对此类问题作出近真的回答，就有必要梳理孔子思想与早期中国社会之间的关系问题。

二、相关研究现状的回顾与分析

尽管孔子儒学与历代中国社会的关系问题是近代以来学者所提出来的，但是一经提出就立刻引起了社会各界的广泛关注。人们纷纷从二者关系的角度著书立说，也取得了显著的成果。在多数情况下，学术研究应关注人生，密切联系当今社会。孔子思想与历代中国社会的关系也是如此，对此问题的研究都是以梳理孔子思想与上古三代及春秋社会的关系为前提的。研究孔子儒学与现代社会之间的关系问题，就是要搞清楚儒学对解决当前社会问题有着怎样的启发。20世纪80年代，学术界出现了一股“儒学热”，讨论的问题主要集中在儒学思想在今天和未来社会的价值和地位，即如何实现儒学的创造性转化、创新性发展问题。基于此，儒学与现代社会之间的关系问题也逐渐进入人们的视野。如有学者说：“既然时至二十世纪，孔子与儒家还常被看作中国文化传统的主要表征，那末，倘要探究未来中国与未来世界的相互关系，不讨论儒家思想与未来社会的相关度问题，行吗？”①

在此思潮的影响下，学术界将孔子诞辰2540周年的1989年定为中国“儒家年”，并多次召开孔子、儒学与当代社会关系的学术讨论会。《儒家思想与未来社会》一书是复旦大学“儒家思想与未来社会”国际学术研讨会的论文集；《儒学与现代化》②是以“儒学及其现代意义”为主题论文的集结，与会

① 复旦大学历史系、复旦大学国际交流办公室：《儒家思想与未来社会》，上海人民出版社1991年版，第1页。

② 中华孔子学会：《儒学与现代化——儒学及其现代意义国际学术研讨会论文集》，人民教育出版社1994年版。

学者在儒学并非现代化的障碍，而是可以成为现代化的助力问题上达成一致意见。此外，何成轩、李甦平的《儒学与现代社会》将儒学分为在中国、越南、日本、韩国、新加坡以及儒学与民族文化等几个专题，并将其置于“亚洲‘四小龙’的腾飞，东亚政治经济的发展”及“儒学在亚洲的历史作用与当代价值”[①]背景之下，集中讨论儒学与亚洲社会之间的关系，展现了儒学在亚洲国家现代化进程中的重要作用。

此外，还有学者对此问题进行了深入思考，如韦政通先生的《儒家与现代中国》[②]，主要涉及儒家道德思想、儒家思想影响下的人格、科学与民主对儒家的冲击、现代新儒学的相关问题等几个方面；宋仲福、赵吉惠、裴大洋等先生的《儒学在现代中国》，涉及“辛亥革命至1989年底”这一时间段内“儒学在现代中国”的“生命价值及内在关系”，重点研究中国传统儒学的“历史命运”以及为中国的“现代文化发展的道路”提供借鉴；李启谦、姜林祥主编的《孔子思想与当代社会》，“试图运用马列主义的立场、观点和方法，在分清孔子、儒家思想的精华与糟粕的基础上，把孔子、儒家思想与现代文明建设有机地结合起来，着力于找出二者的契合点”[③]。总之，这一时期的著作主要在20世纪末期儒学文化热的背景下来讨论儒学与现代社会之间的关系问题，具有重要的现实意义。应该说，此时学者们的思考还不够成熟：一方面对孔子儒学的社会性思考尚未形成完整的理论体系；另一方面对孔子儒学与先秦社会的关系并未作深入的研究，特别是在研究方法、视角和材料运用上都有着明显的时代局限性。

正如《庄子·天下》中说：“天下大乱，圣贤不明，道德不一，天下多得一察焉以自好。”《史记·太史公自序》中亦说：“夫阴阳、儒、墨、名、法、

① 何成轩、李甦平：《儒学与现代社会》，沈阳出版社2001年版，第521页。

② 韦政通：《儒家与现代中国》，上海人民出版社1990年版。

③ 李启谦、姜林祥主编：《孔子思想与当代社会》，天津社会科学院出版社1992年版，第307页。

道德，此务为治者也，直所从言之异路，有省不省耳。”也就是说，原始儒学与先秦其他诸子，都是欲拯救“礼坏乐崩”社会的产物，都是从“古之道术”中撷取出自认为是解决社会问题的最佳药方。其实，每当社会出现重大转折时，当时的学者都会提出相似的问题，如白寿彝先生在总结近代史学时就曾说：“这是一个什么时代？这个问题当时在敏感的史学家面前尖锐地提出来了。紧接着，又提出了第二个问题：——人们对于这个时代，应该怎么办？”[①]而孔子儒学作为一种修身、齐家、治国、平天下的学说，自产生之日起就与社会结下了不解之缘，当前学术界的研究差不多都是以此为基点的。

近年来，学术界主要是从孔子儒学的思想源流、文化社会学、社会秩序及社会文明等角度阐述孔子学说与当时社会的关系。如吴龙辉的《原始儒家考述》、彭立荣的《儒文化社会学》、李书有的《儒学与社会文明》、张德胜的《儒家伦理与社会秩序——社会学的诠释》、周月亮的《孔学儒术——早期儒学及其演化》等；近些年来出版的中国儒学史、思想史、先秦史等著作，对这一问题也有所涉及，如王钧林的《中国儒学史（先秦卷）》、谢祥皓与刘宗贤的《中国儒学》、庞朴主编的《中国儒学》、葛兆光的《中国思想史》、江林昌的《中国上古文明考论》等。此外，学者们出版的先秦儒家评传、传记以及儒者与中国文化的相关著作也有所涉及，如钱穆的《孔子传》、匡亚明的《孔子评传》、蒙培元的《蒙培元讲孔子》和《蒙培元讲孟子》、陈卫平与郁振华的《孔子与中国文化》、杨泽波的《孟子与中国文化》以及惠吉星的《荀子与中国文化》等。

尽管学者认为原始儒学得到了先秦时期社会的滋养，在社会实践中也不断地发展与传播，但是孔子儒学与先秦社会之间互动的研究则显得相对薄弱。之所以如此，我认为关键在于对孔子之前社会发展的长度和高度缺乏正确的认识。这里的“长度”和“高度”，李学勤先生解释说：“所谓长度是

---

① 白寿彝：《白寿彝史学论集》下，北京师范大学出版社1994年版，第606页。

指中国的早期文明是怎么样的久远，它又怎么样在历史长河里绵延传承下来……所谓的高度就是指在它早期发展过程当中达到了怎样的高峰，又在我们周围的世界里面起着怎样的影响作用。”①对孔子之前社会文明程度的估价是否准确，一定会影响到对孔子思想学说高度和深度的认识与把握。

总之，孔子儒学与先秦社会的关系问题，虽然受到学界诸多学者的关注，并做了探索性的尝试，但是研究成果还不多，更不用说“孔子学说与先秦社会的关系”相关问题的专门著作。换句话说，当前的学术研究成果并没有准确地回答孔子学说与先秦社会之间的互动关系。如孔子学说何以在鲁国社会产生？早期儒家用怎样的思维模式回应社会中的种种问题？他们面对社会现实中出现的新问题又做了怎样的调整？此外，在经过初步检验之后孔子学说又经历了怎样的传播和发展过程？这些问题都是我们思考与研究原始儒学属性的初心，进而给出合理解释和明确的答案，从中彰显出研究原始儒学与先秦社会互动关系的价值与意义。

三、本文研究的条件与方法

随着中华传统文化的复兴，孔子思想与当前社会的关系问题也逐渐成为学者们关注的热点。原始儒学与先秦社会的关系作为二者关系的源头，则是其后学者值得探讨和必须探讨的问题。当前学术界对原始儒学及早期中国的社会状况都进行了很好的研究，为研究二者的关系提供了新的机遇。

在考古发掘的基础上，李学勤先生曾提出要“走出疑古时代”，利用“文献研究和考古研究结合”的方法，希望对“整个中国古代文明作出重新估价”②，并高屋建瓴地提出了“中国文明究竟是在什么时候、在什么地点、通

① 李学勤:《辉煌的中华早期文明》，《科学中国人》2005年第4期。

② 李学勤:《走出疑古时代》，长春出版社2007年版，第10页。

过怎么样的途径起源的”[①]等问题。其他学者对此相关问题也有深入研究，如张光直先生以青铜器研究为切入点，对“中国青铜时代文化与社会的若干主要特征”作了整体性的探讨。他说：“金属器物（包括青铜器物）的初现远在青铜时代的开始以前，但到了二里头文化的时代，青铜器的显著重要性成为不疑的事实，而现在大家相信中国青铜时代的开始不会迟于公元前二千年。”[②]这从一个侧面彰显出上古三代时期中华早期文明发展的高度和一贯性。20世纪夏商周三朝王都遗址、五帝时代龙山文化遗址和仰韶文化遗址，以及长江流域、辽河流域丰富多彩的考古文化成果给人们以“中国古文明不仅起源早，而且是多源并起，各有特色”[③]的印象。学术界对中华上古文明的研究，一方面是对“五千年文明史”的考信；另一方面是对孔子学说“祖述尧舜，宪章文武”特点的考证；同时，为走出疑古、重新估价中国上古文明提供有利条件。

新出土文献为重新认识原始儒家思想学说、重建上古文明，带来新的契机。正如王国维先生曾说：“古来新学问起，大都由于新发现。”而我们正处于地下文献不断涌现的“幸运”时代，如湖南长沙子弹库楚帛书、湖南慈利石板村楚简、湖北云梦睡虎地秦简、安徽阜阳双古堆汉简、湖北江陵九店及张家山简帛、湖北荆门郭店楚墓竹简、上海博物馆馆藏战国楚竹简、山东临沂银雀山汉简、定州八角廊汉墓竹简以及清华大学馆藏战国竹简等，都对研究原始儒学的传播及战国时期中华文明的发展状况提供了较为丰富的文献材料。如郭店楚墓竹简《语丛》中引《论语》的相关材料和定州八角廊汉墓中出土的简本《论语》，在一定程度上反映了儒家文献在各地的传播状况，这不得不使我们对古书的形成、流传以及近代以来的疑古思潮进行重新思考。如庞朴先生曾说：“过去我们可以推说这是伪作，现在显然没有这等方便可捞了，因为竹简

---

① 李学勤：《中国古代文明研究》，华东师范大学出版社2005年版，第3页。

② 张光直：《中国青铜时代》，生活·读书·新知三联书店1983年版，第2页。

③ 江林昌：《中国上古文明考论》，上海教育出版社2005年版，第5页。

具在。面对竹的事实，我们不能不改弦更张，温故知新，清理成见，重新认识。”[①]葛兆光先生也说：“70年代以来的这些考古发现，对于研究思想史的人来说，确实是一个相当刺激的资源。比如，由于发现了七十子与儒家历史的新资料，从孔子到荀孟之间的缺略有可能填补了；很多古代儒者的言论被发现，使得原来以为产生很晚的思想，发现了它更早的源头。”[②]如果说“打开‘郭店简’就打开了一个哲学世界”，那么清华大学馆藏战国竹简则为世人展现出一个中国上古文明的“历史世界”。

学者们在惊叹其“幸运”的同时，也在反思新出土文献带给人们的新视野。无论是新出土文献有关“五帝”“三王”的记载，还是“夏商周断代工程”研究的最终成果，都只是提供了中华上古文明发展的骨架。中国上古哲人具有怎样的思维方式？或者说他们的思想状况是怎样的？与之相关联的是，当前学术界对于孔子思想的“宽度”“深度”或“高度”的认识还有不小的分歧，前引黑格尔的观点则代表了当时许多西方学者对孔子学说的理解。在当前中国学术界，情形何尝不同样是如此？其实，有些学者的研究成果出现了极大的偏差，甚至可以说是对孟子“孔子之谓集大成”立论进行彻底否定。同时，这无疑是对孔子之前两千五百余年中华文明的一种误读。

老子与孔子分别作为先秦时期道家与儒家的开创者，都对春秋社会所出现的“礼坏乐崩”现象进行了形而上的思考，老子的思想集中于《道德经》，孔子的思想主要集中于《论语》及《易传》。孔子对社会管理、天道人情的思考，尤其是对老子以及诸贤思想“择善而从”的特点，决定了孔子思想的高度和深度。孔子常常说“吾闻诸老聃曰”“吾闻诸老聃云”，尤其是子贡点评子夏对《易》《山书》等的理解时的“微则微矣，然则非治世之待也”（《孔子家语·执辔》），更体现出早期儒家对现实的关注与对贤哲思想的深化。荀子也

① 庞朴：《话说“五至三无”》，《文史哲》2004年第1期。

② 葛兆光：《思想史视野中的考古与文物》，《文物》2000年第1期。

曾说："善为《诗》者不说，善为《易》者不占，善为《礼》者不相，其心同也。"（《荀子·大略》）孔子儒家深入思考的是社会治理问题，关注的是现实世界苍生的安危，寻求"天下国家可得而正"[①]。

孔子对其学说是充满自信的，他曾说："殷因于夏礼，所损益，可知也；周因于殷礼，所损益，可知也；其或继周者，虽百世可知也。"（《论语·为政》）也就是说，大到对天地人"三才之道"的阐述，小到对为人处世原则的阐释，以及对社会发展规律的宏观把握，孔子都进行了深入的探讨，昭示着原始儒学成为中国思想史上的一座"高峰"。如子贡赞誉说："他人之贤者，丘陵也，犹可逾也；仲尼，日月也，无得而逾焉。"（《论语·子张》）又如有若赞誉说："出于其类，拔乎其萃，自生民以来，未有盛于孔子也。"（《孟子·公孙丑上》）在孔门弟子看来，孔子学说已达到高"不可逾"的境界。

新出土文献的相继问世，为重新思考孔子思想的特点及机缘提供了前提。如郭店楚墓竹简《唐虞之道》涉及上古社会的禅让问题，为研究早期儒家的相关思想提供了旁证；上海博物馆馆藏战国楚竹书《容成氏》涉及上古帝王传说，从容成氏等最古老的帝王一直讲到周文王、周武王，这一系统也可与今本《竹书纪年》的内容相印证；河北定州八角廊汉墓竹简、安徽阜阳双古堆汉墓木牍、上海博物馆馆藏战国楚竹书以及英藏敦煌写本《孔子家语》等，则为重新认识《孔子家语》一书的真伪问题带来新的契机。郑良树的《诸子著作年代考》、刘建国的《先秦伪书辨正》等，都是运用出土文献反思"伪书"的新作，并为重新认识古书的形成与传流提供了平台。李学勤先生曾指出："对古书形成和传流的新认识，使我们知道，我国古代大多数典籍是很难用'真''伪'二字来判断的。"[②]所以，在新出土文献的刺激之下，一批原来被确定为"伪书"而弃之不用的传世文献被重新"激活"，进而有可能冲破"伪

① 杨天宇：《礼记译注》上，上海古籍出版社2004年版，第267页。
② 李学勤：《简帛佚籍与学术史》，江西教育出版社2001年版，第32页。

书”的思维定式，对其进行重新思考。

近年来，考古发掘与出土文献部分地再现了中华早期文明发展的状况，有助于我们认识传世文献中有关上古文明发展的“长度”和“高度”。当然，由于学术界对有关历史资料的辨析还存在诸多分歧，要弄清古代文明发展的状况、孔子思想的高度和深度，依然是困难重重。所幸的是，学术界在整理出土文献的基础上，对相关问题已有诸多有益的探索。如杨朝明先生说：“随着考古资料的日渐丰富，原来一些若明若暗的问题已初步得到解决，尽管这些材料仍然是有限的，但由于不少文化遗存的揭示，一些甲骨、金文材料的面世，已可以使我们从远古传说中得到的神秘、渺茫而又朦朦胧胧的认识，变得清晰、形象、生动起来。”[①]尤其是最近与原始儒家相关文献的大量问世，对研究上古文明发展状况及孔子学说的形成、发展、传播提供了新的资料和新的视角。

新出土文献的大量问世，为探讨原始儒家继承上古及三代哲人怎样的智慧带来了新的机遇，对早期儒学产生的社会背景也有了更为清晰的认识。孔子思想的高度与深度，无论是孔子的批判者还是赞誉者，未必真能够讲清楚。如子贡曾说：“夫子之墙数仞，不得其门而入，不见宗庙之美，百官之富。得其门者或寡矣。”（《论语·子张》）在动辄“拿孔子说事”的今天，我们是否真的“得其门”了呢？孔子思想是怎样成为“大成”智慧的呢？孔子又是如何看待“难言”的上古之世？他的“大同”理想的真实状况又是怎样的？“有典有册”的三代之世的社会又是怎样运作的？对孔子寻求治理春秋时期“礼坏乐崩”的良方又有怎样的启发意义？孔子学说“祖述尧舜，宪章文武”，又意味着什么？此时的宗教信仰与伦理关系发展到怎样的高度？面对这些问题，好像我们真的还处于朦胧的状态。当然，《唐虞之道》《容成氏》《遂公盨》铭文等文献的出土，先秦文物的发掘与文字的释读，也只是为重新认识前儒学时代中

① 杨朝明：《周公事迹研究》，中州古籍出版社2002年版，第6页。

华早期文明发展状况提供了一些新的条件。

孔子学说不仅是上古三代时期思想的“集大成”者，而且他对其稍前、并世的贤哲智慧都进行了充分了解与吸收。司马迁曾列举孔子“严事”的思想家，说：“于周则老子；于卫，蘧伯玉；于齐，晏平仲；于楚，老莱子；于郑，子产；于鲁，孟公绰。数称臧文仲、柳下惠、铜鞮伯华、介山子然，孔子皆后之，不并世。”（《史记·仲尼弟子列传》）所谓的“严事”，就是对这些人的学说都有充分汲取。当然，这一时期还有不少思想家对孔子学说产生了深远的影响，如晋国的叔向、郯国的郯子、吴国的季札，均应是“当时的大学者，他们往往能够发挥人本的思想”[①]。孔子自称“十室之邑，必有忠信如丘者焉，不如丘之好学也”（《论语·公冶长》）。又自称“学而不厌”“发愤忘食”（《论语·述而》），“好学”已经成为孔子的一个显著特征。然而，孔子从十五岁开始志于学的是什么，仍是当前学术界众说纷纭的问题。根据《周礼》所记，西周时期有完备的学校系统：学在官府。然而，随着周平王东迁和王室的衰微，出现了王官失守与学术下移的现象，这也为孔子的广泛学习提供了可能。虽然春秋时期出现了“礼坏乐崩”的局面，但是毕竟当时的社会，尤其是姬姓鲁国还保存着完整的礼乐典籍和礼乐仪式。如《左传》昭公二年记载：“晋侯使韩宣子来聘……观书于大史氏，见《易》《象》与《鲁春秋》，曰：‘周礼尽在鲁矣，吾乃今知周公之德与周之所以王也。’”又如《左传》昭公十七年记载，仲尼见于郯子而学之，既而告人曰：“吾闻之，‘天子失官，官学在四夷’，犹信。”又如《史记·孔子世家》中记载：“鲁君与之一乘车，两马，一竖子俱，适周问礼，盖见老子云……孔子自周反于鲁，弟子稍益进焉。”另外，传世文献中还有大量关于孔子向当时其他贤哲学习的记载。所以，孔子生活的鲁国不仅存有丰富的礼乐文化，而且学无“常师”的品格成就了他“博学”的特质。

---

① 童书业撰，童教英导读：《春秋史》，上海古籍出版社2003年版，第250页。

总之，在新出土文献的刺激下，学术界对上古文明的发展高度、孔子学说的特质以及原始儒学在战国时期的发展与传播等问题都有了重新阐释的可能性。先秦社会孕育出了“集大成”的孔子学说，同时孔子儒学在先秦社会得到了初步检验与认证，进而成为战国时期社会中的“显学”。我们在继承前人研究成果的基础上，从孔子儒家面临的“礼崩乐坏”的社会问题切入，研究孔子学说与早期中国社会的“互动”关系，进而探索原始儒学成为“大成”智慧的生命历程。

四、本文研究的基本思路及创新

原始儒学不仅孕育于先秦社会特定的礼乐文明、植根于先秦时期独特的诗书文化，而且在形成之后就接受了春秋战国时期社会的初步检验，形成了孔子儒学的原始形态。以早期儒家立足于寻求解决“礼坏乐崩”“社会失范”的出路为基点，从“前儒学时代”孔子学说与上古三代社会、“孔子时代”孔子学说与春秋社会，以及孔子去世之后儒学在战国时期的发展和传播等三个方面进行探讨，试图从原始儒学的产生、发展与传播等方面探索儒学内部、儒学与社会，以及儒学与其他学派之间的互动关系，力图有所突破和创新。

首先，“前儒学时代”为孔子学说的产生提供了思想资源和社会背景。从孔子学说的缘起入手，考察早期儒家是怎样思考上古三代及春秋时期历史的？或者说，上古三代和春秋社会对孔子儒学的起源产生了怎样的影响？当然，孔子及其他先秦儒家对上古、三代时期的“明王”政治是有选择性地阐发，甚至可以称为“观念”的历史，它与真实的历史之间应有某种程度上的差别。李存山先生的《不必都是“纯学术”》、葛兆光先生的《思想史既做加法，也做减法》等文，则为“前儒学时代”孔子学说与社会之间的关系研究提供了新思路。而新出土文献的不断问世，则为重新认识上古时期中华文明发展的高度和深度带来新的契机，还“激活”了部分过去被视为典型“伪书”的传世文献，这对重新确认孔子思想“祖述尧舜，宪章文武”的特征带来不少新启示。孔子及其他早期儒家对上古历史的回顾或者反思，正是立足于春秋战国时期“礼坏乐崩”的社会状况，欲从古典传说、古代文献，特别是有典有册的三代“明王”时期的社会治理方式中寻求有益借鉴。

孔子思想不仅源自上古三代，而且立足于春秋当世。周王室衰微、诸侯争霸甚至私家的兴起，造成了一个“礼坏乐崩”“社会失范”的状态。孔子之前的思想家、政治家针对社会时弊也进行了不同层面的改革和建构，如子产、管仲等政治体制方面的改革；如老子、叔向、柳下惠、晏婴等贤哲思想学说的构建；大史、南史等王官的秉笔直书，都为孔子学说的形成积淀了力量与智慧。然而，孔子学说与此前春秋“圣”“贤”的学说有怎样的关系呢？就当前学术界的研究而言，其实并不是特别深入。因此，深入分析二者间的关系，也成为我们探讨的重要内容。

孔子思想的直接源头是鲁国浓厚的诗书礼乐文化底蕴。鲁国为周公的封国，由于其在周初的特殊功劳和显赫地位，在最初分封时，鲁国国君不仅受赐丰厚，而且获得了“鲁公世世祀周公以天子之礼乐”的特权。此外，鲁国还拥有四代之礼乐，如《礼记·明堂位》中说：“凡四代之服、器、官，鲁兼用之。是故鲁，王礼也，天下传之久矣。”[①]鲁国完备的礼乐文明对于“入太庙，每事问”的孔子而言，在耳濡目染中逐渐对周代礼乐文明和诗书文化有了感性认识。此后，对三代以来先王政典：《诗》《书》《礼》《乐》的学习与整理，逐渐使孔子对周礼以及社会运行的规则有了更深层次的领悟。一方面，孔子精通的诗书礼乐文化，成为批评当时违礼的诸侯国君、士大夫甚至陪臣最有力的文化武器，如批评季孙氏“八佾舞于庭”时说：“是可忍也，孰不可忍也？”批评“三家者以《雍》彻”时说：“‘相维辟公，天子穆穆’，奚取于三家之堂？”（《论语·八佾》）另一方面，先王遗留下来的经

① 〔清〕孙希旦撰，沈啸寰、王星贤点校：《礼记集解》中册，中华书局1989年版，第857页。

典也成为孔子用以教授弟子的教材，他时常教育弟子，“不学《诗》，无以言”“不学《礼》，无以立”(《论语·季氏》)。因此，三代以来的礼乐文明成果孕育了“博学而深谋”的孔夫子，而“宗师仲尼”与研读“六经”，也就成为后世“儒家”的重要标识，他们所构建的学说体系被称之为“儒学”。

其次，孔子学说在原始儒家的政治实践中也逐渐得到丰富与发展。从哲学思辨的角度而言，任何社会意识都是被意识到的社会存在，社会存在决定着社会意识，这自然包括原始儒学。孔子是怎样看待当时社会的？他何以在对现实问题的思考中产生了与其他诸子不同的思想学说？他希望如何拯救春秋末期的社会时弊？他的思想学说又为何遭受“不遇时”的命运？他又何以坚守“知其不可而为之”(《论语·宪问》)的信念？而这些问题都是理解孔子学说、原始儒家团体的关键。

孔子所创立的儒学之所以能逐渐成为先秦时期的“显学”，并成为影响中国既深且远的思想学说，有其深层的原因：一方面与孔子本人的努力有关；另一方面是由时代造成的。孔子年少时家境贫寒，所以他有更多机会密切关注并了解下层社会的疾苦。如司马迁评价说：“孔子贫且贱。及长，尝为季氏史，料量平；尝为司职吏而畜蕃息。”(《史记·孔子世家》)这可以作为“吾少也贱，故多能鄙事”(《论语·子罕》)的注脚。孔子生活的年代，宗法制、世卿世禄制逐渐遭到破坏，而身处下位者只要有能力，就有获得参与政治的机会，即子夏说的“学而优则仕”。这也激励孔子自十五岁就致力于“学”，并拥有“洽闻强记，博物不穷”“圣人之兴者”(《孔丛子·嘉言》)的气象。由于孔子的学习“不穷”，才拥有了知识的“无穷”。可见，孔子应是一位出色的儒者。然而，正当他踌躇满志时，阳虎的一句“季氏飨士，非敢飨子”(《史记·孔子世家》)，给孔子以沉重打击。这次教训彻底打破了孔子欲借助先祖是宋国贵族的身份，而跻身上层社会的美梦，也促使其更加勤奋学习。

在孔子看来，春秋时期的“礼坏乐崩”是由世人对周代礼制的僭越引起的，而纠正“社会失范”最便捷的措施就是利用、尊重传统的礼制。如当齐景公问政于孔子时，他说："君君，臣臣，父父，子子。"(《论语·颜渊》)他还说："名不正，则言不顺；言不顺，则事不成；事不成，则礼乐不兴；礼乐不兴，则刑罚不中；刑罚不中，则民无所措手足。"(《论语·子路》)孔子所强调的"正名"，是针对"礼乐征伐自诸侯出""自大夫出"，甚至是"陪臣执国命"(《论语·季氏》)等"天下无道"状态而开出的救治社会的药方。当然，孔子并非简单地恢复周礼。在他看来，三代之礼是一种"损益"的关系，如他说："其或继周者，虽百世可知也。"(《论语·为政》)由于孔子强调"克己复礼"，在没有弄清楚"礼"为何物之前，不少学者便草率地将孔子定为"拉历史倒车"者，对孔子儒学展开批判。其实，孔子所强调的"礼"虽然曾重视"尔爱其羊，我爱其礼"等仪式，但是他更注重对"礼义""礼之本"的把握。如当林放"问礼之本"时，孔子赞扬其"大哉问！"(《论语·八佾》)当然，不仅后人对孔子有误解，即使在各国游说期间，他同样也遭到讽喻。如齐国晏婴认为孔子学说有"累世不能殚其学，当年不能究其礼"(《史记·孔子世家》)之嫌，并且力阻齐景公对他的学说进行采纳。

尽管孔子反复强调"礼"的重要性，但是他无法阻挡"臣弑君，子弑父"等发生。《春秋》二百四十二年之中，就曾出现"弑君三十六，亡国五十二，诸侯奔走不得保其社稷者不可胜数"(《史记·太史公自序》)的局面。如刘蔚华先生说："在这种情况下，孔子虽然非常重视'礼'，但是也不得不承认，'礼'的衰落是不能单靠'礼'来挽回的。"[①]因此，孔子找到并发展了三代以来的"仁学"思想，作为礼的辅助措施，即用"仁学"的要求去促使人们遵从周礼。如孔子说："人而不仁，如礼何？人而不仁，如乐何？"(《论语·八佾》)又说："克己复礼为仁。一日克己复礼，天下归仁焉。"(《论语·颜渊》)而孔子仁学思想的核心就是"爱人"，从而推演出孔子儒家治国

① 刘蔚华：《论仁学的源流(上)》，《齐鲁学刊》1982年第1期。

的“君子”品格：“修己以敬”“修己以安人”，进而达到“修己以安百姓”。（《论语·宪问》）在孔子看来，“修己以安百姓”，即使尧、舜等儒家心目中的上古圣王也没有完全做到。当然，孔子并没有简单地强调“仁”，而是将“仁”“礼”结合起来。如孔子曾说：“仁者人也，亲亲为大；义者宜也，尊贤为大。亲亲之杀，尊贤之等，礼所生也。”（《中庸》）“礼所生也”一语，正体现了孔子提倡的“礼仪”并非单纯的“周礼”，而是“亲亲之杀，尊贤之等”与时代相结合的新产物。至此，孔子管理社会的学说已经基本成型，实现了“大修”。在实践中，孔子“知其不可而为之”地“推而行之”，并达到“人不知而不愠”的境界。

孔子晚年迷恋《周易》，简直有相见恨晚之感。如孔子说：“加我数年，五十以学《易》，可以无大过矣。”（《论语·述而》）孔子在五十岁之前，似乎还将《周易》视为卜筮之书。在“鲁终不能用孔子，孔子亦不求仕”时，他才真正注意到《周易》之中的“古之遗言”“先王之道”。孔子对天道运行规律和世界本原的探索也应始于此。然而，学术界多不相信《史记·孔子世家》所记孔子与《易传》的关系，更不相信《系辞上》中“刚柔相推而生变化”“一阴一阳谓之道”“日新之谓盛德”“生生之谓易”等思想与孔子之间的关系，这也造成了孔子对形而上哲学思考缺失的假象。其实，这是对孔子及其学说的极大误解，这种误解在更大程度上来源于对《论语》相关章节的误读，如“子罕言利与命与仁”（《论语·子罕》）、“夫子之言性与天道，不可得而闻也”（《论语·公冶长》）。按照传统的解释，孔子对于性、命、天道等问题很少谈论，这也似乎找到了否定孔子哲学思维高度的证据。然而，《易传》的思想应来源于孔子，孔子与《易传》有密切关系应该是不成问题的，《易传》中所蕴含的变动思想，正是孔子对此前《易经》的创造和发明。孔子的“后世之士疑丘者，或以《易》乎？吾求其德而已”（马王堆帛书《要》）的说法，似乎证实孔子对《周易》不只是读者，而是有所领悟或者阐发。“变动”和“生生不息”，无疑成为儒家哲学思维最重要的特征。如邵汉明等先生说："变动是绝对的，唯有变动才是大千世界的本来情形，才是宇宙的本质规定。这种以动为主，视动为事物变化的终极归宿的见解，与老子以静为主，视静为绝对、动为相对的观点的不同是显而易见的。"[1]与前引德国著名哲学家黑格尔的观点不同，有学者则将《易经》视为中国人心智的"最早结晶"和检验"中国特质的试金石"[2]。可见，将孔子与老子的哲学相比，孔子的辩证思维似乎是对老子哲学的一种发展和超越。中国选择了孔子而非老子正是历史的见证，也是中华民族的一件幸事。

最后，孔子去世之后儒家学说得到了社会的检验和发展。孔门弟子尊崇孔子学说，无论在孔子庙堂，还是在孔子墓前，都聚集了大批孔门弟子及孔子学说的仰慕者。如司马迁说："弟子及鲁人往从冢而家者百有余室，因命曰孔里。"又，"故所居堂弟子内，后世因庙藏孔子衣冠琴车书"（《史记·孔子世家》），孔子庙堂俨然成为孔子弟子的"精神家园"。同时，孔门弟子在各个诸侯国或为师傅卿相，或友教士大夫，都对孔子学说进行阐发，大体上形成了以弘道、践履和传经为主要特点的三个学派。而新出土文献更是纠正了以往关于儒学在战国时期传播状况的许多误解。孔子学说在他去世之后，尽管出现"昔仲尼没而微言绝，七十子丧而大义乖"（《汉书·艺文志》）的现象，但是其学说并未因孔子及弟子的去世而消失，反而影响越来越大。在"争于气力"的战国之世尤其如此，这说明什么呢？这种现象也促使我们不得不从孔子及其学说内部寻找决定性因素。

在传世文献"不足征"的情况下，过去中国哲学史、儒学史对于孔孟之间儒学发展的状况大都避而不谈。近年来，新出土文献的不断面世，在一定程度上给研究孔子弟子、子思等人的思想带来新的契机。如庞朴先生评价郭店楚墓竹简时说："这批竹书属思孟学派著作，是早期儒家心性学说的重要文献；它

① 邵汉明、刘辉、王永平：《儒家哲学智慧》，吉林人民出版社2005年版，第356页。
② 〔美〕牟复礼：《中国思想之渊源》，王立刚译，北京大学出版社2009年版，第18页。

的出土，补足了孔孟之间思想链条上所曾经缺失的一环。”[①]郭店楚墓竹简的出土，激发了学界研究孔门弟子及再传弟子思想的热情。在孔子与弟子交谈中，孔子弟子几乎都有做笔记的习惯，如子张“书诸绅”、子夏“弟子敢不志之”及冉有“退而记之”等等。对于较为重要的内容，孔子也时常提醒弟子们记下来，如“小子识之”“弟子志之”之类。在教学的过程中，甚至可能有专门记录孔子与弟子之间交谈言论者，如《孔子家语·七十二弟子解》记载：

> 叔仲会，鲁人，字子期，少孔子五十岁。与孔琁年相比。每孺子之执笔记事于夫子，二人迭侍左右。孟武伯见孔子而问曰：“此二孺子之幼也于学，岂能识于壮哉？”孔子曰：“然！少成则若性也，习惯若自然也。”

正因如此，孔门弟子手中可能存有大量的孔子遗言。在孔子去世后，孔门后学以及孔氏后人对其“遗说”进行整理与编辑，如《论语》《孔子家语》等传世文献。如班固说：“《论语》者，孔子应答弟子时人及弟子相与言而接闻于夫子之语也。当时弟子各有所记。夫子既卒，门人相与辑而论纂，故谓之《论语》。”(《汉书·艺文志》)又，孔安国在《孔子家语后序》中说：“《孔子家语》者，皆当时公卿士大夫及七十二弟子之所谘访交相对问言语也。既而诸弟子各自记其所问焉，与《论语》《孝经》并时。弟子取其正实而切事者，别出为《论语》，其余则都集录之，名之曰《孔子家语》。”按照孔安国的说法，《论语》是“正实而切事”的孔子“语录”，而《孔子家语》则是《论语》“别出”之后，将孔子遗说“集录”而成的“文集”。

在经过孔门弟子、子思等人整理之后，孔子学说的影响不断扩大。郭店楚墓竹简、上海博物馆馆藏竹简、清华大学馆藏竹简等的问世，证明在战国时

---

① 庞朴：《孔孟之间——郭店楚简的思想史地位》，《中国社会科学》1998年第5期。

期的南方楚地，孔子学说已有广泛传播。战国中后期，儒家又先后出现了两位儒学大师：孟子和荀子。在二人的宣传和与其他诸子辩论中，儒学逐渐成为战国时期的“显学”。本书研究的重点是孔门后学在与各派的争辩中是如何继承与发展孔子学说的。其实，儒学与社会的互动关系至少应包含两个方面：一方面儒家学说对社会、对先秦其他诸子的影响；另一方面是先秦社会和诸子学对孔子儒学的影响。原始儒学也正是在这种双向互动中汲取营养，并得到广泛的传播。

需要特别强调的是，在先秦时期，孔子学说不是不被社会所用，而是不被“天下无道”的时代所用。将孔子学说与社会的关系问题放在春秋战国乃至整个中国古代社会“长时段”的历史进程中考察，或许可以看得更清楚些。不少学者据孔子“累累若丧家之狗”“陈蔡绝粮”以及不被当时诸侯国君所采用的表象，进而断言儒学不为社会所采用。其实，这也是对孔子学说的巨大误解，孔子本人对他的“不遇时”非常清楚。他说：“夫遇不遇者，时也；贤不肖者，才也。君子博学深谋而不遇时者众矣，何独丘哉！且芝兰生于深林，不以无人而不芳。君子修道立德，不为穷困而败节。为之者人也，生死者命也。”(《孔子家语·在厄》)郭店楚墓楚简《穷达以时》篇也证实了孔子的“时遇”思想，说：“有天有人，天人有分。察天人之分，而知所行矣。有其人，无其世，虽贤弗行矣。苟有其世，何难之有哉？”这一说法的重要价值在于它体现了孔子思想与当时社会的关系。如杨朝明先生说：“孔子追求用世，希望能够实现政治理想，但他认为自己生不逢时，‘无道’的现实决定了自己的政治命运。”[①]孔子临终前发出的“天下无道久矣，莫能宗予”(《史记·孔子世家》)“夫明王不兴，则天下其孰能宗余”(《孔子家语·终记解》)正是其学说不被时代所用的真实写照。

---

① 杨朝明：《从〈穷达以时〉看孔子的“时遇”思想——兼谈〈论语〉“学而时习之”章的理解问题》，《儒学释蕴》，上海古籍出版社2007年版，第22页。

虽然孔子已经意识到“天下无道”，其学说也不可能被春秋时期的诸侯国君所采用，但是他仍然孜孜以求地“修道”，“知其不可而为之”地推行自己的学说。《论语》的首篇首章体现出其学说的境界，他说：“学而时习之，不亦说乎？有朋自远方来，不亦乐乎？人不知而不愠，不亦君子乎？”按照学术界最新的研究，大意是：“如果我的学说被社会普遍接受，在社会实践中加以应用它，那不是很令人感到喜悦吗？即使不是这样，有赞同我的学说的人从远方而来，不也是很快乐吗？再退一步说，不但社会没采用，而且也没有人理解，自己也不怨愤恼怒，不也是有修养的君子吗？”[①]正是由于孔子有“人不知而不愠”的品格，成就了他的“博学而深谋”，并具备为社会所接受的内在条件。

当然，孔子学说被社会所接受有诸多表现形式：一方面是孔子学说受到社会上层统治者的重视；另一方面是孔子学说为社会多数世人所接受，并成为主流的思维方式。孔子生活的时代，在周游列国的过程中，他和弟子曾受到当时诸侯国君礼遇，如齐景公“欲以尼谿田封孔子”、卫灵公以“致粟六万”奉孔子、楚昭王“将以书社地七百里封孔子”(《史记·孔子世家》)等，可见孔子在当时社会已具有很大的影响力。孔子学说不但在汉代以后为士人所接受，而且在西汉前期就已成为社会中最具影响力的学说。鲁世世“相传以岁时奉祠孔子冢”、诸儒“亦讲礼乡饮大射于孔子冢”，另外，他们还就孔子居堂“后世因庙藏孔子衣冠琴车书”，而且直到汉高祖“过鲁，以太牢祠”孔子。至此，“诸侯卿相至，常先谒然后从政”(《史记·孔子世家》)成为惯例。同时，孔子所整理的“六经”逐渐成为后世中国人“经天纬地”的最高法则。孔子学说经过几百年的锤炼，终于被社会所采用，经历由“孔门弟子”到“鲁国”最后到“天下”，成为人们共同尊崇的思想学说，成为中国思想文化史上的一大“景观”。

总之，在学术界研究的基础上，我们试图对中华古代文明的发展做整体

---

① 杨朝明主编：《论语诠解》，山东友谊出版社2012年版，第4页。

把握，考察孔子立足于春秋末年“礼坏乐崩”的社会现状，他是站在怎样的历史高度来观察社会的？研究孔子对三代以来文化资源的总结和运用，进而对孟子所谓“孔子之谓集大成”的说法作出较为客观的论证；揭开笼罩在人们心目中孔子儒家“迂远而阔于事情”的面纱，尽力展现先秦时期原始儒学的真实面目。通过几代人的努力，原始儒学在战国末期已成为当时思想文化的主流，进而影响着各诸侯国的政治策略，如秦始皇建国之初所设立的经学博士以及后来的“焚书坑儒”，应与儒学对秦国政治产生深刻的影响有关。同时，新出土文献中儒家文献种类之多、传播之广，也证实了儒家学说在当时社会的影响之巨。因此，在深入分析儒学与社会关系的基础上，对战国末年儒家学说的流传及在当时社会的地位给予重新评价。

上篇

孔子以前的中国社会与孔子学说

第一章 “礼坏乐崩”：孔子思想学说的缘起

“礼坏乐崩”一语出自《论语·阳货》，弟子宰我曾对孔子说：“三年之丧，期已久矣。君子三年不为礼，礼必坏；三年不为乐，乐必崩。”然而，孔子并不担心“三年之丧”会破坏礼乐制度，而担心“天下无道”对礼乐之“本”的冲击。孔子曾说：“天下有道，则礼乐征伐自天子出；天下无道，则礼乐征伐自诸侯出。自诸侯出，盖十世希不失矣；自大夫出，五世希不失矣；陪臣执国命，三世希不失矣。”(《论语·季氏》)这可能是孔子在“考察历史”，尤其是在“当日时事”的基础上，对春秋时期历史所作的客观评价。

司马迁不但描述了《春秋》之中“弑君三十六，亡国五十二，诸侯奔走不得保其社稷者不可胜数”的现象，而且做出“察其所以，皆失其本已”(《史记·太史公自序》)的判断。可见，春秋时期的混乱局势，致使处于社会上层的诸侯国君都无法自保，更不用说处于社会下层的普通百姓。这是一个怎样的时代？这个时代出了什么问题？这是包括孔子在内所有春秋诸贤共同面临的时代课题。针对春秋时期的社会特征，一般用“礼坏乐崩”一词来形容。它既涵盖周平王东迁以后，由于周王室衰微而引起的一系列诸侯争霸、大夫专权甚至是“陪臣执国命”的连锁反应，也意味着周公“制礼作乐”时所确立的基本原则逐渐被打破，整个社会出现了失序的状态。

孔子“礼失而求诸野”(《汉书·艺文志》)一语，也概括出当时由于社会的激烈变动，而出现思想学术的转型。随着周王室政治、经济、文化地位下降，过去学在官府的局面被打破，思想学术资源也随之下移。自古尤其是三代以来所形成的文化传统，应是春秋战国时期诸子纠正时弊、阐发学术的共同资源。只是他们对于凝结着传统文化精髓的西周礼乐文化采取的态度不同，才形成百家争鸣的局面。儒、道两家的创始人孔子和老子，对待传统礼乐、仁义的态度截然相反。如王钧林先生说："老子持批判的、基本否定的看法，而孔子持认同的、基本肯定的看法。这是一个饶有趣味的现象。"① 当然，即使对上古三代文化都持基本肯定态度的儒、墨两派，对待周代礼乐文化的态度也不相同。与其他诸子相比，孔子及其他早期儒家面对"天子衰微""诸侯争霸"的社会失范状态，他们是如何看待的？他们从上古三代乃至春秋圣哲的文化资源中汲取了怎样的人生智慧？他的学说与鲁国社会又有着怎样的关系？只有对此类问题作出令人满意的回答，才能理解儒学在与先秦诸子的争辩中何以能成为"显学"，乃至成为此后两千多年来中国传统文化主干的原因。

一、社会"失范"：孔子学说的社会背景

社会"失范"就是社会失去规范的意思，如法国社会学家埃米尔·涂尔干（Emile Durkheim）曾说："任何社会，或多或少总得有套准则，去规定什么人等，可以享受何种生活水平。"春秋时期，上至天子，下到诸侯、士大夫乃至家臣，都没能做到"安分守己""乐天知命"。与西周时期社会的相对稳定相比，东周社会则动荡不安。王室衰微、诸侯争霸、大夫执政乃至"陪臣执国命"等因素，共同构造了一个"失范"的社会状态。如张德胜先生评价说："当时的争夺，无论从规模、频率或深度看，在人类历史上很难找到相近的例子。而且，当时的纷争和冲突都在制度化的渠道之外进行，大家不按牌理出

① 王钧林：《门外说儒》，齐鲁书社2002年版，第184页。

牌，是失范社会（anomic society）的典型。”[①]在当时多数人看来，维护社会秩序的“制度”和“牌理”，仍是在“损益”此前积淀文明的基础上，所形成的礼乐文化。这也应是孔子学说缘起的社会总背景。

（一）王室衰微：社会“失范”的根源

自周幽王去世后，强大的西周已经名存实亡。诸侯拥立当时的太子宜臼为周王，是为平王。由于镐京在战争与自然灾害的破坏下，已经不堪再为都城。因此，在晋文公、秦襄公及郑武公等诸侯的护送下，周平王将都城迁往东都雒邑，中国历史也进入了春秋时期。春秋时期的战争以及僭越局面的形成，在很大程度上是由周王室政治、经济地位的衰弱，最终丧失对诸侯的控制权而引起的。当时旧的社会秩序已经被打破，新的秩序尚未建立，强势诸侯遂逐渐替代周王执掌“礼乐征伐”的权力。在孔子看来，这正是春秋时期“礼坏乐崩”“社会失范”的根源。

春秋时期，虽然周王仍是名誉上的天下“共主”，但是其政治、经济实力已无力维护周王固有的权威。在政治上，周天子丧失了象征其至上地位的“礼乐征伐”特权，偏远的异姓诸侯不再听其号令，以藩屏周王室为职责的姬姓诸侯也不再唯其马首是瞻。“王命不行”从鲁国、郑国的违礼行为可见一斑。如周平王去世后，鲁不奔丧；郑庄公射桓王中肩。明末清初思想家顾炎武说：“且自平王之东，周德日以衰矣。麦禾之取，繻葛之战，几无以令于兄弟之国。且庄王之世，鲁、卫、晋、郑日以多故，于是王姬下嫁，以树援于强大之齐，寻盟府之坠言，继昏姻之夙好。且其下嫁之时，犹能修周之旧典，而容色之盛、礼节之备有可取焉。”[②]甚至有的诸侯在举行会盟时，直接邀请周天子

① 张德胜：《儒家伦理与社会秩序——社会学的诠释》，上海人民出版社2008年版，第4页。

② 〔清〕顾炎武著，黄汝成集释：《日知录集释（全校本）》，上海古籍出版社2006年版，第134页。

参加。可见，此时的周王已无异于其他小的诸侯国君。

经济上的窘困致使周王无力对那些僭越的诸侯进行征伐。周王室的经济危机：一方面与王畿的缩小有关，此时富饶的关中地区早已被犬戎所占领，初迁雒邑时方圆六百里的王畿地区，也随着赏赐有功之诸侯、王室贵族以及被外部侵夺，而逐渐缩减至周围一二百里；另一方面，诸侯朝聘周王，纳贡的次数、数量逐渐减少。若按周礼的规定："诸侯之于天子也，比年一小聘，三年一大聘，五年一朝。"①而对那些不遵守朝聘制度的诸侯，周礼则有明确的惩罚制度："一不朝，则贬其爵；再不朝，则削其地；三不朝，则六师移之。"②然而，此时的周天子已经无力独自行使特权，甚至在经济窘困时，不得不向其他诸侯国求援。以鲁国为例，据《左传》记载，隐公三年，周平王崩，王室由于财政拮据而无力安葬，便派武氏子"求赙"（助丧之物）于鲁；隐公六年，又因京师发生饥荒，遣使向鲁国"告饥"，由鲁"为之请籴于宋、卫、齐、郑"；桓公十五年，再次派人向鲁"求车"。可见，经济上的穷困无疑使周王室岌岌可危的政治地位雪上加霜，金字塔式的社会秩序逐渐被打乱。

总之，自周平王东迁以后，周天子丧失了天下共主的地位。一方面，这与周王政治、经济地位下降有关；另一方面，它与西周末年周王自身的"不君"有关，如周宣王为鲁国择君、周幽王废嫡立庶等，将西周初年所确立的治国根基分封制、宗法制破坏无余。这不能不说是周天子在自掘坟墓，也是孔子学说并非单纯尊崇周王的重要原因。而汉代董仲舒所总结的《春秋》"贬天子，退诸侯，讨大夫，以达王事"（《史记·太史公自序》），正是孔子对周天子提出严厉批评的注脚。在孔子看来，"天下无道""礼坏乐崩"等社会局面的形成，与周王室的衰微密不可分，甚至起着决定性的作用。

---

① 杨天宇：《礼记译注》上，上海古籍出版社2004年版，第146页。

② 杨伯峻：《孟子译注》下，中华书局1960年版，第287页。

（二）诸侯争霸：社会“失范”的加速器

如果说周王室衰微是引起春秋争霸战争的根源，那么，随着诸侯国之间的摩擦和冲突不断升级，诸侯争霸成为“礼坏乐崩”的加速器。换句话说，周王室的无力驾驭，致使各诸侯强国先后起来争夺较小国家的土地、人口和财物，掀起一轮又一轮的争霸战争，许多小的诸侯在混战中灭国绝嗣。当然，在各诸侯国交替兴衰的同时，诸侯国内部出现了政柄旁落、权力下移的现象。孔子的“礼乐征伐自诸侯出”“礼乐征伐自大夫出”“陪臣执国命”等语，形象地勾勒出社会权力交替下移的整个过程，如“鲁三桓执政”“三家分晋”“田氏代齐”等。尤其是公元前679年，周釐王任命曲沃武公为晋侯，原来维护姬周宗法制的嫡长子继承制开始被破坏；公元前385年，周安王承认田和为诸侯，姬周赖以存在的分封制也被彻底打乱了。此类事件的迭起，加速并最终导致春秋时期“社会失范”局面的形成。

首先，诸侯争霸是春秋时期社会最显著的特征之一。西周时期，周天子牢牢地掌握着“礼乐征伐”的特权，任何违礼、僭越和战争等行为都要受到相应的惩罚。然而，自身难保的东周王室再也无力维持社会的正常秩序，强势的诸侯国君则逐渐成为“接替”周王维护社会秩序的主体。在短短二百余年的时间里，齐桓公、晋文公、楚庄王、秦穆公等诸侯国君，像“三十年河东，三十年河西”一样交替主政。如《韩非子・有度》开篇说：“国无常强，无常弱。奉法者强则国强，奉法者弱则国弱。”韩非子认为，要想在诸侯征战中取得优势、主动权，关键在各诸侯国的综合国力。此时的齐桓公、晋文公、楚庄王等能成为称雄一时的霸主，无疑做了很好的诠释。除此之外，诸侯国君本人在争夺霸业中的作用也至关重要。如齐桓公在描述其霸业时说：“诸侯莫违寡人。寡人兵车之会三，乘车之会六,九合诸侯，一匡天下。”（《史记・齐太公世家》）。在司马迁看来，唯独齐桓公能成就“为中国会盟”霸业，关键在于能“宣其德”。

春秋时期，周天子虽然已经失去了天下“共主”的地位，但是举起“尊王”的旗帜是春秋时期各位霸主的高明之处。如管仲在伐楚时抬出召公命姜太公之语“五侯九伯，女实征之，以夹辅周室”（《左传》僖公四年）的旗号；赵衰奉劝晋文公的语言也是如此，他说：“求霸莫如入王尊周……方今尊王，晋之资也。”（《史记·晋世家》）正是齐桓公、晋文公在维护社会秩序中的重要作用，所以孔子给予其高度评价，说：“晋文公谲而不正，齐桓公正而不谲。”他给予辅助齐桓公称霸的管仲以“仁”人之号，说：“桓公九合诸侯，不以兵车，管仲之力也。”又说：“管仲相桓公，霸诸侯，一匡天下，民到于今受其赐。微管仲，吾其被发左衽矣。”（《论语·宪问》）

诸侯霸主召集会盟，尽管在一定程度上减少了征伐战争的数量，却无法从根本上避免连年的战争。战争给当时的社会造成了深重的灾难，甚至出现了“争地以战，杀人盈野；争城以战，杀人盈城”（《孟子·离娄上》）的局面。当然，战争频仍并非表明当时人的好战，而是一种不得已的行为。如许倬云先生说：“由于旧的秩序已经瓦解而新的秩序尚未建立，缺乏解决争端与保持和谐关系的统一标准，生活于其间的人们因此陷入了迷惑之中。连续不断的战斗是唯一被证实了的生存之道，因此大家都认为战争是正当的。集团与集团打，国家与国家斗。战争的鼓声回响了整整五个世纪。”[①]可见，“五霸”正是这一“失范”社会的产物，“争霸”也成为春秋时期战争的特点。从客观上说，齐桓公、晋文公等成为“搂诸侯以伐诸侯”的主角。他们将战争视为常态又是心理被扭曲的表现，如何使这种变态心理恢复正常，最迫切的任务是要让在战争中疯狂的诸侯惊醒。孔子、孟子、荀子等早期儒家自觉地担负起沉重的历史使命，通过游说诸侯、著书立说、教授弟子等途径宣扬学说、影响社会。

其次，如果说“争霸”是此时诸侯国之间的重要特征，那么，私家兴起就成为诸侯国内部的独特现象。春秋中期以后，各诸侯国内的政治格局，在

① 许倬云：《中国古代社会史论——春秋战国时期的社会流动》，邹永杰译，广西师范大学出版社2006年版，第63页。

卿大夫与国君的政治斗争中发生了根本性的转变。以鲁国为例，“三桓”专政始于鲁宣公时期。公元前609年，鲁文公去世，国内随之出现杀嫡立庶的君位之争，身为庶子的鲁宣公则是最后的胜利者。“三桓”却借机先后在其封地内修筑城邑，据此逐渐坐大并操纵了鲁国的内政，以至于出现“公室卑，三桓强”[①]的局势，甚至酿成鲁君在与三桓斗争失败后不得不出走的结局。如司马迁说：“昭公率师击平子，平子与孟氏、叔孙氏三家共攻昭公，昭公师败，奔于齐，齐处昭公乾侯。其后顷之，鲁乱。”（《史记·孔子世家》）而鲁昭公生前再也没能回到鲁国，在去世之后还被季孙氏葬于“墓道之南”，直至孔子为中都宰时才将其“沟而合诸墓”（《孔子家语·相鲁》）。王肃注解说：“季平子逐昭公，死于乾侯，平子别而葬之，贬之，不令近先公也。”（《孔子家语·相鲁》）此外，“田氏代齐”与“三家分晋”也是卿大夫和国君之间争斗的典型案例。除那些在战争中被消灭的国家外，鲁、齐、晋的国运分别是被削弱、被取代以及被瓜分等三种路径的典型代表。

然而，春秋时期中期以后，至迟在孔子“而立”之年，鲁国就已形成“陪臣执国命”的局面。如郭克煜等先生说：“三桓专鲁政以后，三桓注意力转移至参与国政，他们要考虑如何控制国君，如何统治鲁国，如何处理与其他卿大夫的矛盾，如何处理三桓之间的纠纷等重大问题，家政与邑政自然落入家臣手中。”[②]鲁国在昭公、定公、哀公之时，家臣、邑宰叛乱的事件屡屡发生。如鲁昭公四年叔孙氏家宰竖牛“欲乱其室而有之，强与孟盟”（《左传》昭公四年）；昭公十二年季孙氏的家臣南蒯“吾出季氏，而归其室于公”（《左传》昭公十二年）；定公六年季孙氏的家臣阳虎曾专政，“盟公及三桓于周社，盟国人于亳社，诅于五父之衢”（《左传》定公七年）；又，“阳虎欲去三桓，以

---

① 王美凤、周苏平、田旭东：《春秋史与春秋文明》，上海科学技术文献出版社2007年版，第80页。

② 郭克煜等：《鲁国史》，人民出版社1994年版，第128页。

季寤更季氏，以叔孙辄更叔孙氏，己更孟氏”（《左传》定公八年）；“公山弗扰以费畔”（《论语·阳货》）季氏；等等。当然，此时其他诸侯国内私家兴起的情况也大体如此，如晋国的佛肸为中牟宰，由于赵简子攻范、中行，伐中牟，最终导致家臣佛肸叛乱。可见，“陪臣执国命”已成为春秋末年社会的另一大特色，并促使春秋社会陷入更深层次的危机与混乱。

总之，如果说周王室衰微是造成诸侯争霸的直接原因，那么，诸侯争霸、卿大夫的兴起，特别是家臣、邑宰等私家的坐大，则加速了春秋时期“礼坏乐崩”的进程。如夏静先生说：“天子、诸侯、大夫和陪臣之间等级关系的紊乱，破坏了西周礼乐制度所建立的权力制度与分配制度，因而从根本上改变了旧有的礼制秩序。”[①]这是孔子本人所亲身体验的社会现实，也为孔子儒学的社会性定下了基调。

（三）礼义之丧：社会“失范”的本质

诚如苏珊·卡纳斯·朗格（Susanne K. Langer）所说，一门哲学的特色，是由提出问题而不是由所认定的答案决定的。答案只是一堆事实，问题则提供一个架构，将事实的图像显示出来。儒家学说之所以能够在诸子百家争鸣中成为“显学”，进而成为中国传统文化的主干，关键在于其拨开了附在礼仪繁荣表层的迷雾，直击“礼坏乐崩”的本质，揭示了春秋时期社会“失范”的深层原因。其实，社会秩序暂时“失范”并不可怕，可怕的是人心的混乱以及世人尤其是社会决策层对其所应遵循的礼乐制度本质的偏离或者熟视无睹。早期儒家欲通过对“礼之本”的呼吁与推行来唤醒沉醉在迷梦中的人们，而孔子儒学的可贵之处也在于此。以此问题为切入点，寻求解决问题的方案，这正是孔子儒家的高明、睿智之处。

如前所述，此时虽然旧的社会秩序已被打破，新的社会秩序尚未建立，

① 夏静：《礼乐文化与中国文论早期形态研究》，中华书局2007年版，第138页。

但是周代礼乐仍然是春秋社会各阶层交往中所普遍遵守的重要规则。在“经礼三百”的基础上，至迟此时已推演出“曲礼三千”(《礼记·礼器》)的繁缛礼节。礼节繁缛、兴盛的假象，则使有的学者对春秋时期“礼坏乐崩”的传统观点产生了质疑，并认为礼制在春秋时期达到新的“鼎盛”期。如杨文胜教授说：“鼎盛期的礼涉及到人们生产、社会的方方面面，极其繁杂……礼的繁缛不仅不是礼的崩坏，恰恰说明了其制度的健全。”[①]甚至有学者提出“礼乐在春秋时代的生活中所起的作用比西周时更大”[②]的观点。其实，这正是对儒家所谓“礼坏乐崩”的一种误解与误读，并未明白礼乐制度的真正含义。此处将礼乐在两个时期作用的比较，似乎也是礼乐在西周时期所起作用缺位的前提下进行的，正如审案断狱中被告缺席而做的定谳书一样，不会有令人无可挑剔的说服力。所以，这种判断可能既有失公允，又未免太牵强。

无论当时的礼制多么繁荣，只要脱离了制定礼乐时被赋予的真精神，执行者对此做的事情越多，可能对礼乐制度基本原则的破坏度就越严重。此时诸侯国君、士大夫的种种行为，无一不是对“天子建国，诸侯立家，卿置侧室，大夫有贰宗，士有隶子弟，庶人、工、商，各有分亲，皆有等衰”[③]的否定。他们在滥用、僭越礼乐制度的背后，是对三代之礼，特别是“郁郁乎文哉”的周礼在维护社会秩序本质上的无知或者是无畏。此时的贤哲也已敏锐地观察到礼之“仪”繁荣的背后，已丧失了对礼“义”的准确把握。如郑国子产呼吁：“夫礼，天之经也，地之义也，民之行也。”[④]齐国晏子曾说：“礼之可以为国也久矣，与天地并。”[⑤]然而，他们的呼吁已被吞噬于“礼坏乐崩”的时代大潮之中。春秋圣哲对“礼”的强调从一个侧面证明世人对“礼之本”的无知或者

① 杨文胜:《春秋时代“礼崩乐坏”了吗？》,《史学月刊》2003年第9期。

② 吴龙辉:《原始儒家考述》，中国社会科学出版社1996年版，第15页。

③ 杨伯峻:《春秋左传注(修订本)》，中华书局1990年版，第94页。

④ 杨伯峻:《春秋左传注(修订本)》，中华书局1990年版，第1457页。

⑤ 杨伯峻:《春秋左传注(修订本)》，中华书局1990年版，第1480页。

偏离。针对“八佾舞于庭”“三家者以《雍》彻”等僭越行为，孔子分别发出了“是可忍也，孰不可忍也”及“‘相维辟公，天子穆穆’，奚取于三家之堂”（《论语·八佾》）的慨叹。

鲁国士大夫对于八佾之类舞乐的演奏，尽管在一定程度上保存了周代完整的礼乐仪式，被视为“礼仪之邦”，但是他们对礼之“义”的背离则加速了礼乐崩坏的进程。也就是说，周礼之“数”虽在，而周礼之“义”已失。至迟孔子当世，号称“礼仪之邦”的鲁国君臣，不仅不懂礼义，而且连最基本的礼仪也不是很清楚。如《左传》昭公七年云：“三月，公如楚。……孟僖子为介，不能相仪。及楚，不能答郊劳。”对于“礼仪之邦”的鲁国来说，这是莫大的耻辱。所以孟僖子临死时，发出“礼，人之干也。无礼，无以立”的感慨，并嘱咐其子向当时的礼乐大师孔子学习。又如《左传》定公十五年云：

> 邾隐公来朝。子贡观焉。邾子执玉高，其容仰；公受玉卑，其容俯。子贡曰：“以礼观之，二君者，皆有死亡焉。夫礼，死生存亡之体也，将左右、周旋，进退、俯仰，于是乎取之；朝、祀、丧、戎，于是乎观之。今正月相朝，而皆不度，心已亡矣。嘉事不体，何以能久？高、仰，骄也；卑、俯，替也。骄近乱，替近疾，君为主，其先亡乎！”

可见，孟僖子不能“相礼”，鲁国国君不懂“礼义”，都表明周代礼乐制度在鲁国出现断层，“礼仪之邦”的称号其实已经名存实亡了。“礼坏乐崩”几乎已经到了无法挽回的地步，这使得以推行“王道”为己任的孔子儒家感到无限的孤独与苦闷。因此，当有人能理解《诗》、礼之本时，孔子总会表现出“有朋自远方来”的兴奋与喜悦。

总之，诸侯、士大夫对礼之本的无知与无畏，是助推三代以来礼乐文明崩坏的内在加速器。一方面，它体现在诸侯国君、士大夫对礼制的僭越行为上；另一方面是世人对“礼之本”的无知，这些都加速了“礼坏乐崩”的进程。如何纠正人心，使社会秩序能够恢复正常，孔子及其他早期儒家进行着不懈的探索。孔子继承与发展了管仲的“为君不君，为臣不臣，乱之本也”[①]的思想，并用“君君，臣臣，父父，子子”一语来解答齐景公的“问政”。可见，孔子是欲用“正名”学说，来纠正春秋时期“礼坏乐崩”的混乱状态，希望社会能够重归有序。因为唯有社会重归有序，儒家“浴乎沂，风乎舞雩，咏而归”《论语·先进》的目标才有可能实现。

二、学术下移：孔子学说形成的文化背景

春秋之世，随着周王室衰微，学在官府的局面逐渐被打破。在思想文化领域，以老子、孔子等为开端，形成了官学下移、私学兴起的新局面。而诸子之学与王官之学间的关系问题，也就成为此后学者关注的重要课题。如《庄子·天下》中说：“古之人其备乎！……其数散于天下而设于中国者，百家之学时或称而道之。”西汉时期的刘歆在《七略》中提出诸子出于王官说。班固则作了较为系统的阐述，说：“诸子十家，其可观者九家而已。皆起于王道既微，诸侯力政，时君世主，好恶殊方，是以九家之（说）〔术〕蜂出并作，各引一端，崇其所善，以此驰说，取合诸侯。其言虽殊，辟犹水火，相灭亦相生也。”（《汉书·艺文志》）当然，先秦诸子所用的文化资源并非凭空产生，它有着深厚的学术渊源。换句话说，先秦诸子之学是此前王官文化转型背景下的产物。尽管此问题学界还存在不同的看法，但是儒家特别是孔子学说在这一转型过程中体现得尤为明显。孔子凭借“学而不厌”的精神，积极地汲取散于民间的王官文化资源，并用作兴办私学、教授弟子的素材，形成了一个影响此后中国两千多年的儒家学派。

---

① 徐元诰撰，王树民、沈长云点校：《国语集解》，中华书局2002年版，第237页。

（一）官学失守：春秋时期的学在四夷

在周平王东迁和周王室衰微之后，过去由周天子掌控的文化资源开始逐渐向诸侯国、向民间转移。过去在周天子朝廷中供职的一些文化精英，至迟在此时已经开始分散到全国各地，并带动王官之学的下移。孔子的“吾闻之，‘天子失官，官学在四夷’，犹信”（《左传》昭公十七年）一语，正概括出此时中国学术由官学失守到学在四夷的转型。如王泽民先生总结说：“在朝的贵族，流散的王官，求学的士子，在坟典播越，学在四夷的社会文化大动荡过程中，都通过不同途径或多或少掌握了一些官府之学的碎散内容”，并将由官学之衍变到私家自由之学术的过渡称之为“春秋社会文化变迁之核心”。[①]而这自然是包括孔子儒家在内所有先秦时期诸子百家学说共有的文化背景。

早期中国的思想文化主要由掌握贯通天人特权的祝、卜、史、宗等贵族担任，主要围绕在王室周围，出谋划策，成为天子的智库。然而，随着周王室与其他诸侯国实力的此起彼伏，过去被周王室垄断的思想文化资源逐渐流向诸侯国。据不完全统计，从公元前722年至公元前627年的记载来看，至少有祭仲、臧僖伯、仲众、臧文仲等十五位贤士在各诸侯身边执掌仪式、解述卜筮、预言吉凶、阐述思想。如葛兆光先生说：“过去‘王官’也就是天子独占的文化和知识的话语，逐渐被这些文化人带到了各个诸侯国。”[②]正是文化的下移，在各个诸侯国间逐渐建立了不同于周代乡学的春秋时期的乡校，成为一股既了解政治，又可以自由发表批评言论的“士”阶层的场所，他们通常“朝而受业，昼而讲贯，夕而习复，夜而讨过无憾，而后即安”[③]。如郑人“游于乡校，以论执政”（《左传》襄公三十一年），如果没有子产的力挺和庇护，就会遭致

① 王泽民：《王官之学与古代学术的兴起》，《临沂师专学报》1998年第5期。
② 葛兆光：《中国思想史》第一卷，复旦大学出版社2001年版，第79—80页。
③ 徐元诰撰，王树民、沈长云点校：《国语集解》，中华书局2002年版，第196页。

毁灭性的命运。因此，此时所出现的“乡校”已基本上失去了官办性质，成为不治而议论的公共场所。齐国稷下学宫的成立，则是这一转变的成熟形态，也使学术再次呈现出官学化、系统化的倾向。

同时，过去在王官任职的文化精英，逐渐流散于各诸侯国都城乃至民间。如《论语·微子》中说：“大师挚适齐，亚饭干适楚，三饭缭适蔡，四饭缺适秦。鼓方叔入于河，播鼗武入于汉，少师阳、击磬襄入于海。”如《吕氏春秋·仲春纪第二·当染》中说：“鲁惠公使宰让请郊庙之礼于天子，桓王使史角往，惠公止之，其后在于鲁，墨子学焉。”曾做过“周守藏室之史”的老子流落于民间之后，成为“好学”的孔夫子问礼之处。除掌握周代礼乐文化的精英离开王室外，过去藏在府库之典册和档案资料也流散到各地。据《左传》昭公二十六年记载，王子朝失败后，“召伯盈逐王子朝，王子朝及召氏之族、毛伯得、尹氏固、南宫嚚奉周之典籍以奔楚”。至于他们带走哪些典籍？传世文献中并没有记载，从清华大学馆藏竹简，如《保训》篇所透露的相关信息来看，王子朝事件受到越来越多学者的关注，这为学界重新审视楚地的文化状况带来新证据，并为研究春秋中期之后文化分散、学术转型提供了新的契机。

周代史官制度的转型，则是这一过程中的重要组成部分。按照《周礼》规定，不但周王室有着完整的史官系统，由大史、小史、内史、外史、御史等，且各司其职。然而，此时开始向诸侯国分散，如司马迁说：“司马氏世典周史。惠、襄之间，司马氏去周适晋。晋中军随会奔秦，而司马氏入少梁。自司马氏去周适晋，分散，或在卫，或在赵，或在秦。”（《史记·太史公自序》）周王室的史官分散在诸侯国之中，在分封诸侯时，周天子所选派就国的史官职能也遭到史无前例的挑战。如《左传》宣公二年记载：

> 乙丑，赵穿杀灵公于桃园。宣子未出山而复。大史书曰：“赵盾弑其君”，以示于朝。宣子曰：“不然。”对曰：“子为正卿，亡不越竟，反不讨贼，非子而谁？”宣子曰：“呜呼！《诗》曰：‘我之怀矣，自诒伊戚。’

其我之谓矣。”孔子曰：“董狐，古之良史也，书法不隐。赵宣子，古之良大夫也，为法受恶。惜也，越竟乃免。”

正因董狐能守其法而被孔子誉为“古之良史”；赵盾尊重史官“为法受恶”的原则，被誉为“古之良大夫”。如果此时的诸侯、士大夫还能接受周礼所规定的史官之法的话，那么，半个世纪之后的齐大史，则几乎遭到灭门之灾。据《左传》襄公二十五年记载：

大史书曰：“崔杼弑其君。”崔子杀之。其弟嗣书，而死者二人。其弟又书，乃舍之。南史氏闻大史尽死，执简以往。闻既书矣，乃还。

虽然此时的诸侯史官还誓死坚守周王室所赋予的书法原则，但是史官制度被破坏的趋势已无法挽回。史官作为王官之学的重要组成部分，在诸侯国的命运也预示着周代王官之学的基本走向。

此外，虽然鲁国自建国伊始，就成为周代文化的重心，但是与西周王室地位相比，也只能算是周文化在东方夷地的代表。韩宣子在“观书于大史氏，见《易》《象》与《鲁春秋》”之后，何以称赞“周礼尽在鲁矣”呢？（《左传》昭公二年）其实这也是周王室文化中心地位衰落的一种外在表现。孔子亦说：“齐一变，至于鲁；鲁一变，至于道。”（《论语·雍也》）齐、鲁两国，尤其是鲁国已成为春秋时期的礼乐文化中心，成为当时各国士大夫学习周礼的理想之所。有史可查的就有鲁襄公二十九年的吴公子季札“请观于周乐”、鲁昭公二年的晋韩宣子“观书于大史氏”等。

总之，在周王室政治、经济地位逐渐衰落的情况下，其文化中心的地位也逐渐丧失。无论是教育的话语权、史官制度、文献典籍，还是周王室的官吏，都逐渐流向各个诸侯国，甚至是民间。“走出深庭幽院，下移列国诸邦，混迹民间草莽”的周王室文化官员，他们“居无恒处，游散四方，著述立说，传播知识，聚徒讲学，开先秦私学之先河，使学术授受由官府转向私门”[①]。而保存周礼相对完备的鲁国则逐渐取代了东周王室，成为此时文化意义上的“宗周”，这是包括孔子在内的诸子了解中华礼乐文化、构建学说共同的文化窗口与文化资源。

（二）私学兴起：诸子对社会秩序重建的探索

“礼坏乐崩”式社会秩序的剧变，造成了以往由王官所垄断的文化资源下移。王官文化的下移，也为知识的广泛传播奠定了基础。此时官吏的选拔方式也刺激着当时各阶层将注意力投向周代的礼乐文化。如吴龙辉先生说：“学而后入政的贤人政治被作为一种制度确立下来以后，普通民众终于有了一条实现其强烈的仕官理想的正常道路……为了达到干禄从政的目的，纷纷背井离乡，出外学习以礼乐为代表的贵族文化，便成为了社会风气。”[②]私学兴起恰好顺应了这一趋势，并为它的兴盛提供了良好环境，也培养了大批有知识的“士”阶层。

其实，文化重心虽然由周王室下移到诸侯、士大夫，但是教育的官方性质仍未得到根本改变，只有学术下移到士阶层时，才“彻底打破了官方学术教育的地位”[③]。反过来，这些文化的受益者对社会问题进行深入的思考，并结合所学知识提出他们恢复社会秩序的救治方案，如梁启超先生说：“社会变迁太剧，刺戟人类心理之惊诧及疑闷，而亟求所以解决慰藉之方。故贤智之士，自能画出种种方案，以应当世之要求。”[④]正如《史记·太史公自序》中说的“天下一致而百虑，同归而殊途”，这些贤智之士的共性则是试图对当时社会失范的根源进行探索，并以此为基点开出各具特色的救世良方。

据传世文献记载，尽管作为周代“守藏室之史”的老子并非第一个开办私

① 陈永祥：《“士”的崛起与春秋战国时代文化的转型》，《华夏文化》2002年第3期。

② 吴龙辉：《原始儒家考述》，中国社会科学出版社1996年版，第19—20页。

③ 秦彦士：《诸子学与先秦社会》，河北人民出版社2003年版，第282页。

④ 梁启超：《先秦政治思想史》，天津古籍出版社2003年版，第76页。

学的教育家，但是他所掌握的知识是当时私学兴起的重要资源，并且他对三代以来的礼乐文化提出的批判，在后来道家学派那里产生了深远的影响。由于老子长期担任周王室的官吏，所以他真切地了解周代礼乐文化。如王钧林先生说："他在对传统礼乐文化了解的深度和广度上都是一流的，在当时几乎无人可比……他在这方面的知识水平是值得信赖的。"①或许这也正是孔子向老子问礼的原因。老子认为，周代礼乐文化所蕴含的仁义、礼智、忠孝、节义等都是社会物极必反的产物。他说："大道废，有仁义；智慧出，有大伪；六亲不和，有孝慈；国家昏乱，有忠臣。"（《道德经》第十八章）换句话说，老子将社会秩序的混乱归根于统治者的"有为之政"。如欧阳镇先生说："不管哪种形式和内容的有为之政……都是由于统治者受贪欲的驱动而造成的。"②而统治者自身意欲的"伸张"则是"世间一切罪恶的源头"③。因此，老子提出"无为而治"的治世方案来纠正社会的混乱，说："我无为而民自化，我好静而民自正，我无事而民自富，我无欲而民自朴。"（《道德经》第五十七章）当然，"无为"并非无所作为，而是不要做愚蠢的、劳而无功的事情。如秦彦士先生赞誉说："历史和现实都证明，老子这种观点不仅异常深刻，而且具有直接的现实针对性。"④梁启超先生则说："天下之大患，在有智慧之人耽溺于私欲，日出其智慧以扩张其溪壑无厌的物质生活，于是所产生劣等文化愈丰，而毒害社会亦愈甚。道家欲救此病，故以'见素抱朴，少私宽欲'为教，其哲学基础在此，其政治思想基础亦在此。"⑤可见，老子在批判、否定传统礼乐制度基础上，针对世人私欲膨胀而造成社会的失序状态，提出"无为而治"的治世

---

① 王钧林：《老子、孔子对礼乐文化的基本看法之比较》，《孔子与孔门弟子研究》，齐鲁书社2004年版，第259页。

② 欧阳镇：《老子无为而治的社会观论析》，《江西社会科学》2007年第3期。

③ 欧阳镇：《老子无为而治的社会观论析》，《江西社会科学》2007年第3期。

④ 秦彦士：《诸子学与先秦社会》，河北人民出版社2003年版，第10页。

⑤ 梁启超：《先秦政治思想史》，天津古籍出版社2003年版，第131页。

方案，这一方案也成为此后道家学者所共同尊奉的学派准则。

现存文献中还不能找到孔子是当时开办私学第一人的证据。与老子同时代的少正卯也在鲁国开办过私学，并导致孔子之门“三盈三虚”(《论衡·讲瑞》)。然而，只有孔子最后成为开启中国私学教育的核心人物。与否定、反对周代礼乐文化的其他诸家不同，孔子所创立的儒学充分肯定了三代以来所形成的礼乐文化的价值，并以“祖述尧舜，宪章文武”为旗帜，提出了其救世方案。老子曾劝孔子说：“聪明深察而近于死者，好议人者也。博辩广大危其身者，发人之恶者也。为人子者毋以有己，为人臣者毋以有己。”(《史记·孔子世家》)但是孔子并没有听从老子的劝诫，毅然走上与老子完全不同的治学之路。同时，他对当时“辟世之士”的讥讽提出反驳，说：“天下有道，丘不与易也。”(《论语·微子》)尽管孔子所掌握的礼乐制度并没有老子直接，但是自幼“学而不厌”“发愤忘食，乐以忘忧”(《论语·述而》)的精神，使其获得“博学”的盛誉。孔子对礼制“损益”观念的论述已经触及礼制之本质，他说：“殷因于夏礼，所损益，可知也；周因于殷礼，所损益，可知也；其或继周者，虽百世可知也。”(《论语·为政》)而礼的实质就是“正名”，如孔子的“天下有道”论、“君君，臣臣，父父，子子”论，以及“必也正名”论，都明确地体现了他是站在历史高度来观察社会、关注民生的。

孔子在鲁国为政和十四年的列国游说，虽然明知不会被“有国者”所容，但是仍“推而行之”，这种精神是可歌可敬的。而“不遇时”的命运，最终也将孔子的礼治之梦惊醒。晚年的孔子对其学说不被时代所用亦有清楚的认识，所以他“吸收了齐国、卫国举贤才和任用异姓的主张，提出了‘仁’的学说”[①]，来加强人自身的修养。在孔子看来，仁是为礼乐制度服务的，说：“人而不仁，如礼何？人而不仁，如乐何？”(《论语·八佾》)并且所修之“仁”

① 李启谦：《孔子居陈述论——兼谈孔子思想的逐渐丰富和发展》，《齐鲁学刊》1991年第1期。

也是要外推的，进而实现儒家“爱人”“安人”“安百姓”的目标。可见，孔子将此前中国传统的“道”“德”“仁”“义”等概念，都纳入其为政理念的范畴。孔子说：“为政以德，譬如北辰，居其所而众星共之。”（《论语·为政》）又说：“天子以内史为左右手，以六官为辔，已而与三公为执六官，均五教，齐五法，故亦唯其所引，无不如志，以之道则国治，以之德则国安，以之仁则国和，以之圣则国平，以之礼则国定，以之义则国义，此御政之术。”[①]因此，孔子创立的儒学立足于关注社会秩序问题，将三代文化的精髓都自觉地纳入其学说体系，这在中外古今的政论中应该为“最彻底的见解”[②]。

在孔子之后，虽然他的弟子多数“散游诸侯，大者为师傅卿相，小者友教士大夫，或隐而不见”（《史记·儒林列传》），但是他们对社会最重要的贡献是掀起了兴办私学的新高潮。孔子弟子将孔子学说带到全国各地，如子路居卫，子张居陈，澹台子羽居楚，子夏居西河，子贡终于齐。而子夏与澹台子羽是由私学弘扬孔子学说成绩最为卓著者，如《史记·仲尼弟子列传》曰：“孔子既没，子夏居河西教授，为魏文侯师。”子夏最著名的弟子有田方子、段干木、吴起等，他们还当过诸侯国君的老师。子夏的另一个贡献是传授诸经，《后汉书·徐防传》中说：“臣闻《诗》《书》《礼》《乐》定自孔子；发明章句，始于子夏。”杨朝明先生说：“‘孔子弟子，惟子夏于诸经独有书。’看来，作为孔子高足，子夏在儒经的传述中发挥了重要作用。”[③]如果说在北方以子夏的势力为大，那么，南方当以澹台灭明的成就最大。据《史记·仲尼弟子列传》记载：“（澹台灭明）南游至江，从弟子三百人，设取予去就，名施乎诸侯。”也就是说，澹台灭明与其弟子在楚地已形成一个不小的学派。进入战国时期，不但孟子、荀卿等儒学大师弘扬孔子学说，形成“儒分为八”的局面，

---

① 杨朝明、宋立林主编：《孔子家语通解》，齐鲁书社2013年版，第297页。

② 梁启超：《先秦政治思想史》，天津古籍出版社2003年版，第99页。

③ 杨朝明：《子夏及传经之学考论》，《孔子与孔门弟子研究》，齐鲁书社2004年版，第460页。

而且私学进入了繁荣期。如《庄子·天下》中说："其数散于天下而设于中国者，百家之学时或称而道之。"此时的儒、道、墨、名、法等战国诸子得"道术"之"一察"而"自好"，每一家都自认为已触及社会发展的命脉或学术之重器，并将社会失序归咎于传统的礼乐文化之优劣。在抛弃、否定或反对礼乐的前提下，先秦其他诸子百家展开论辩，并为重建被战争摧毁的社会秩序献计献策。

（三）择善而从：士人学习权力的解放

与三代时期官方掌管或者决定世人接受教育的权力不同，从春秋中晚期开始人们可以根据自己的喜好、兴趣或者机缘选择学习的内容，也就是士人学习的权力得到了极大的解放。这种解放以东周王室的衰微和文化资源的下移为前提。以"子在齐闻《韶》乐"为例，所谓的《韶》乐，也就是大舜之乐，本来应该在周天子、大舜后裔之封国陈国和周公的封国鲁国中保存，孔子却在姜太公的封国齐国境内听到，不少人感到非常奇怪。其实，这与宫廷文化的流动有关，东晋时期的经学家范宁已有明确的解释，他说："夫《韶》乃大虞尽善之乐，齐，诸侯也，何得有之乎？曰：陈，舜之后也。乐在陈，陈敬仲窃以奔齐，故得僭之也。"[①]这种解释是基本符合春秋末期文化下移、文化在不同诸侯国之间流动的社会现实，并得到后世学者的普遍认同。

孔子之所以能"在齐闻《韶》乐"，且有"三月不知肉味"的表现，体现出他对文化"择善而从"的态度，体现他对礼乐文化的痴迷。孔子曾说："三人行，必有我师焉。择其善者而从之，其不善者而改之。"（《论语·述而》）这里的"择其善"与"其不善"，说明了以孔子为代表的士人获得了学习权力的解放，不再拘泥于到周王室和各诸侯国官办的"官学"中接受教育。正因如此，孔子才能有机会以私人的身份到东周雒邑问礼于老聃，才能有机会周游列国，

---

① 〔梁〕皇侃撰，高尚榘点校：《论语义疏》，中华书局2013年版，第163页。

特别是对其感兴趣的特定文化进行实地专访。如李启谦先生说："孔子周游列国的目的不是为了过安逸生活，也不仅仅是为了做官，而还有学习的要求。他要寻求古国的史迹，要了解各种类型国家的风情。他不满足于书简记录和传言，要亲自去多闻、多见、多识，以增长自己的知识和充实自己的学说。"①而孔子的读万卷书和行万里路，是春秋战国时期士人学习权力解放的典型体现。

尽管现在无法确认孔子到底是否为中国开办私学教育的第一人，但是他的确是最为重要或者最具开创性的伟大教育家。正如《史记·孔子世家》中所说："孔子自周反于鲁，弟子稍益进焉。"意思是，孔子招收弟子的数量开始增多。孔子招收弟子的标准是"自行束脩以上"(《论语·述而》)。这里的"束脩"后世有两种不同的解释：一是"束发脩饰"，即十五岁以上；二是"十条干肉"，即用于拜见老师的见面礼。我们不排除弟子带学费或者行"拜师之礼"，如皇侃说："束脩，十束脯也。古者相见，必执物为贽。贽，至也，表己来至也。"②但从孔子教学内容"先之以《诗》《书》，而道之以孝悌，说之以仁义，观之以礼乐，然后成之以文德"(《孔子家语·弟子行》)而言，孔子所招收的弟子应是学习"大学"内容的成年人，也就是孔安国、郑玄等人理解的"言人能奉礼，自行束脩以上"③者。

春秋末期士人择善而从的学习风气或许并不是孔子所开创的，但孔子开办的私学的确加速了这一进程。孔子开设的私学，对弟子并未有严格的要求，教学的方法灵活，教学的方式多样，甚至是来去自由的。而这一自由的风气导致孔门学堂"三盈三虚"。据《论衡·讲瑞》记载："少正卯在鲁，与孔子并。孔子之门，三盈三虚，唯颜渊不去，颜渊独知孔子圣也。夫门人去孔子归少正卯，不徒不能知孔子之圣，又不能知少正卯(之佞)，门人皆惑。"④由于没有

① 李启谦：《孔子周游列国论纲》，《学术月刊》1994年第3期。
② 〔梁〕皇侃撰，高尚榘点校：《论语义疏》，中华书局2013年版，第157页。
③ 〔汉〕郑玄等注：《十三经古注·孝经·论语》，中华书局2014年版，第31页。
④ 黄晖：《论衡校释》，中华书局1990年版，第724—725页。

找到其他类似的事例，孔门“三盈三虚”是否属于孤证尚不得而知，但至少说明学习的主动权掌握在士人自己的手中。这种风气一直延续到战国末期，如墨子曾“学儒者之业，受孔子之术”（《淮南子·要略》），后由于不满孔子的学说而自立门户；庄子也有可能出自儒者，如郭沫若先生说：“韩愈疑庄子本是儒家。出于田子方之门，则仅据《外篇》有《田子方篇》以为说，这是武断。我怀疑他本是‘颜氏之儒’，书中征引颜回与孔子的对话很多，而且差不多都是很关紧要的话，以前的人大抵把它们当成‘寓言’便忽略过去了。”[①]而孔子儒学也正是在这样的文化自由氛围中诞生的。

如果从孔门弟子多次游走于孔子之门和少正卯之门这件事情来看，初次获得自由学习权力的士子可能对学习什么和怎样学习还处于探索之中。从孔子对少正卯的评价来看，少正卯应是一位能言善辩的士大夫，是一位语言富有诱惑力的学者。据《荀子·宥坐》记载，孔子为鲁司寇摄相事，朝七日而诛少正卯。孔子“诛少正卯”的理由是：“人有恶者五，而盗窃不与焉：一曰心达而险，二曰行辟而坚，三曰言伪而辩，四曰记丑而博，五曰顺非而泽。此五者有一于人，则不得免于君子之诛，而少正卯兼有之。故居处足以聚徒成群，言谈足以饰邪营众，强足以反是独立，此小人之桀雄也，不可不诛也。”[②]这里“诛”的含义，学者们有不同的看法，一是“诛杀”，二是“羞辱”。不管哪种解释，都不影响得出少正卯的言论与鲁国的主流价值观不相符的判断，自然引起时任大司寇孔子的高度重视，“诛”少正卯于鲁国都城曲阜的南门两观台之下，希望能纠正被其带偏的社会风气和社会舆论。

当然，孔子时代能出现士人们学习权力的大解放，并非一夜之间突然出现的，也应有一个渐变的过程。以春秋中后期郑国的子产为例，子产以“不

① 郭沫若：《十批判书》，《郭沫若全集·历史编》第二卷，人民出版社1982年版，第190页。

② 〔清〕王先谦撰，沈啸寰、王星贤点校：《荀子集解》，中华书局1988年版，第521页。

毁乡校”而著名，其中的“夫人朝夕退而游”既是对国家社会舆论自由的一种呵护，又是对士人学习自由权力的一种解放。除此之外，子产还有一项值得后世称颂的事迹。据《左传》襄公三十年记载，子产从政三年之后，郑国的百姓为子产编了一首民歌，以歌诵其历史功绩：“我有子弟，子产诲之；我有田畴，子产殖之。子产而死，谁其嗣之？”①这里的“我有子弟，子产诲之”一语，应值得人们高度重视。这里的“诲”是“教诲”，虽然子产不一定亲自开办一所私学，但是他关注普通士子的教育问题，这是极有可能的。无论是“不毁乡校”，还是“诲”人子弟，都预示着士人学习欲望被激发出来，进而促使人们学习权力大解放。

总之，学术下移既是周天子政治、经济地位衰落在文化上的体现，也是包括孔子儒家在内先秦诸子百家共同的文化资源。王官失守造成了原来由周天子所掌握的文化资源逐渐向诸侯国、士大夫甚至民间转移，形成了“学在四夷”的局面。孔子在这场文化和学术转型的过程中起着至关重要的作用，他所创立的儒家学说，不但以“祖述尧舜，宪章文武”“修成康之道”为己任，而且在弟子的培养模式、教学方法、传授内容等方面，都为中华传统教育的发展进行了理论探索。孔子所开办的私学，既促使中国第一学术创造的黄金期百家争鸣局面的形成，又促使新兴的“士”阶层在恢复社会秩序方案上纷纷点燃智慧之火。

三、春秋之世：孔子学说的现实机缘

孔子吸收与融合了上古三代中华礼乐文明的丰硕成果，更重要的是融会贯通了春秋政治家、思想家对当时社会治乱问题的思考。这为孔子学说奠定了深厚的历史底蕴，已成为学术界的共识。如陈来先生曾评价说：“西周以

---

① 杨伯峻：《春秋左传注（修订本）》，中华书局1990年版，第1182页。

降，整个春秋时代的仁人志士、智者贤君子的思想言行，也成为孔子和早期儒家思想的思想资料的资源。”[①]这也是对“西周以来的这种思想发展做出的总结”[②]。当然，作为孔子的父母之邦，鲁国自身就是一座文化的高地，自孔子幼年时就开始滋润其身心，影响其灵魂。换句话说，孔子学说继承了三代以来的礼乐文化精髓，同时吸收了春秋时期鲁国本土的文明硕果，使其具有了深厚的历史感和强烈的现实感，特别是后者成为孔子学说形成的现实机缘。

（一）孔子学说与春秋霸政

诸侯称霸、大夫执政、“陪臣执国命”等现象，已经成为春秋末期社会的典型特点。然而，孔子对春秋时期的历史有着怎样的认识？尤其是他对春秋霸政有着怎样的看法？这些问题对正确理解孔子思想都至关重要。孟子曾说“仲尼之徒无道桓、文之事者”（《孟子·梁惠王上》），荀子亦说“仲尼之门人，五尺之竖子言羞称乎五伯”（《荀子·仲尼》），由此人们遂认为孔子排斥、厌恶齐桓、晋文等人。

由于《论语》记载的孔子言语相对简短，又缺乏完整的语境，因此后世学者在理解孔子相关言论时，多参照孟子、荀卿等先秦儒者的诠释。应该说，在多数情况下，此类参照有助于理解孔子思想。然而，并非事事如此，孟子、荀卿对孔子春秋五霸的解释就误导了不少人。首先，孟子“仲尼之徒无道桓、文者”一语，并不能拘泥地理解为孔子门徒从不言及齐桓、晋文。它是孟子针对齐宣王欲效法齐桓公、晋文公称霸，而掀起新一轮战争的搪塞之语。若说“后世无传”“臣未之闻”等说法是孟子消极的应对，那么，当宣王问“汤放桀，武王伐纣，有诸”的问题时，孟子“于传有之”的回答则是积极的。尤

---

① 陈来：《古代思想文化的世界——春秋时代的宗教、伦理与社会思想》，生活·读书·新知三联书店2009年版，第393页。

② 陈来：《古代思想文化的世界——春秋时代的宗教、伦理与社会思想》，生活·读书·新知三联书店2009年版，第393页。

其当齐宣王以“臣弑君其可乎”一语质问儒家“正名”学说时，孟子则是拿出儒家辩论之杀手锏“仁义”来应对。孟子说：“贼仁者谓之贼，贼义者谓之残，残贼之人谓之一夫。闻诛一夫纣矣，未闻弑君也。”（《孟子·梁惠王下》）由此可见，孟子对齐宣王欲借助儒家所推崇的“汤武革命”模式为其恢复齐桓公霸业的意图看得非常清楚，“臣未之闻”一语既是在用自己的方式欲阻止争霸战争的延续，又是对儒家“正名”学说的极力维护。

与孟子相似，荀子的仲尼之门人“言羞称乎五伯”的判断，也并非完全是直接针对“五霸”所成就的事业，而是说五霸的行为方式不符合儒家的道德标准。虽然荀子承认齐桓公是“五伯之盛”，但是他本身则存在明显的问题，“前事则杀兄而争国；内行则姑姊妹之不嫁者七人，闺门之内，般乐奢汏，以齐之分奉之而不足；外事则诈邾，袭莒，并国三十五”（《荀子·仲尼》）。在荀子看来，仲尼之徒应对齐桓公“险污淫汏”的行为不屑一顾，其行为更不会进入荀子的法眼。正如荀子说：“彼非本政教也，非致隆高也，非綦文理也，非服人之人心也。乡方略，审劳佚，畜积修斗而能颠倒其敌者也。”（《荀子·仲尼》）因此，齐桓公的“诈心以胜”“以让饰争”“依仁而蹈利”，至多算作“小人之杰”（《荀子·仲尼》），这与儒家所主张的仁、义、礼、智、信等理念并不相符，以“大儒”和孔子学说正宗传人自居的荀子对“五伯”有如此严厉的批判，也应是在情理之中的。

学术界对于孔子学说的误解，一方面，来自接受了孟子、荀子等大儒的说法，由于孟子、荀子等人对孔子及其弟子有关春秋政治的理解未必非常准确，更不能完全代表孔子本人对春秋时期诸侯争霸的认识；另一方面，在于对“正”与“谲”等字理解上的偏差，学者们得出孔子是在褒齐桓、贬晋文的结论，也正以此为基点。

孔子只是说“齐桓公正而不谲”，至于为何说他“正”？又为何说他“不谲”？孔子并未进而作解。当然，传世文献中有与此相关的记载，如齐桓公为了坚持原则，曾杀“哀姜”、休“蔡姬”，可见，在处理人情上他并不十分精通权变的重要性。虽然这并不符合早期儒家重视家庭伦理的原则，但是不能称得上是“正”。正如唐代学者颜师古评价说：“法而不谲者，言守法而行，不能用权以免其亲也。”[①]而齐桓公在为政举措上，同样坚守着“正”道，如“尊天子”“令诸侯”“攘夷狄”，这与早期儒家所坚守的为政原则并无本质的区别。

若按周礼规定，非天子，诸侯相送是不能出境的。当燕庄公送齐桓公入齐境时，桓公遂遵守周礼，将“分沟割燕君所至与燕，命燕君复修召公之政，纳贡于周，如成康之时”(《史记·齐太公世家》)；又如，楚国不向周天子纳贡，齐国则借助姜太公“五侯九伯，女实征之，以夹辅周室”(《左传》僖公四年)特权，对其进行讨伐。而管仲的“赐我先君履，东至海，西至河，南至穆陵，北至无棣，楚贡包茅不入，王祭不具，是以来责”(《史记·齐太公世家》)理由，表明齐桓公君臣仍以维护周礼的职责自居。如刘先廷先生说：“齐桓公是春秋时代的第一个霸主。在他四十多年的军事实践中，指导每一场战争所运用的谋略虽然各不相同，但始终贯穿着一个明晰的目的：挟天子而令诸侯。”[②]

当然，齐桓公的做法也得到周天子的充分肯定，如《史记·齐太公世家》中记载：“周襄王使宰孔赐桓公文武胙、彤弓矢、大路，命无拜。”在孔子看来，齐桓公能以霸主身份对当时入侵中原的蛮夷率兵征伐，这是最大的“正”。如伐山戎救燕、平定卫国狄乱以及使管仲平戎于周等，都是孔子评说其“正”的重要依据。晚年齐桓公对自己的一生进行了总结，说：“寡人南伐至召陵，望熊山；北伐山戎、离枝、孤竹；西伐大夏，涉流沙；束马悬车登太行，至卑耳山而还。诸侯莫违寡人。寡人兵车之会三，乘车之会六，九合诸侯，一匡天下。昔三代受命，有何以异于此乎？”(《史记·齐太公世家》)这差不

① 程树德撰，程俊英、蒋见元点校：《论语集释》第三册，中华书局1990年版，第980页。

② 刘先廷：《论齐桓公的“尊周而亲邻”》，《军事历史》1986年第2期。

多应属于盖棺前的定论。

当然，齐桓公并非仅仅是“正”，与晋文公一样，他也懂得甚至是善于权变。如从莒国返齐国时，虽然管仲只射中其“钩”，但是他“详死以误管仲，已而载温车中驰行”；齐桓公曾想杀死管仲报一箭之仇，却能听从鲍叔牙“君且欲霸王，非管夷吾不可”（《史记·齐太公世家》）的建议，“欣然”任用管仲为相，进行改革；尽管与鲁君在柯地的会盟是在曹沫要挟下被迫签订的，但是齐桓公还是听从管仲的建议，取信于诸侯。可见，齐桓公不但正直，而且是执权善变、从谏如流的君主。既“正”也“谲”，正是齐桓公在称霸过程中的一把双刃剑。正因如此，他能成功地举起“尊王攘夷”的旗帜，维护了春秋时期社会的基本稳定。如王志民先生说：“它不仅以首开霸业之局，开始了春秋史上王霸代序、诸侯连称的新时代，而且在文化上，以保护中原文化、促进各地域文化的交融为契机，为春秋时期文化的繁荣作出了贡献。”①其实，这也正是孔子推崇齐桓公的真正原因。

与齐桓公善于守正相比，晋文公处理问题的方式显得更为灵活。首先，晋文公在权变上体现出自己的智慧，尤其是在尊崇周王的问题上，他听从了赵衰“求霸莫如入王尊周”的建议，并“发兵至阳樊，围温，入襄王于周”（《史记·晋世家》）。另外，虽然“天王狩于河阳”一语已为后世史家所乐道，但是晋文公当时所面临的形势，并非所有的学者都能细察其纹理。正因晋文公欲会盟诸侯于温，并率之而朝天子，但又“恐其有畔者”，这才使人“言周襄王狩于河阳”（《史记·晋世家》）。尽管晋文公的做法有违于周礼的规定，但是这是他不得已而为之的权宜之计。可见，晋文公与齐桓公采取武力征伐的措施不同，而是采用更灵活的方式“尊王”，以维持当时社会暂时的稳定。

在与各国的交战中，同样展现了晋文公善于权变的优势。如在救援宋国对抗楚国的战争中，为兑现其“即不得已，与君王以兵车会平原广泽，请

---

① 王志民：《齐桓公称霸的文化贡献》，《成都师专学报》（文科版）1991年第1期。

辟王三舍”的诺言，接受了大臣先轸“执曹伯，分曹、卫地以与宋，楚急曹、卫，其势宜释宋”(《史记·晋世家》)的建议，逼迫楚成王对晋国用兵而达到救宋的目的。针对晋文公善于“权变”，董志新先生总结说：“‘临难用诈，足以却敌’的命题，是建立在对晋文公争霸战争经验正确认识基础上的新的军事思维成果……晋国君臣‘用诈’的地方确实不少：比如进攻曹国和卫国，以牵动围攻宋国的楚军；暗中允许曹、卫复国，促使两国与楚绝交；扣押楚军使节宛春以激怒楚将子玉，使其急躁冒进；借口‘报施’，主动退避三舍，诱使楚军进入自己的伏兵阵地；战斗中用虎皮蒙着驾车辕马，以惊恐楚军等等。”①可见，用“诈”来诠释“谲”，不如用“权变”更贴切。孔子赞誉说：“临难用诈，足以却敌。反而尊贤，足以报德。文公虽不终始，足以霸矣。”(《吕氏春秋·义赏》)《韩非子》中的记载也印证了这一说法：“仲尼闻之，曰：‘文公之霸也，宜哉！既知一时之权，又知万世之利也。’”②因此，孔子“贬文公”的说法更值得商榷，正如董志新先生说：“令人遗憾的是，千百年来，对孔子这一富有真知卓见的论断，错注和曲解几乎弥漫了整个经学界。”又说：“汉儒意为孔子在贬晋文而褒齐桓，其对谲字的释义和举例都大成问题。”他还认为“宋儒朱熹在尊王贱霸的路上滑得更远”③。这种理解也许更接近孔子的本意，值得人们重视。在各国混战的春秋时期，宋襄公“蠢猪”式的仁义道德并不能为当时混乱的局势提供多少有益的帮助，而齐桓、晋文式的霸主，既能遵守基本的周礼规定，又能使社会恢复安定，晚年的孔子对此应该是看得非常清楚的。

晋文公不但懂得权变，而且存在诸多“正”的优点。晋文公的性格非常耿直，如《史记·晋世家》中说：“重耳至秦，缪公以宗女五人妻重耳，故子圉

---

① 董志新：《孔子论晋文公争霸战争》，《孔子研究》1995年第3期。

② 〔清〕王先慎撰，钟哲点校：《韩非子集解》，中华书局1998年版，第348页。

③ 董志新：《孔子论晋文公争霸战争》，《孔子研究》1995年第3期。

妻与往。重耳不欲受，司空季子曰：‘其国且伐，况其故妻乎！且受以结秦亲而求入，子乃拘小礼，忘大丑乎！’”在受与不受的问题上，体现了晋文公并非奸诈之人。同时，晋文公善于任用贤人，也体现出其政治家的智慧。他知人善任、赏罚分明，赢得了诸多贤人的拥护。如司马迁评论说：“自少好士，年十七，有贤士五人：曰赵衰；狐偃咎犯，文公舅也；贾佗；先轸；魏武子……重耳逾垣，宦者逐斩其衣袪……从此五士，其余不名者数十人，至狄。”晋文公在赏罚上也很分明，如壶叔问赏罚标准时，他说：“夫导我以仁义，防我以德惠，此受上赏。辅我以行，卒以成立，此受次赏。矢石之难，汗马之劳，此复受次赏。若以力事我而无补吾缺者，此（复）受次赏。三赏之后，故且及子。”（《史记·晋世家》）以周礼的标准来衡量，这不可不谓是“正”。学术界对孔子褒桓公而贬晋文的传统观点提出了质疑，如关序华先生说：“桓公就是要让重耳留恋妻室、贪图安逸，以此来败坏他的名节。在这里，齐桓公与晋文公，究竟哪个正而不谲，哪个谲而不正，不是很清楚了吗？孔夫子一生‘述而不作’，所以，我们简直怀疑《论语》有关齐桓晋文的论断，是不是老夫子的学生给记反了。”[①]当然，这种假设并不一定能够成立，因为不能据此认定齐桓公是狡诈之人，更不能仅以一己之见就轻辄否定经典的记载，而问题的关键还在于对“谲”字含义的准确把握。

总之，晋文公同齐桓公一样，既有“守正”的特征，也有“权变”的一面。孔子的评价似乎并非褒奖谁或者贬斥谁，只是由此概括以二人为代表的春秋霸主在其心目中的印象而已。在周天子式微、夷狄入侵，中原诸侯面临灭国的危险之时，齐桓公、晋文公都是尊天子、一正天下的春秋霸主。由于他们各自国力、成长经历、时代背景等因素的不同，决定了他们会采用不同的方式解决社会问题。孔子用史学家的眼光、政治家的智慧和哲学家的思考，深刻理解二人在完成霸业道路上的差异。当然，齐桓公、晋文公所维护社会的稳定、保

---

① 关序华：《〈左传〉析疑（四）》，《荆门大学学报》（哲学社会科学版）1996年第4期。

存的中原文化，都是孔子儒学产生的重要前提和保障。

（二）孔子学说与春秋诸贤

孔子用于构建其学说体系的资源，除三代时期的礼乐传统外，还包括春秋时代所创造的文化成果。孔子学说之所以被称为早期中国社会的大成智慧，其原因也在于此。如管仲、子产、叔向、臧文仲、柳下惠、晏婴等前诸子时代春秋诸贤的智慧，也是孔子学说产生的重要基础。此时的诸贤留下了怎样的文化遗产？或者说孔子从中汲取了怎样的智慧？这是研究前儒学时代思想文化应多加重视的问题。虽然这些文化资源可能是包括先秦诸子共同的文化土壤，但是从孔子对他们的推崇来看，至少他从中受到不少启示。诸如孔子学说中的天人、德刑、忠信等思想，无一不与前诸子时代的春秋诸位贤哲有着密切的关系。

在祭祀的观念上，孔子开始改变将祭祀视为“国之大事”的理念，逐渐抛开传统的天命观念，重视人自身的价值。孔子以社会稳定为出发点，将此时已经开启的人本思潮向前推进了一大步。如当子路向孔子问“事鬼神”时，他说：“未能事人，焉能事鬼？”（《论语·先进》）又，“务民之义，敬鬼神而远之，可谓知矣。”（《论语·雍也》）正因如此，在马厩失火时，孔子首先询问的是是否“伤人”，而“不问马”（《论语·乡党》）。也就是说，马厩失火，孔子首先关心的不是马而是养马之人，正体现出了他的仁爱思想。此外，孔子还提出爱惜民力的主张，说：“道千乘之国，敬事而信，节用而爱人，使民以时。”（《论语·学而》）只是由于祭祀在传统社会中仍起着重要的作用，所以他并非一味地排斥祭祀，孔子弟子曾参说：“慎重追远，民德归厚矣。”（《论语·学而》）为了保住只有象征意义的“告朔之饩羊”的形式，孔子甚至对子贡颇有微辞。为了给世人树立典范，他将大禹描绘成无可挑剔的圣王，说他是“菲饮食，而致孝乎鬼神；恶衣服，而致美乎黼冕；卑宫室，而尽力乎沟洫”（《论语·泰伯》）的治世圣王。

孔子主张有限制的祭祀，其思想与柳下惠、子产等人如出一辙。当臧文仲欲使国人祭祀城东门“爰居”时，柳下惠就批评他，说：“夫祀，国之大节也，而节，政之所成也，故慎制祀以为国典。今无故而加典，非政之宜也。”①此外，郑国子产的思想与孔子可能更为接近，当子大叔要求用瓘斝之宝祭禳灶以防火灾时，子产说：“天道远，人道迩，非所及也，何以知之？灶焉知天道？是亦多言矣，岂不或信？”（《左传》昭公十八年）因此，孔子继承并发展了柳下惠、子产等人的祭祀理念，并赋予其更多的人文意蕴，进而成为孔子学说的重要组成部分。

面对“礼坏乐崩”的社会现实，春秋诸贤更加强调西周以来所形成的德性政治，对当时政治中滥用刑罚的现象非常敏感。如郑人“铸刑书”，叔向诒书批评子产，说：

> 昔先王议事以制，不为刑辟，惧民之有争心也。犹不可禁御，是故闲之以义，纠之以政，行之以礼，守之以信，奉之以仁；制为禄位，以劝其从；严断刑罚，以威其淫。惧其未也，故诲之以忠，耸之以行，教之以务，使之以和，临之以敬，莅之以强，断之以刚；犹求圣哲之上、明察之官、忠信之长、慈惠之师，民于是乎可任使也，而不生祸乱。民知有辟，则不忌于上。并有争心，以征于书，而徼幸以成之，弗可为矣。（《左传》昭公六年）

当然，从叔向给予子产的书中看，他并非一味地反对刑法，只是唯恐刑书的公布不仅不能实现“靖民”，反而将百姓引向“弃礼而征于书”的道路，造成“乱狱滋丰，贿赂并行”的局面。叔向的历史依据是《禹刑》《汤刑》《九刑》等“三辟之兴”的后果。然而，子产并非“弃礼”者，而是一位坚守礼治的政治家，这从其“夫礼，天之经也，地之义也，民之行也”（《左传》昭公

① 徐元诰撰，王树民、沈长云点校：《国语集解》，中华书局2002年版，第154页。

二十五年）等相关的论述中可以得到印证。他同“习于《春秋》”、善行“德义”的叔向一样都坚守礼治，只是没有拘泥于具体的礼仪，而是在政治实践中探寻如何更好地将“德义”赋予其中。孔子继承并发展了德、刑相参的政治学说，如他说：“道之以政，齐之以刑，民免而无耻；道之以德，齐之以礼，有耻且格。”（《论语·为政》）并说：“圣人之治化也，必刑政相参焉。太上以德教民，而以礼齐之；其次以政焉导民，以刑禁之，刑不刑也。化之弗变，导之弗从，伤义以败俗，于是乎用刑矣。”（《孔子家语·刑政》）因此，孔子对德刑关系的探索，明显地具有叔向、子产等贤哲的智慧。

当子张问行时，孔子说：“言忠信，行笃敬，虽蛮貊之邦行矣；言不忠信，行不笃敬，虽州里行乎哉？”（《论语·卫灵公》）尤其是“忠信”一词，孔子是反复强调的，并成为其学说的重要内容。如“主忠信，无友不如己者”（《论语·学而》）“十室之邑，必有忠信如丘者焉”（《论语·公冶长》）“主忠信，徙义，崇德也”（《论语·颜渊》）以及“君子进德修业，忠信所以进德也”[①]等。当然，“忠信”一词并非孔子的创造发明，在他以前的典籍以及诸贤中多有论述，如叔向曾多次提到“忠信”，如叔向《致子产书》中说：“犹求圣哲之上……忠信之长”（《左传》昭公六年）；在评价“叔弓来聘”时，叔向说：“子叔子知礼哉！吾闻之曰：‘忠信，礼之器也；卑让，礼之宗也。’辞不忘国，忠信也；先国后己，卑让也。”（《左传》昭公二年）又如，晋国赵孟子闻鲁国叔孙穆子能以死避国难时，他说：“临患不忘国，忠也；思难不越官，信也；图国忘死，贞也；谋主三者，义也。”（《左传》昭公元年）对此，齐相晏婴的论述更为详细。晏婴在劝诫齐侯勿“失信”弗听之后，退而与陈文子说：“君人执信，臣人执共。忠、信、笃、敬，上下同之，天之道也。君自弃也，弗能久矣。”（《左传》襄公二十二年）另外，新出土文献也证实了当时贤哲对忠信原则的实践，如江陵张家山

① 周振甫：《周易译注》，中华书局1991年版，第5页。

汉简《奏谳书》中记有柳下惠断案案例：按照鲁法，盗粟一斗的“佐丁”最多“罚金一两”，而柳下惠却直接定“完丁为倡”，以重罪处罚。究其原因，柳下惠说：“吏初捕丁来，冠钵冠，臣案其上功牒，署能治礼，𤅊（儒）服。夫𤅊（儒）者君子之节也，礼者君子学也，盗者小人之心也。今丁有宵（小）人心，盗君子节，有（又）盗君子学，以上功，再祂其上，有白徒罪二，此以完为倡。”[①]虽然这里未提到“忠信”二字，但是既“盗君子节”，又“盗君子学”，欺上瞒下则是不守忠信的典型特征。

当然，叔向“吾闻之曰”一语表明，当时社会上很有可能还流传着大量的文献典籍，这应是包括孔子在内所有“士”阶层共有的文化资源。从孔子对这些志士仁人的评价中看，他深受这些人的影响，应该是没有问题的。如孔子评价子产说：“有君子之道四焉：其行己也恭，其事上也敬，其养民也惠，其使民也义。”（《论语·公冶长》）他赞誉子产为“惠人”“古之遗爱”，还为其辞世而伤痛不已。他评价叔向说：“古之遗直也。治国制刑，不隐于亲。三数叔鱼之恶，不为末减。曰义也夫，可谓直矣！”（《左传》昭公十四年）而《孔子家语·弟子行》中则集中阐述孔子对“先贤”的看法，他们包括赵文子、随武子、铜鞮伯华、蘧伯玉、柳下惠、晏婴、老子、介子推、叔向等。当前学术界也已认识到春秋贤哲对孔子的影响，如陈来先生说：“这些志士仁人智者君子的思想言论，为孔子和早期儒家思想的形成做了准备。而孔子和早期儒家思想，乃是对西周以来的这种思想发展做出的总结。”[②]总之，孔子学说既吸收了上古三代时期礼乐文化的精髓，也汲取了此前春秋诸贤的智慧，这些文化资源都应是孔子儒学及先秦诸子学说进行创新性发展的文明基点与源头活水。

---

① 江陵张家山汉简整理小组：《江陵张家山汉简〈奏谳书〉（二）》，《文物》1995年第3期。

② 陈来：《古代思想文化的世界——春秋时代的宗教、伦理与社会思想》，生活·读书·新知三联书店2009年版，第393页。

（三）孔子学说与鲁国文化

虽然孔子学说有着“祖述尧舜，宪章文武”的特点，但是作为一个生于鲁、长于鲁、仕于鲁、终于鲁的圣者，首先他受到的应是鲁国当地特定文化氛围的影响。如刘振佳教授说：“孔子毕竟是鲁国人，他与古鲁国社会文化有着不可分割的极其特殊的深层联系。但长期以来，从鲁国文化这一特定角度去认识、理解、研究孔子，分析其人其学说”[①]，并没有得到学者们应有的重视。其实，孔子学说与鲁文化的关系，既包含着鲁国旧有文化积淀对孔子的影响，也包含着孔子学说对鲁文化的反作用。在二者的“互动”中，孔子儒学逐渐成为孔门弟子、鲁国乃至“天下”传统文化的精髓。

首先，鲁国“礼仪之邦”文化传统的形成经历了一个漫长的过程。在伯禽建国前，曲阜一带就已经有悠久的原始文化和内容丰硕的文化遗存[②]，这是鲁国文化特质形成的前提与基础；同时，这些文化遗产为孔子认识三代文化“损益”关系的深度搭建了平台。换句话说，鲁国文化特色不仅是由周公的地位决定的，而且与此前鲁国旧有的文化资源密切相关。当然，鲁文化的特色以姬周礼乐文化占主导地位，由于在伯禽初封时，周王室已为其制定了“启以商政，疆以周索”的基本国策，并分给鲁国“殷民六族”条氏、徐氏、萧氏、索氏、长勺氏、尾勺氏，使“帅其宗氏，辑其分族，将其丑类，以法则周公”（《左传》定公四年）。而孔子时代鲁国文化应是由伯禽所带来的姬周文化“与殷遗民及当地土著固有的文化相互融合”[③]的结果。

除近年来的考古发掘外，姬姓鲁国建国前此地有着怎样的文化传统，由于传世典籍记载的阙如，学术界还未得出更为清晰的结论。然而，至迟在春秋

① 刘振佳：《鲁国文化与孔子》，山东友谊出版社1993年版，前言第1页。
② 郭克煜等：《鲁国史》，人民出版社1994年版，第30—40页。
③ 杨朝明：《鲁文化史》，齐鲁书社2001年版，绪论第4页。

末期，殷商的势力及文化传统仍深深地影响着鲁国的政治和社会。如季氏家臣"阳虎专政"，"盟公及三桓于周社，盟国人于亳社，诅于五父之衢"（《左传》定公七年）。"周社"为鲁国贵族之国社应没有问题，由于商人发迹于亳，殷人祭祀场所则应称为"亳社"，要"盟国人"于"亳社"，表明殷商势力在当时的鲁国仍有举足轻重的地位。正是因为曲阜为商奄故地，情况异常复杂[①]，所以在周之初封时，伯禽用了三年时间才基本完成"变其俗，革其礼"的改革。如郭克煜等先生说："伯禽在鲁，为了强化统治，花费了很大气力改变当地人的风俗，力图把周人的文化传统推广到鲁地。"[②]可见，鲁国"礼仪之邦"传统的最终形成与伯禽等鲁国先公的努力是密不可分的。

周公的长子伯禽在改造曲阜固有的文化传统后，又将怎样的文化输入其中？这涉及鲁国初封时所带来的文化因子。由于周公的特殊地位和卓越功勋，鲁国得到其他诸侯国没有的特权。为褒赐"周公之德"，鲁国不但有天子之"礼"，而且有"四代之乐"与"四代之学"。《礼记·明堂位》中说："成王以周公为有勋劳于天下，是以封周公于曲阜，地方七百里，革车千乘，命鲁公世世祀周公以天子之礼乐。""凡四代之服、器、官，鲁兼用之，是故鲁，王礼也，天下之传久矣。"又，"米廪，有虞氏之庠也。序，夏后氏之序也。瞽宗，殷学也。頖宫，周学也。"[③]《左传》昭公四年亦有"鲁得四代之学"的记载。杨向奎先生总结说："齐鲁文明，实为宗周文化之嫡传，而鲁为姬，齐为姜，后来结果，齐一变至于鲁，鲁一变乃至于道；周礼在鲁，遂为中心之中……周公及其同僚，建立了宗周的礼乐制度，鲁国继之成为正统，春秋而后，孔子因

① 据《竹书纪年》记载，商王祖乙、祖辛、沃甲、祖丁等四王"居庇"（多数学者认为，"庇"即今天的山东省鱼台县西南之费亭；陈梦家先生认为即鲁国季孙氏的费邑）。此后的商王南庚"自庇迁于奄"、阳甲"即位，居奄"、盘庚"旬自奄迁于北蒙，曰殷"。这里的"奄"即现在的曲阜一带。即便是盘庚迁殷后，奄仍是商代的东方重镇，甲骨文中有不少"王入于奄""贞，今如奄"等记载。

② 郭克煜等：《鲁国史》，人民出版社1994年版，第225页。

③ 杨天宇：《礼记译注》上，上海古籍出版社2004年版，第391—400页。

之有所发展。”①周初统治者特别是鲁国先公将曲阜固有的文化传统加以改造，并输入周代礼乐文化的新鲜血液，构成鲁国礼乐文化的新传统。在西周时期，它成为宗周在东方的代言人；在春秋时期，则成为周礼最完整的保存者，至此，鲁国“礼仪之邦”的地位最终得以确立。

另外，在周王室衰落、文化下移的过程中，鲁国所保存的“四代之学”，尤其是周代的礼乐文化，就成为时人了解周礼的理想之地。如鲁国君臣对八佾舞之类“天子之礼乐”的使用，在一定程度上是对礼制的僭越，但在客观上却也是对传统文化的一种保存与继承。这可从当时来鲁国观礼之人的相关评论中得到明证。如吴公子季札赴鲁以观周乐，在听完乐师演奏《邶》《鄘》《卫》《郑》《齐》《豳》《秦》《魏》《唐》《陈》《大雅》《小雅》后，他对这些乐章从《诗》义上去一一点评。如梁涛、刘宝才二先生说：“春秋时期，赋诗是贵族在聘问交往中必备的语言艺术。季札论《诗》，侧重于诗的道德意义，这种解诗的方式，对以后孔子产生影响。”②又如《左传》昭公二年记载，晋国韩宣子来聘，“观书于大史氏，见《易》《象》与《鲁春秋》，曰：‘周礼尽在鲁矣，吾乃今知周公之德与周之所以王也。’”此类文化正是鲁国的特色，而孔子自幼就受其滋养，因此它们也成为孔子了解周礼的入门资料。鲁国先贤也对孔子产生了深远的影响，郭克煜等先生说：“学者们在论述孔子思想体系的渊源时，无不认为他的思想受到了鲁国特定环境即当时鲁国国情的影响，那么，处在鲁国社会中的著名人物对孔子的影响就更为直接。”③如前所述，孔子曾深受鲁国贤哲臧文仲、柳下惠等人的影响。

鲁国完整的礼乐资源、仁人贤士榜样的力量只是外因，能否对生活在其间的个体起到作用，关键还在于个人。鲁国历时近八百年，只有孔子在诸人

① 杨向奎：《宗周社会与礼乐文明》，人民出版社1992年版，第278—279页。

② 梁涛、刘宝才：《中国学术思想史编年·先秦卷》，陕西师范大学出版社2005年版，第79页。

③ 郭克煜等：《鲁国史》，人民出版社1994年版，第324页。

中脱颖而出，这不能不说与其“好学”而“博学”，以及在危机面前勇于担当的品质有关。“吾少也贱”，但孔子重视的绝不是种地、种菜之类的“鄙事”。孔子曾说自己“十有五而志于学”（《论语·为政》），他所学的应是《诗》《书》《礼》《乐》《易》等古代的文化经典，这些经典是孔子“王道”理想的载体。由于自幼就对每逢祭祀的舞乐极感兴趣，并以“子入太庙，每事问”（《论语·八佾》）的姿态温习礼乐，启示来周公庙观礼者。“发愤忘食，乐以忘忧，不知老之将至云尔”（《论语·述而》），正是孔子一生“好学”的真实写照。鲁国独特的文化底蕴和丰富的先王典册，是“鲁终不用”和“亦不求仕”的晚年的孔子最宝贵的财富。孔子非常重视这些经典，司马迁认为，孔子“追迹三代之礼，序《书传》，上纪唐虞之际，下至秦缪，编次其事”（《史记·孔子世家》）；又说：“古者《诗》三千余篇，及至孔子，去其重，取可施于礼义……礼乐自此可得而述，以备王道，成六艺”（《史记·孔子世家》），而且晚年对《易》还产生浓厚的兴趣。这些典册成就了孔子，使其学说更加精深；孔子也成就了这些经典，在他及其后学的阐扬下，它们都成为儒学经典和中国传统文化的重要载体。

鲁国的社会文化影响了孔子思想，孔子儒学反过来也深刻影响着鲁国社会。鲁国作为周公的封国及其拥有的特殊文化遗产，在建国前后就已完全具备成为“礼仪之邦”的条件。在王室衰微、“礼坏乐崩”的春秋之世，它曾一度成为保存周礼最完备的重镇和中心。然而，随着鲁国政治、经济地位的下降，鲁国逐渐丧失了其文化重镇的优势。至迟在孔子之时，鲁国执政者已经不甚了解周代礼乐文化的本质。如季孙氏“八佾舞于庭”“三家者以《雍》彻”（《论语·八佾》）等行为，都体现着君臣上下对“礼之本”的偏离甚至无知。随着孔子影响的不断扩大，不但晚年的孔子成为鲁哀公时常问政的对象，而且孔子的孙子子思与鲁穆公也结下非同一般的君臣关系。同时，在孔门弟子的尊崇与阐扬下，孔子学说的影响不断扩大，他的故所居堂也成为弟子们的“精神家园”，进而成为历代儒者、士子的“精神家园”。如司马迁曾说："鲁世世相传以岁时奉祠孔子冢，而诸儒亦讲礼乡饮大射于孔子冢。"乡人并在孔子故居设庙，后世又"藏孔子衣冠琴车书，至于汉二百余年不绝"。至西汉高祖十二年（公元前195年），刘邦"以太牢祠"后，诸侯卿相至，开启了"常先谒然后从政"的传统。(《史记·孔子世家》)

当然，孔子思想对鲁国的周边地区也产生了广泛而深刻的影响，其中以对邹国孟子的影响最大。孟子以孔子"私淑"弟子自居，大力弘扬孔子学说，使儒学成为战国时期的"显学"。由于邹、鲁不仅国界相接，而且思想文化相近，"邹鲁之士""缙绅先生"，成为此后中国文化精英的代称和符号，成为中国传统文化内在的精神脊梁。在孔子及后世儒家接力棒式的传递之下，不但部分地挽回了鲁国文化颓废的局势，而且巩固了鲁国乃至鲁国灭亡之后山东地区"礼仪之邦"之文化重镇的地位。

第二章 “明王之道”：孔子拯救时弊的法宝

面对“礼坏乐崩”的春秋乱世，孔子在肯定传统礼乐文化的基础上，形成了其独特的救治社会混乱秩序的方案。从性质来看，孔子学说具有“祖述尧舜，宪章文武”的特征。孔子欲用他心目中的“明王之道”来重构被战乱、僭越等行为所破坏无余的“失范”的社会秩序。此处的“明王”理论上包括上古、三代时期的历代圣王。只是由于黄帝、颛顼、帝喾等上古帝王的事迹多有神话与传说的成分，并在春秋时期呈现“百家言黄帝，其文不雅驯，荐绅先生难言之”(《史记·五帝本纪》)的现象。所以，早期儒家在构建学说体系时，将主要精力放在能言或可言的尧、舜，以及夏、商、周三代“明王”时期。如孔子说：“大道之行也，与三代之英，丘未之逮也，而有志焉。”(《礼记·礼运》)在“大道既隐，天下为家”的社会背景下，人们自然更加推崇禹、汤、文、武、成王、周公等“明王”，以拯救春秋时弊。这些“明王”的为政之道，成为早期儒家抨击时政、构建学说以及教授弟子的理论依据。

孔子儒家推崇“有册有典”(《尚书·多士》)的三代“明王”时期，也只是相对于“难言”的上古之世而言的。尽管“难言”，但是先秦儒家也并非不言，黄帝、颛顼、帝喾、尧、舜等五帝相关的事迹，孔子都能“略闻其说”(《孔子家语·五帝德》)。早期儒家的“明王之道”与上古帝王紧密相连。当然，上古三代时期“明王”的真实状况到底如何？孔子儒家是如何看待的？他们又从中汲取了怎样的人生智慧？要对此类问题做出近真的回答，就有必要从源头上梳理原始儒学与“明王之道”的关系。因此，我们试从“难言”的“上世之传”、三代时期的“明王之政”以及原始儒家的“明王之道”等三个方面，阐述原始儒家认识上古文明、整合三代“明王”智慧，进而形成拯救时弊方案的全过程。

一、“难言”的“上世之传”

据传世文献记载，中华民族有着五千多年的文明史，至少可以追溯到传说中的“三皇五帝”时代。虽然原始儒家将学术立说的重心置于三代“明王”时期，但是孔子也时常谈到上古社会的状况，对黄帝、颛顼、帝喾、尧、舜等时期的“德治”，更是推崇备至。中华文明连续性的特性，也决定了三代时期的礼乐文明并非无源之水，它应该有更长时期文明的积淀。这一问题则涉及孔子儒家所推崇的黄帝、颛顼、帝喾等时代究竟是什么样子，是已经步入“文明”的门槛，还是仍处于“茹毛饮血”的“野蛮”时代？由于传世“文献不足征”的缘故，诸如此类的问题一直是学术界争而未决的热点。在原始儒家那里，上古之世虽然“难言”，但是并非不可言，并且在孔子儒学形成的过程中，此时的“明王”显得尤为重要：一方面，“博学”的孔夫子已经掌握了有关五帝时代的传说，并形成独到的见解，成为孔子儒家教化社会、纠正人心的历史根据；另一方面，在孔子儒家看来，“五帝”与“三王”是一个相互衔接不可分割的整体，要阐述儒家与“三王”的关系，就有必要对孔子及其他儒家心目中五帝时期的历史进行追溯和梳理。

（一）孔子心目中的上古圣王

现存中国上古时期的历史多是以神话或传说形式流传于世的，尽管并非向壁虚造，有其真实的历史依据，但是毕竟有“难言”的特点。以黄帝为例，当孔子弟子宰我向老师请教黄帝“何以能至三百年”时，孔子回答说：“禹、汤、文、武、周公，不可胜以观也，而上世黄帝之问，将谓先生难言之故乎？”（《孔子家语·五帝德》）可见，不仅司马迁认为“荐绅先生难言之”，而且“敏而好学”“信而好古”的孔子的认识也大体如此。针对宰我“上世之传，隐微之说，卒采之辩，暗忽之意，非君子之道者”的责难，孔子还是以“略闻其说”的语气，向宰我讲述了其心目中上古帝王的事迹。孔子论五帝的内容亦见于《大戴礼记·五帝德》，通过比较，学者们认为，《孔子家语》中的记载可能更为古朴，而《大戴礼记》的内容则明显有后人加工的成分。只是由于过去将《孔子家语》视为“伪书”，研究中国上古文明的学者很少有人相信其记载的真实性。然而，学术界最近的研究成果表明，越来越多的学者开始认识到它的学术价值。与“四书”“五经”等传世文献相似，《孔子家语》不仅不伪，甚至可以称其为“孔子研究第一书”[①]。

在孔子的心目中，黄帝是一个“始垂衣裳，作为黼黻”而天下治的“无为”圣王。孔子认为，黄帝“治民以顺天地之纪，知幽明之故，达生死存亡之说。播时百谷，尝味草木，仁厚及于鸟兽昆虫。考日月星辰，劳耳目，勤心力，用水火财物以生民”，使人民能受益“三百年”之久，即“民赖其利，百年而死；民畏其神，百年而亡；民用其教，百年而移”（《孔子家语·五帝德》）。其实，在为中都宰时，孔子“制为养生送死之节”（《孔子家语·相鲁》）的措施，在很大程度上受到了黄帝“知幽明之故，达生死存亡之说”等为政之道的影响。

此外，孔子还向宰我讲述了心目中的颛顼和帝喾形象。孔子认为，颛顼是一位“渊而有谋，疏通以知远，养财以任地，履时以象天，依鬼神而制义，治气性以教众，洁诚以祭祀，巡四海以宁民”的圣王。在颛顼的教化下，空间上“北至幽陵，南暨交趾，西抵流沙，东极蟠木”，属性上“动静

① 杨朝明、宋立林主编：《孔子家语通解》，齐鲁书社2013年版，代前言第40页。

之类，小大之物，日月所照”，都深受其影响；而帝喾的行为更接近于儒家理想，孔子赞誉说：“博施厚利，不于其身。聪以知远，明以察微。仁以威，惠而信，以顺天地之义。知民所急，修身而天下服，取地之财而节用焉，抚教万民而诲利之，历日月之生朔而迎送之，明鬼神而敬事之。其色也和，其德也重，其动也时，其服也哀。”（《孔子家语·五帝德》）可见，颛顼、帝喾的为政之道，是此前圣王注重社会教化的资源之凝结。

与上述诸帝相比，孔子更推崇尧、舜，并将尧、舜之道视为其学说的根基。从文献记载来看，孔子对此二圣王推崇备至。他赞誉帝尧说：“大哉尧之为君也！巍巍乎！唯天为大，唯尧则之。荡荡乎！民无能名焉。巍巍乎！其有成功也；焕乎，其有文章！”（《论语·泰伯》）赞扬帝舜说：“舜其大知也与？舜好问而好察迩言，隐恶而扬善，执其两端，用其中于民，其斯以为舜乎！”（《中庸》）在《孔子家语·五帝德》中，孔子则系统地阐述了心目中的尧、舜，评价帝尧说：“其仁如天，其智如神。就之如日，望之如云。富而不骄，贵而能降。伯夷典礼，夔、龙典乐，舜时而仕，趋视四时，务先民始之，流四凶而天下服。其言不忒，其德不回。”在帝尧的治理下，社会出现了“四海之内，舟舆所及，莫不夷说”的局面。孔子赞扬帝舜说：“孝友闻于四方，陶渔事亲。宽裕而温良，敦敏而知时，畏天而爱民，恤远而亲近。承受大命，依于二女。睿明智通，为天下帝，命二十二臣，率尧旧职，躬已而已。”（《孔子家语·五帝德》）在子思将孔子学说特点概括为“祖述尧舜”后，尧、舜也成为孔子儒家“道统”说的起点。无论是孟轲的“述唐、虞、三代之德”（《史记·孟子荀卿列传》），还是荀子的“上则法舜、禹之制”（《荀子·非十二子》），都未偏离历代儒家“祖述尧舜，宪章文武，宗师仲尼”（《汉书·艺文志》）的特征。至唐代韩愈“道统”说的定型，孔子儒学都是在这一“道统”[1]之中传承与阐释的。

---

① 唐代韩愈的“道统”说见于其《原道》，说：“尧以是传之舜，舜以是传之禹，禹以是传之汤，汤以是传之文武周公，文武周公传之孔子，孔子传之孟轲，轲之死不得其传焉。”

尧、舜传给后代圣人的为何物？韩愈并未明说，至朱熹将其释为“允执厥中”。他说：“盖自上古圣神继天立极，而道统之传有自来矣。其见于经，则‘允执厥中’者，尧之所以授舜也；‘人心惟危，道心惟微，惟精惟一，允执厥中’者，舜之所以授禹也。尧之一言，至矣，尽矣！而舜复益之以三言者，则所以明夫尧之一言，必如是而后可庶几也。”[①]后世儒者对子思作《中庸》“忧道学之失其传”深信不疑。至此，帝尧所传“道统”是“允执厥中”，是“中庸”似乎已成为定论。然而，2008年公布于世的清华简《保训》篇则给人们耳目一新之感。简文中，无论是舜的“求中”“得中”，还是上甲微的“假中”“归中”，都涉及中华传统文化的核心“中”或者“中道”，这极有可能是“《保训》全篇的中心”[②]。它的问世既对研究儒家思想的渊源和传承有重要意义，又反映出了中国上古思想文化的大体状况。

正是因为尧、舜的思想对后世有极其重要的影响，《尚书》作为专门记述上古时期历史的典籍，才记载了“独载尧以来”的历史事迹。这既与孔子当世所存文献的状况有关，又应与其学说“祖述尧舜”的特点密切相关。如司马迁说：“孔子之时，周室微而礼乐废，《诗》《书》缺。追迹三代之礼，序《书传》，上纪唐虞之际，下至秦缪，编次其事。”（《史记·孔子世家》）可见，《尚书》以唐尧、虞舜为开端，不仅与传世文献本身的现状有关，而且与孔子儒家的极力推崇密不可分。

尽管由于时间久远、传世文献记载缺失，早期儒家的所论不可能像“有度”的“三王”时期的历史那样有据可依，但是他们在构建学说体系时还是从“用说”的“五帝”处获得了诸多智慧。如“无为而治”思想，早期儒家很明显受到黄帝“垂衣裳”而天下治的启示。孔子认为，“无为”应建立在“有为”基础上，曾说：“为政以德，譬如北辰，居其所而众星共之。”（《论

① 〔宋〕朱熹：《四书章句集注·中庸章句序》，中华书局1983年版，第14页。

② 李学勤：《论清华简〈保训〉的几个问题》，《文物》2009年第6期。

语·为政》)如果君主有德，治理天下就可以像黄帝一样“垂衣裳”而天下治，像舜一样“恭己正南面而已矣”(《论语·卫灵公》)。当然，儒家“无为”与道家“法自然”有明显的不同，儒家更注重现实社会的治理。孟子的“人有不为也，而后可以有为”(《孟子·离娄下》)，正是对儒家“无为”思想内涵的概括。而早期儒家的“无为”思想，在汉代儒学经学化的道路上逐渐泯灭，淡出了后世儒家的视野与范畴，进而成为老子道家之专利。应该说，这是对早期儒学的误解，与早期历史的实际有着相当大的出入。

(二)由蒙昧走向文明

从孔子对上古时期圣王的相关论述中，人们已经隐约地感觉到中华文明的起源应有更悠久的历史，上古先民曾经创造了灿烂的文明与文化。然而，中华文明起源与世界其他文明相比，有着怎样的异同呢？这涉及对人类社会学理论的探讨。美国路易斯·亨利·摩尔根率先提出了人类社会共同遵循的途径：由蒙昧时代经过野蛮时代到文明时代。尽管他提出的所有大陆居民本身“出自同一个原始种族”的假设是以欧洲中心论为基点的，并受到越来越多人类学家的质疑，但是他的人类发展的基本模式，却是在广泛分析欧美等各族历史基础上得出的结论。摩尔根说：“当人类还处于蒙昧阶段时，其主要制度和生活技术的幼苗即已在发育之中。继之而来的野蛮阶段和文明阶段经验的绝大部分在于发展这些原始观念。”①

摩尔根人类发展的三阶段的模式，也得到此后很多学者的认同，如恩格斯在《家庭、私有制和国家的起源》中说：“摩尔根是第一个具有专门知识而尝试给人类的史前史建立一个确定的系统的人；他所提出的分期法，在没有大

① 〔美〕路易斯·亨利·摩尔根：《古代社会》上册，杨东莼、马雍、马巨译，商务印书馆2009年版，第8页。

量增加的资料认为需要改变以前，无疑依旧是有效的。”[1]虽然恩格斯与摩尔根将弓箭、铁器以及文字的使用作为蒙昧、野蛮、文明三阶段划分的不同标志，但是他更强调工具的重要性。恩格斯还说：“弓箭对于蒙昧时代，正如铁剑对于野蛮时代和火器对于文明时代一样，乃是决定性的武器。”[2]当然，由于摩尔根与恩格斯的著作都未涉及中国社会的问题，这一理论是否适合中国，也一直是学术界争论的热点话题。直至马克思主义传入中国之后，这一难题似乎也给在混乱中探索出路的近代知识分子带来了一缕曙光，特别是早期马克思主义史学家对此深信不疑。郭沫若先生试图用外国学者开辟的“路径”，续写“半部世界文化史上的白页”，并将其《中国古代社会研究》定位于“恩格斯的《家庭、私有制和国家的起源》的续篇”[3]。郭沫若所运用的理论正是摩尔根、恩格斯等人开创的人类社会学模式，即以经济基础发展为前提，以五种社会发展的阶段为主线解读中国社会，这一思路在此后的中国学术界产生了深远的影响。

但由于受到疑古思潮的影响，大量与此相关的历史传说、传世文献被认为是“伪”的而否定掉。同时，中国考古学刚刚起步，上古遗址的发掘极其有限，所以当时学者在中国文明起源问题上的研究很难获得扎实的实物基础，其论证也显得乏力。很显然，考古发掘对研究中国乃至世界古代文明的起源问题都极为重要，如李学勤先生说：“中国古代有大量典籍，不少流传至今，但涉及文明初期的材料究竟是有限的。研究这方面应以考古材料为主，已成为学术界的共识。”[4]近年来中国考古学有关上古先民遗址的发掘，也为研究中国先民如何由蒙昧走向文明提供了坚实的史料。如郝镇华、张书生等在翻译瓦西里耶夫的《中国文明的起源问题》作的《中译本说明》中说：“经过反复的断代

① 《马克思恩格斯选集》第四卷，人民出版社2012年版，第29页。
② 《马克思恩格斯选集》第四卷，人民出版社2012年版，第31页。
③ 郭沫若：《中国古代社会研究》，中国华侨出版社2008年版，自序第5页。
④ 李学勤：《李学勤说先秦》，上海科学技术文献出版社2009年版，第13页。

分期研究和 ^{14}C 测定，各个地区文化接续的年代序列日益明确地建立起来，特别是黄河、长江流域的发展脉络已相当清楚，为阐明中国文明的本地基础提供了丰富的事实材料。”①

当前中国考古学所取得的成就已表明，曾被视为传说的三皇五帝时代的中国社会并非是茹毛饮血的野蛮时代。此时已经出现了国际学术界所通行的文明标准城市、文字、青铜器以及大型宗教礼仪性建筑等，中国社会已从蒙昧状态迈进文明的门槛。

首先，此时中国已出现了城市。近代以来有关城市的界定，最早见于英国史前学者戈登·柴尔德的《城市革命》一文。柴尔德从考古学的资料出发，提出城市的十项标准，并认为“城市”是作为经济“革命”的“结果与象征”。他说：“‘革命’这个词自然不可看作是指称一次突然的剧变的；它在这里用来指称在社群的经济结构和社会组织上的一种逐进变化的高潮——这个高潮造成受其影响的人口急剧地增加，或至少与这项增加同时出现。”②而与柴氏所论经济“革命”结果的途径不同，中国最早城市的特征应是“作为政治权力的工具与象征”③。尽管如此，二者的作用还是基本相同，都是为“防御和保护的目的而兴建起来的”④，目前考古发掘的城郭遗址也部分再现了上古时期城市的此项功能。如孙广清、杨育彬二先生在对所发掘的龙山时期城址总结时说：“夯土城墙高大、坚固，城门较窄，有的还设门卫房，这是封闭和防卫职能的表现。有的城内还有奠基牺牲的遗存，是显示统治权力的象征。由于社会结构的变化，这已与原始社会聚落址有本质的不同。当然，也不同于后世经济发达、商品货币关系活跃的城市，而主要是作为维护统治阶级权力的政治和

① 〔苏〕列·谢·瓦西里耶夫：《中国文明的起源问题》，郝镇华、张书生、杨德明等译，文物出版社1989年版。

② Gordon Childe，“The Urban Revolution”，*The Town Planning Review*，No.1:P3.

③ 张光直：《中国青铜时代》二集，生活·读书·新知三联书店1990年版，第5页。

④ 傅筑夫：《中国经济史论丛》上册，生活·读书·新知三联书店1980年版，第323页。

军事中心。”[①]这与中国传世文献的记载基本一致，如《吴越春秋》中说：“鲧筑城以卫君，造郭以居人(《初学记》作‘守民’)，此城郭之始也。”[②]五帝末年夏鲧所造的城郭就已经有“卫君”“居人”“守民”等功能。可见，它与西方的经济“革命”的产物应有着本质的区别。张光直先生说：“夯土城墙、战车、青铜兵器等遗迹遗物，在考古材料中反映着战争的剧烈与频繁，但斗争的对象……主要是国邑与国邑之间侵犯兼并性的斗争……规模巨大的地上建筑的宫殿与小型的、内容贫乏的半地下室作强烈的对比，是统治者统治地位的象征，也是借其规模气氛加强其统治地位的手段。”[③]

其次，文字作为人类进入文明社会的标志，一直受到人类社会学家的重视。如摩尔根认为文明社会的阶段始于“标音字母的使用和文献记载的出现”。当然，他也认为“刻在石头上的象形文字”与“标音字母”是相等的标准。[④]而对中国文字起源的探源，同样是确定中国上古何时由蒙昧进入文明社会的关键。据传世文献记载，中国的文字起源很早，黄帝的史官仓颉就已经创造文字，其中有“好书者众矣，而仓颉独传者”(《荀子·解蔽》)、“古者苍颉之作书也”(《韩非子·五蠹》)、“苍颉作书”(《吕氏春秋·君守》)等说法。《说文解字·卷十五上》中总结说：“仓颉之初作书，盖依类象形，故谓之文；其后形声相益，即谓之字。”若按照传统的说法，先民不但创造了象形文字，而且制作了最早的一批典籍，如《尚书序》中说：“古者伏牺氏之王天下也，始画八卦，造书契，以代结绳之政，由是文籍生焉。”将伏牺、神农、黄帝之书称为“三坟”，言“大道”；将少昊、颛顼、高辛、唐、虞之书称为

① 孙广清、杨育彬：《从龙山文化城址谈起——试论中国文明的起源》，《华夏考古》1994年第2期。

② 〔汉〕赵晔撰，张觉校注：《吴越春秋校注》，岳麓书社2006年版，第295页。

③ 张光直：《中国青铜时代》二集，生活·读书·新知三联书店1990年版，第6页。

④ 〔美〕路易斯·亨利·摩尔根：《古代社会》上册，杨东莼、马雍、马巨译，商务印书馆2009年版，第11页。

“五典”，“言常道”。“三坟”“五典”与“八卦之说”的“八索”、“九州之志”的“九丘”共同组成“上世帝王遗书”[①]。然而，随着近代疑古和实证主义思潮影响的扩大，这些传统说法都受到质疑，如胡适的“东周以上无史”、顾颉刚的“上古盲昧无稽”等论断，逐渐打破了传统的古史体系。至此，中国古典学对古文字起源乃至中国文明起源的记载都受到严重的冲击与挑战。

然而，从发掘的上古时期遗址中所见的文字来看，早在仰韶文化、龙山文化时期就已经出现刻在陶器上的符号。如临潼姜寨的一个符号很像甲骨文的“岳”字、山西襄汾陶寺龙山文化遗址的一个陶扁壶上，有毛笔朱书的“字”字和其他两个符号，河南舞阳贾湖龟甲上有甲骨文的“目”和“户”字。后者墓葬下葬的年代，据碳素测定“不晚于公元前6000年”[②]。特别是大汶口墓葬所出土的陶器上的文字，甚至被学者称之为我国现行文字的“远祖”，而赋予划时代的意义。如唐兰先生说：“它们既有写的，又有刻的，笔画整齐规则，尤其是三个炅字，出于两地，笔画结构，如出一手，显然，这种文字已经规格化。更重要的是已经有简体字，说明它们是已经很进步的文字。”[③]同时，与大汶口文化相毗邻的良渚文化中的陶器和玉器上也刻有文字符号，如李学勤先生认为，“有符号的玉器有璧、琮、环、臂圈等，符号的刻划位置独特，不同器上花纹混淆。有的符号为了突出，还特别施加框线或填有细线”，其11种符号中有5种与大汶口的相同或相近，二者的相同，有可能标志着“这些符号是原始文字”。[④]可见，至少从公元前6000年开始，中国的象形文字就开始出现，后经过2000余年的发展，至商代的甲骨文时期，已经形成比较成熟的文字体系也就不足为奇了。

---

① 〔汉〕孔安国撰，〔唐〕孔颖达疏：《十三经注疏·尚书正义》，北京大学出版社1999年版，第4—8页。

② 李学勤：《李学勤说先秦》，上海科学技术文献出版社2009年版，第17页。

③ 唐兰：《从大汶口文化的陶器文字看我国最早文化的年代》，《光明日报》1977年7月14日。

④ 李学勤：《李学勤说先秦》，上海科学技术文献出版社2009年版，第17—18页。

此外，中国上古文明中的青铜器艺术至商代已有非常高的造诣，如四羊方尊、司母戊大方鼎、青铜大立人像、青铜纵目人像等，都可堪称世界的奇迹。当然，青铜器的铸造技术并非一蹴而就，这项技术应该有长时期的发展过程。从目前发掘的遗址来看，虽然我们至今还不能完全断定青铜器与祭祀是怎样发生关系的，但是由商代的祭祀可以推断，青铜器制品作为祭器也经过了长期的发展演变。如在河南登封王城岗的城堡遗址中发现了青铜容器残料，在具有“太昊之墟”之称的河南淮阳县一处龙山文化城址的遗物中发现了铜炼渣。正是由于青铜器的制作和使用在中国人的生活中占据中心地位，因此，学者们也将其称之为“中国青铜时代”，并且认为它的开始“不会迟于公元前二千年”[①]。

总之，虽然中国上古时期的城市产生、文字使用和文献记载的出现以及青铜器的使用，都与西方人类学家所研究的结果不同，但是证明孔子心目中的三皇五帝时期并非盲昧无稽，而是早已经踏入文明的门槛。尽管中国上古社会的真实状况还有待地下考古发现的佐证，但是考古发现也证明中国有五千年文明的说法是基本可以采信的。现在考古学中所谓的“龙山文化”时期正与孔子儒家心目中的五帝时期大体相同，因此孔子儒家心目中的五帝圣王应有真实的历史依据。

（三）唐虞之道与礼制初创

在儒家的心目中，中国上古社会至少在五帝时期就已经迈进文明的门槛。除上面所谈到的城市、文字、青铜器等实物证据外，大量礼仪性建筑，尤其是五帝时期的圣王、哲人、政治家以礼俗为基点，经过理性的思考，对礼制所进行的初步建构，奠定了此后中国礼乐文明发展的基石，这为中国传统社会所普遍认可。近代以来，受疑古思潮和科学实证主义思潮的影响，传世文献中的相

① 张光直:《中国青铜时代》，生活·读书·新知三联书店1983年版，第2页。

关记载已经不被采信。幸运的是，近年来考古发掘所取得的成就，则为学术界重新认识五帝时期的历史带来新的契机，尤其是郭店楚墓竹简中的《唐虞之道》一文，为理解儒家心目中的古代圣王提供了新的材料。

通常中国被称之为“礼仪之邦”，学术界公认的奠基人是“制礼作乐”的周公。如杨向奎先生说：“没有周公不会有武王灭殷后的统一天下；没有周公不会有传世的礼乐文明；没有周公就没有儒家的历史渊源，没有儒家，中国传统的文明可能是另一种精神状态。”[①]然而，只有周公、儒家，中国传统的礼乐文明也不会是现在的状态，因为周公“制礼作乐”应是“损益”上古以及夏、商时期礼制之后的产物。一方面由于古代礼制是“专门之学”“征实之学”，另一方面由于文献的“不足征”，上古时期的礼制状况一直是人们难以说清楚的问题。因此，历来学者对中国礼及礼制起源的解说聚讼纷纭。

汉代许慎《说文解字》中说：“礼，履也，所以事神致福也。从示从豊。”又将“豊”释为“行礼之器也，从豆，象形”。尽管王国维先生根据殷墟甲骨文“豊”字像“二玉在器之形”，进而对许慎的解释提出异议：“豊从玨在凵中，从豆乃会意字，而非象形字也”，但是他将“礼”释为“推之而奉神人之事”[②]，与许慎的解释并无二致。如陈来先生说：“无论甲骨文中的礼字字形如何解释，其引申之通义为事神之事，多无异议……古人所说的事神之事主要就是祭祀神灵的行为。”[③]其实，事神行为之“礼”可以追溯到三皇五帝甚至更早，他还说：“凡有事神行为即可认为已经有‘礼’，则考古发现所疑为神庙、祭坛者，都可以为原始宗教礼仪存在的表征。”[④]因此，“礼”作为祭祀神灵的

---

① 杨向奎：《宗周社会与礼乐文明》，人民出版社1992年版，第136页。

② 王国维：《观堂集林》第一册，中华书局1959年版，第291页。

③ 陈来：《古代宗教与伦理——儒家思想的根源》，生活·读书·新知三联书店2009年版，第244页。

④ 陈来：《古代宗教与伦理——儒家思想的根源》，生活·读书·新知三联书店2009年版，第244页。

公共行为，应有悠久的历史传统。

当然，此时此类祭祀神灵还可能属于偶然的、个别的行为，它只能算原始的礼而非礼制，因为礼制应属于礼俗上升到制度、规程后的范畴，它是人们执礼的根据，限定行礼的范围、规模、程序、仪态以及言行等诸多方面的内容。从这个意义上，礼制应当被视为一种“典章制度”，其核心是“等级制度”，即“用以确定上下、尊卑、亲疏、长幼之间的隶属服从关系”①。就祭礼所使用的器物来看，不同等级者能用的器物应各不相同，如“俎豆、牲体、荐羞皆有等差”以及“器以藏礼”，说的即是此理。以丧葬礼为例，高炜先生根据距今5000—4000年的大汶口文化晚期、龙山文化时期出土玉器、漆木器和陶器的规律特点，推测在龙山时期中华礼制就已基本形成。他说：“虽然当时并无大牢、少牢的区别，祭祀用牲也只限猪一种，但大斝内煮猪首所具有的神圣意义还是显而易见的。”所以他说：“至龙山文化时期，用牲现象尤为普遍，并且更规则化了，显出等差，即由原始习俗演变为礼制。”②可见，过去被学者认定为传说的尧、舜时期，中国社会应早已经产生了原始的礼制。

中国文明的连续性也决定了三代，特别是夏代礼制是对唐尧、虞舜礼制的继承与发展，如邹衡先生说：“结合考古材料和文献记载，似乎可以说，犹如周礼继承商礼和商礼继承夏礼一样，夏礼可能是继承虞礼而来的。”③尽管夏代之前是否存在一个独立的虞代，学术界还存在很大的分歧，但是至少先秦文献中就有大量将虞、夏、商、周四代或者虞、夏、商三代连称的记载。如《左传》襄公二十四年曰：“昔丐之祖，自虞以上为陶唐氏，在夏为御龙氏，在

① 许宏：《何以中国：公元前2000年的中原图景》，生活·读书·新知三联书店2014年版，第8页。

② 高炜：《龙山时代的礼制》，《庆祝苏秉琦考古五十五年论文集》，文物出版社1989年版，第240页。

③ 邹衡：《夏商周考古学论文集》，文物出版社1980年版，第166页。

商为豕韦氏，在周为唐杜氏”；《左传》庄公三十二年云：“有得神以兴，亦有以亡，虞、夏、商、周皆有之”；《周礼·冬官考工记》曰：“有虞氏上陶，夏后氏上匠，殷人上梓，周人上舆”等。意思是说，在先秦时期人们的心目中，夏代之前应有一个虞代。然而，近代疑古辨伪思潮兴起后，学者们索性将唐尧虞舜从信史中一笔抹去，并将夏代之前的古史都归于“神话传说时代”①。

其实，据传世文献记载，在唐尧时期已经出现历法。据《尚书·尧典》记载，“历象日月星辰，敬授人时”，并以闰月来“定四时，成岁”。在虞舜时，古代礼制已见雏形，如《尚书·舜典》记载了舜登天子位时的仪式，“正月上日，受终于文祖。在璇玑玉衡，以齐七政。肆类于上帝，禋于六宗，望于山川，遍于群神。辑五瑞，既月，乃日觐四岳群牧，班瑞于群后”。这对三代时期甚至是儒家心目中天子的“巡守制”都产生了深远影响。特别东巡时的场景更引人注目：“岁二月，东巡守，至于岱宗，柴，望秩于山川，肆觐东后。协时月，正日，同律度量衡。修五礼、五玉。三帛、二生、一死，贽，如五器，卒乃复。”（《尚书·舜典》）此外，舜还始建十二州、封十二山，并制定了完整的刑法：“象以典刑，流宥五刑，鞭作官刑，扑作教刑，金作赎刑。眚灾肆赦，怙终贼刑。”（《尚书·舜典》）这与早期儒家所提倡的德刑相参政治基本吻合，并体现了上古帝王已经对人的生命和价值进行过理性的思考。此外，舜时还设置了较为完备的官僚机构：伯禹作司空；弃作后稷；契作司徒；皋陶作士；垂作共工；益、朱虎、熊罴作虞；伯夷作秩宗；夔作典乐；龙作纳言等。（《尚书·舜典》）

其实，在孔子的心目中，唐尧、虞舜时期就已产生了礼制。《大戴礼记·五帝德》记载了对尧、舜的评价：尧时，“黄黼黻衣，丹车白马，伯夷主礼，龙、夔教舞，举舜、彭祖而任之，四时先民治之”；舜时，“使禹敷土，主名山川，以利于民；使后稷播种，务勤嘉谷，以作饮食；羲和掌历，敬授民

---

① 徐鸿修：《先秦史研究》，山东大学出版社2002年版，第1页。

时；使益行火，以辟山莱；伯夷主礼，以节天下；夔作乐，以歌籥舞，和以钟鼓；皋陶作士，忠信疏通，知民之情；契作司徒，教民孝友，敬政率经。其言不惑，其德不慝，举贤而天下平。”①孔子对尧、舜的评价亦见于《孔子家语·五帝德》，只是文辞上略有不同，但“伯夷主礼”，则体现了原始礼制已见雏形，并表明唐尧、虞舜为政之道的连贯性。尧、舜时期的礼制，也可从新出土文献中得到证实，如郭店楚墓竹简《唐虞之道》赞誉舜说：“爱亲尊贤，虞舜其人也。禹治水，益治火，后稷治土，足民养生。可见，传世文献与新出土文献，都证明在孔子儒家的心目中，中国礼制在唐尧、虞舜时就已初步成型，而儒家的“道统”学说由此奠定了最初根基。无论子思的“祖述尧舜，宪章文武”，还是朱熹的尧传舜之“一言”，“唐虞之道”都应是孔子儒家构建学说体系的理论基点。

总之，在孔子看来，与尧、舜时期的历史相比，中国此前历史有着“难言”的特点。一方面是与文字记载的缺失，另一方面应与“孔子所传宰予问《五帝德》及《帝系姓》，儒者或不传”（《史记·五帝本纪》）有关。因此，早期儒家将尧、舜时期的王道、礼制作为构建学说的基础，并形成了“祖述尧舜”的特点。而“唐虞之道”与“三代之英”都是原始儒家批评时政、构建学说的重要资源。当然，还有学者将中国上古“难言”的责任归咎于孔子，如唐兰先生说：“大汶口文化遗址及其陶器文字的发现，给我们揭开被孔丘封锁了两千五百年之久的古代史大门的一把钥匙。”②尽管这一说法并不十分准确，但是应有一定道理。尽管孔子以“略闻其说”的方式向宰我讲述上古时期的帝王，但是其“禹、汤、文、武、周公，不可以胜观也”（《孔子家语·五帝德》）一语，在某种程度上也可能阻碍了后世学者对上古历史的探索。所幸的

① 〔清〕王聘珍撰，王文锦点校：《大戴礼记解诂》，中华书局1983年版，第121—123页。

② 唐兰：《从大汶口文化的陶器文字看我国最早文化的年代》，《光明日报》1977年7月14日。

是，近年来有关上古之世的考古发掘成果，为人们研究从“难言”到“不言”的上古史提供了“可言”的契机。

二、“三代之英”与“识记之书”

与“难言”的上世之传相比，早期儒家多将注意力集中于有文献记载的“三代之英”时期。如孔子说：“大道之行也，与三代之英，丘未之逮也，而有志焉。”（《礼记·礼运》）理解孔子此语的关键在于对“与”字的把握。其实，此处“与”并非连词，应该当动词讲，是“谓”“说的是”的意思。该字之训，清人王引之《经传释词》有说，前人也已经指出《礼运》此字应该从释为“谓”。[①]而“三代之英”是孔子心目中的“禹、汤、文、武、成王、周公”等圣王；“志”就是“文献记载”。无论是夏代的“有典有则，贻厥子孙”（《尚书·五子之歌》）、商代的“惟殷先人有册有典”（《尚书·多士》），还是周代的“文武之政，布在方策”（《中庸》），都表明三代时期已经是有典册传布的文明时期。虽然夏、商时代的典籍，孔子看到的可能还不多，他说：“我欲观夏道，是故之杞，而不足征也，吾得《夏时》焉。我欲观殷道，是故之宋，而不足征也，吾得《坤乾》焉。《坤乾》之义，《夏时》之等，吾以是观之。”[②]尽管如此，他却凭借“好学”的精神而达到“斯文在兹”的境界，并坚定了用他所掌握的“明王之道”来挽救春秋末世“礼坏乐崩”的信念。

（一）夏商圣王与礼制的发展

夏、商时代的圣王是指孔子儒家心目中的大禹和商汤等人。作为一个朝代的奠基者和开创者，他们的为政之策与言行举止，不仅是后世帝王的楷模，

① 杨朝明：《〈礼运〉成篇与学派属性等问题》，《中国文化研究》2005年春之卷。

② 杨天宇：《礼记译注》上，上海古籍出版社2004年版，第267页。

而且他们所构建的礼制和设定的治国方略，即后世所谓的祖宗之法，更是整个王朝的根基。从目前学术界的研究成果来看，尽管夏、商二代的礼制还存在着诸多差别，但是作为上古时期文化的传承者与此后文化的开创者，都对中国文明的形态与发展模式产生了深远的影响。

与后世学者将夏启视为夏代的真正的缔造者不同，传统上多把此功劳归于大禹。如《楚辞·天问》中云："启代益作后，卒然离蠥，何启惟忧，而能拘是达？皆归射鞠，而无害厥躬。何后益作革，而禹播降？"[①]又如《韩非子·外储说》中云："禹爱益而任天下于益。已而以启人为吏。及老，而以启为不足任天下，故传天下于益，而势重尽在启也。已而启与友党攻益而夺之天下，是禹名传天下于益而实令启自取之也。"[②]司马迁的说法更直接，《史记·夏本纪》曰："禹于是遂即天子位，南面朝天下，国号曰夏后。"可见，无论是"禹播降""令启自取之"，还是"南面朝天下，国号曰夏后"，都表明大禹应是夏朝的真正缔造者。同时，大禹客观上帝位的家传，将尧、舜时期世袭制的萌芽突显出来。如陈成国先生说："中国社会发展到尧舜禹的时代，世袭制的国家胚胎在逐步形成，问题只在由谁完成最终的奠基工作……如果说中国历史上最早的国家的奠基事业，炎黄至于尧舜禹都有功劳；那么不妨说：世袭制国家最后的基石是由大禹奠定的。"[③]可见，说"启建立夏"可能并不符合历史的实际，大禹才应该是三代时期历史的真正开创者。

其实，只有在世袭制形成之后，影响此后中国几千年的宗法制才能有牢固的根基，无疑大禹对此制度的形成应起到方向标的作用。在大禹刚登上帝位时，就对尧、舜之子进行了册封，如《史记·五帝本纪》云："然后禹践天子位。尧子丹朱，舜子商均，皆有疆土，以奉先祀。服其服，礼乐如之。"在其

① 〔宋〕朱熹撰，蒋立甫点校：《楚辞集注》，上海古籍出版社2001年版，第59页。
② 〔清〕王先慎撰，钟哲点校：《韩非子集解》，中华书局1998年版，第340页。
③ 陈成国：《中国礼制史（先秦卷）》，湖南教育出版社2011年版，第102页。

法定继承人皋陶先卒之后，又封“皋陶之后于英六，或在许”(《史记·夏本纪》)。这则开启了封上代帝王之后奉祀先祖的惯例，而商汤封夏后于“亭”、周封夏后于“杞”，也正是如此。虽然夏代所封诸侯之数量无法与周代相比，但是已达到有史以来的最高点。如司马迁云：“禹为姒姓，其后分封，用国为姓，故有夏后氏、有扈氏、有男氏、斟寻氏、彤城氏、褒氏、费氏、杞氏、缯氏、辛氏、冥氏、斟(氏)戈氏。”(《史记·夏本纪》)尽管夏代王位继承制还存在着“兄终弟及”与“父死子继”的争论，但是为了“弥争”，除太康传弟中康、不降传弟扃、廑崩而父辈孔甲即位外，即使并非嫡长子继承制，也应为父子相传。至于商代的世袭，陈戍国先生在研究卜辞材料之后，说“廪辛实在是一个过渡性的人物，其弟康丁以及康丁之子武乙则是实行传子制的决定性人物”[①]，并认为至迟在帝乙就已确立立嫡的观念。如《吕氏春秋·当务》中说：“纣之同母三人，其长曰微子启，其次曰中衍，其次曰受德。受德乃纣也，甚少矣。纣母之生微子启与中衍也尚为妾，已而为妻而生纣。纣之父、纣之母欲置微子启以为太子，太史据法而争之，曰：‘有妻之子，而不可置妾之子。’纣故为后。”可见，虽然太史所据之“法”尚不明确，商末宗法制还“不能算十分成熟”，但是在一定程度上表明立嫡长子继承制已“由雏形趋向严格”。

在先秦时期，战争与祭祀是国家最重要的事情，如《左传》成公十三年记载：“国之大事，在祀与戎。祀有执膰，戎有受脤，神之大节也。”祭祀主要包含祭祀天地、祖先、山川等，有祭祀就应有特定的场所宗庙或祭坛。河南偃师二里头遗址的发掘也正是如此，在其中部坐落着一大型的宫殿遗址，由堂、庑、门、庭等单体建筑组成，其主体建筑则是一座高台正殿。据学者研究，“这组宫殿建筑是按照一定的营造设计建造的，它的组合、布局和规模，应该反映了一定的宫室制度”，根据其台基上的墓葬，特别是“中庭”内的

① 陈戍国：《中国礼制史(先秦卷)》，湖南教育出版社2011年版，第112页。

祭祀坑，将其确定为“夏文化宗庙遗址”。[①]古代宗庙不仅是统治者供奉先祖的场所，而且是古代政治权力的象征。传世典籍中也往往将宗庙、朝廷连称，如《论语·乡党》的“其在宗庙朝廷”，如《孔子家语·观周》中的“庙朝之度”以及《大戴礼记·盛德》中的“君子考德，而天下之治乱得失，可坐庙堂之上而知也”等。在政治家的观念中，“失守宗庙”就意味着失去政权，直至春秋时代仍是如此，如齐宣王在伐燕国时，就曾“毁其宗庙，迁其重器”（《孟子·梁惠王下》）。偃师二里头遗址中，也已略显出中国宗庙的雏形。在夏人的“尊命”传统中，除天命外，祭祖是其重要组成部分。如张一兵先生认为：“‘夏人尊命’就是特别尊重生命，尊重的是生命种族的延续，上对祖宗，下对子孙，祭祖就是‘尊命’观念的表现形式”，进而将殷礼、周礼重祭祖传统的根源归结于“因于夏礼”。[②]这也应该是有道理的。

由于传世典籍缺失，居今日而言夏、商礼制还存在诸多的困难。所幸近年来考古发掘的相关成果，为传世文献的记载提供了有力的佐证。当然，就目前发掘的遗址来看，尽管夏、商礼制没有周代的名目繁多与复杂，但是已比唐虞时期更为完备，并且此时吉、凶、军、宾、嘉等礼制也已初见成型。如前所述，宗庙在社会生活中占据重要地位，因此宗庙礼制更具有代表性。当然，祭祖是夏商宗庙祭祀的重要组成部分，至少在春秋时人看来，夏后氏的“禘黄帝而祖颛顼，郊鲧而宗禹”，不但上承有虞氏“禘黄帝而祖颛顼，郊尧而宗舜”的传统，而且开启商人“禘喾而祖契，郊冥而宗汤”、周人“禘喾而郊稷，祖文王而宗武王”的规制。[③]同时，“禘、郊、祖、宗、报”[④]等，都已成为宗庙祭祀中最重要的“国之典祀”。据传世文献记载，夏代始有用“尸”来祭祖的先例，如《礼记·礼器》：“三代之礼，一也，民共由之。或素或青，夏

① 邹衡：《夏商周考古学论文集》，文物出版社1980年版，第169—171页。
② 张一兵：《明堂制度源流考》，人民出版社2007年版，第45页。
③ 徐元诰撰，王树民、沈长云点校：《国语集解》，中华书局2002年版，第159—160页。
④ 徐元诰撰，王树民、沈长云点校：《国语集解》，中华书局2002年版，第161页。

造殷因……夏立尸而卒祭。殷坐尸。周旅酬六尸。”①

此外，传世文献还有关于昭穆制度的记载，如《礼记·王制》：“天子七庙：三昭三穆，与大祖之庙而七。”郑玄注解说：“此周制，七者，大祖及文王、武王之祧，与亲庙四，大祖后稷；殷则六庙，契及汤，与二昭二穆；夏则五庙，无大祖，禹与二昭二穆而已。”②当然，有关殷代的昭穆制度亦有七庙的说法，如《尚书·咸有一德》中说：“七世之庙，可以观德。万夫之长，可以观政。”虽然“五庙”“六庙”“七庙”的记载尚未得到确切的证据，但是正如陈戍国先生所说：“考古学者从殷墟发掘特别是侯家庄西北冈的墓葬情形推测殷商之有昭穆制度，却证明郑君所谓殷之‘二昭二穆’有可信成分。”③可见，尽管当前还无法证实夏、商时期昭穆制度的真实情况，但是地下材料与传世文献的相互印证，基本可以推定夏商时期的昭穆制度并非后世学者认为的凭空虚造。

随着礼制发展和完善，三代时期的祭祀行为逐渐走向正规化、制度化，其重要标志是自夏代开始逐渐形成的一整套较完整的礼器，以青铜器和玉器最具代表性。夏代礼器可能由食器发展而来，如《韩非子·十过》：“昔者尧有天下，饭于土簋，饮于土铏……尧禅天下，虞舜受之。作为食器，斩山木而财之，削锯修其迹，流漆墨其上，输之于宫，以为食器……舜禅天下而传之于禹，禹作为祭器，墨漆其外，而朱画其内，缦帛为茵，蒋席，颇缘，觞酌有采而樽俎有饰，此弥侈矣。”陶寺遗址的发掘则证明大禹将“食器”作“祭器”的说法并非妄言，“由此可以想见当年禹祭天地之神的时候，必定摆案设俎、盘豆序列，颇有一番仪式的”④。从学者的研究看，夏代已进入青铜文化期。人们的主流看法是：偃师二里头遗址为夏代时期的遗址，是介于河南龙山文化与

① 杨天宇：《礼记译注》上，上海古籍出版社2004年版，第295页。
② 〔汉〕郑玄等注：《十三经古注·礼记》，中华书局2014年版，第926页。
③ 陈戍国：《中国礼制史（先秦卷）》，湖南教育出版社2011年版，第136页。
④ 陈戍国：《中国礼制史（先秦卷）》，湖南教育出版社2011年版，第93页。

商文化之间的一种青铜时代文化。这与传世文献的记载基本相符，如《左传》宣公三年云："昔夏之方有德也，远方图物，贡金九牧，铸鼎象物，百物而为之备，使民知神、奸。"《越绝书》曰："禹穴之时，以铜为兵。"因此，李济先生说："根据历史传说和古物家的看法，夏开青铜器及青铜铸造的先河。"[①]当然，青铜器作为夏代礼器的真实状况还有待地下考古发掘的进一步证实，但商代青铜祭器已达到很高水平，并逐渐形成"名以出信，信以守器，器以藏礼，礼以行义"（《左传》成公二年）的认识。

除青铜器外，各类玉器也是此时最重要的礼器之一。如1976年发掘的商代妇好墓，不但发现了二百余件青铜礼器，而且有五百余件玉石器，其制作都十分精美[②]。玉石器的制作在商代之前应已经过长期的发展，如夏代玉圭的方形结构和钻孔的审美是龙山文化玉圭的延续；玉牙璋是龙山时期铲形器的完善和发展；玉琮的方形构型很可能受到良渚文化的影响。尤其是夏代玉器抽象直方的独特造型和神秘威严的兽面纹饰，应该是新石器时代与商周玉器之间的过渡。[③]至周代时期，玉器已经成为宗庙、朝会等仪式最重要的礼器，如《周礼·大宗伯》："以玉作六器，以礼天地四方。以苍璧礼天，以黄琮礼地，以青圭礼东方，以赤璋礼南方，以白琥礼西方，以玄璜礼北方。皆有牲币，各放其器之色。"又如《周礼·小行人》："成六瑞：王用瑱圭，公用桓圭，侯用信圭，伯用躬圭，子用谷璧，男用蒲璧。合六币：圭以马，璋以皮；璧以帛，琮以锦；琥以绣，璜以黼。此六物者，以和诸侯之好故。"当然，传世文献，如《尚书》《左传》《诗经》《论语》等与玉器有关的记载很多，三代时期礼制之间是一种"损益"的关系，由周代玉器则可管窥夏商时期礼制的概况。因此，三代时期的玉器，既是贵族们的权杖，在朝享会盟时作为身份地位的象

① 李济：《中国早期文明》，上海人民出版社2007年版，第21页。
② 夏鼐：《中国文明的起源》，文物出版社1985年版，第8—10页。
③ 高良：《夏代玉器的审美特征》，《江南大学学报》（人文社会科学版）2008年第3期。

征；又是绝地通天的标识，用来祭拜神灵先祖。

夏、商时期礼制在唐虞之道基础上向前迈进了一大步。虽然传世文献及考古发掘资料还不能将其面貌完全展现出来，但是至少此时已基本确立了中国古代家国同构体系，并为中国政治体制的运行做了初步探索，为此后中国传统社会的宗法制确立了基本原则。当然，学界对于夏商社会的了解还处在初级阶段，如青铜器、玉器、陶器等礼器的形制、规格等，还有待进一步探索。然而，这些资源及其智慧，为周代甚至孔子及其学派奠定了历史的根基。

（二）“文武之政，布在方策”

在传世文献中，与寥若星辰的夏、商两代圣王的记载相比，西周文王、武王时期的政令更多地被记录下来。如《尚书·金縢》“史乃册祝曰”“史与百执事”，表明至迟此时已经有专门记录、保管政令与典策的官吏。而“公命我勿敢言”一语，则体现出他们亦有保密的职责。除官吏记录外，文王、武王的诰文、册命等文书也被记录并流传于世，《尚书》《逸周书》中的很多篇章都应属于此类。孔子之时，尽管因“礼坏乐崩”而造成“礼乐废，《诗》《书》缺”，但是从韩宣子所发出的“周礼尽在鲁矣，吾乃今知周公之德与周之所以王也”（《左传》昭公二年）的感叹中，可以透视在传世文献中，还保留着西周时期明王的为政之道。当鲁哀公向孔子问政时，孔子答以“文武之政，布在方策”（《中庸》）。应该说，由“好学”到“博学”的孔夫子对“文武之政”是非常熟悉的，并形成了铁肩担道任的历史使命感。如《论语·子罕》记孔子曰：“文王既没，文不在兹乎？天之将丧斯文也，后死者不得与于斯文也；天之未丧斯文也，匡人其如予何？”因此，虽然孔子学说是“祖述尧舜”，但是“从周”情结则决定其学术重心是在阐发周代圣王的为政之道，即“宪章文武”。

在西周时期，中国已形成完整的史官系统，这一系统主要由大史、小史、内史、外史、御史等组成。这些史官的职责非常明确，“文武之政”被记录于方策并保存下来，这也奠定中国重视历史资鉴历史的传统。当然，中国史官建置由来已久，如刘知幾《史通·史官建置》："盖史之建官，其来尚矣。昔轩辕氏受命，仓颉、沮诵实居其职。至于三代，其数渐繁……《曲礼》曰：'史载笔，大事书之于策，小事简牍而已。'《大戴礼》曰：'太子既冠成人，免于保傅，则有司过之史。'《韩诗外传》云：'据法守职而不敢为非者，太史令也。'斯则史官之作，肇自黄帝，备于周室，名目既多，职务咸异。"[①]虽然刘知幾的说法未必完全可信，但是无论是"出其图法，执而泣之""乃出奔如商"的夏太史终古，还是"载其图法，出亡之周"的殷内史向挚，都是当世的"守法之臣"。[②]虽然终古与向挚所怀抱之"图法"为何物，现在已不可详知，但是应与"三坟""五典""八索""九丘"属同等性质的古籍，即记载"三代圣王"政绩的"方策"与"遗书"。

在先秦时期，"方"与"策"是相对而言的，都是当时典籍文献的代称，如《仪礼·聘礼》："百名以上书于策，不及百名书于方。"又，《仪礼·既夕礼》："书赗于方，若九，若七，若五。书遣于策。"郑玄注解说："方，板也。书赗、奠、赙、赠之人名，与其物于板，每板若九行，若七行，若五行……策，简也。"[③]因此，"文武之政，布在方策"的意思，就是将周文王和武王的政治智慧记于方版和简册等之上。现存记载先王政典的《尚书》《逸周书》《诗经》《周易》等传世文献则是后人根据"方策"整理而成的先王政典。以《逸周书》为例，杨朝明先生说："《逸周书》乃是后人根据古代'方策'写定的，只是其中个别的言语可能由写定者改用了当时通用的词语，基本内涵却不会发生大的改变。"[④]它有着重要的史料价值，也受到学术界越来越多的关注，如黄怀信先生说："这部文献，不仅是研究西周和商、周之际历史及年代的重要

① 〔唐〕刘知幾著，〔清〕浦起龙通释：《史通通释》，上海古籍出版社2009年版，第281页。

② 许维遹撰，梁运华整理：《吕氏春秋集释》下，中华书局2009年版，第395—396页。

③ 〔汉〕郑玄等注：《十三经古注·仪礼》，中华书局2014年版，第822页上。

④ 杨朝明：《〈逸周书〉所见灭商之前的周公》，《河南科技大学学报》（社会科学版）2008年第1期。

材料，同时也是研究周人治国治民的政治思想、管理思想、经济思想、道德思想和军事思想的重要材料。”[①]因此，虽然记录着“文武之政”的传世文献，并非原始的“方策”，但是毕竟能反映周文王和武王的为政之道。

三代以来，典籍文献资料一般书写于简帛之上，特别重要的则要“书诸金版”，成为后代子子孙孙“永保民”(《尚书·梓材》)的金科玉律。其实，古代圣王在开国时一般有确立治国基本原则的传统，如《左传》文公六年云：“古之王者知命之不长，是以并建圣哲，树之风声，分之采物，著之话言，为之律度，陈之艺极，引之表仪，予之法制，告之训典，教之防利，委之常秩，道之礼则，使毋失其土宜，众隶赖之，而后即命。圣王同之。”而现存的西周时期文献，有关将“善言”铸之金版者并不算少，如《逸周书·大聚》中曰：“冶而铭之金版，藏府而朔之”；《逸周书·武儆》中云：“丙辰，出金枝《郊宝》《开和》细书，命诏周公旦，立后嗣，属太子诵，文及《宝典》。”杨朝明先生说：“武王命周公立后嗣时，曾‘出金枝《郊宝》《开和》细书’，其中的‘金枝’即为‘金板(版)’之误，是说《郊宝》乃是铸在铜板上的文件。”[②]又如周公将为周武王所作祝祷之文：“纳册”，曾置于金縢之匮。当然，从《楚辞·谬谏》“玉与石其同匮兮，贯鱼眼与珠玑”的记载来看，先秦时期的文献除记载于简帛、金版外，可能还有玉版、石板等。

近代以来，地不爱宝，地下文献的不断问世，逐渐驱散了附于“文武之政，布在方策”说法的重重迷雾。如2009年释读并公布于世的清华简《保训》篇开头即说：

> 惟王五十年，不瘳，王念日之多历，恐坠宝训。戊子，自靧。己丑，昧(爽)……(王)若曰：“发，朕疾适甚，恐不汝及训。昔前代(?)传宝，

① 黄怀信：《逸周书校补注译(修订本)》，三秦出版社2006年版，前言第1页。

② 杨朝明：《关于〈六韬〉成书的文献学考察》，《中华文化研究》2002年春之卷。

必受之以诇。今朕疾允病，恐弗念终，女以书受之。”[①]

而“恐坠宝训”“恐不汝及训”以及“以书受之”，都表明周文王在临终前曾向太子姬发密授治国之要道。就《保训》的性质而言，虽然存在“《尚书》遗篇”与“《逸周书》类文献”的争论，但是它为文王临终前留给太子发的“遗言”应该是没有问题的。

然而，有学者却根据“周文王遗言，史无明文”“竟无一人提及”，对文王讲“中”遗言的内容产生质疑。[②]由于清华简《保训》篇出自南方楚地，极有可能与东周时期的王子朝之乱后原存于周王室的典籍南传有关。如《左传》昭公二十六年记载：“召伯盈逐王子朝，王子朝及召氏之族、毛伯得、尹氏固、南宫嚚，奉周之典籍以奔楚。”当然，简文“王若曰”一语，则显示学者所释读的《保训》文本，既非西伯所传“宝训”原文，也不是周初史官所记的原始档案，而是经后人加工与整理后的文献。

当然，孔子并非拘泥于“文武之政”的“方策”，他更看重的是能够执行“文武之政”的人。如《中庸》记孔子说：“其人存，则其政举；其人亡，则其政息。人道敏政，地道敏树。夫政也者，蒲卢也。故为政在人。”此语亦见于《孔子家语·哀公问政》，只是字句上略有差异，如《孔子家语》多出的“天道敏生”四字，更完整地体现了儒家天、地、人三才之道思想；“为政在于得人”则与儒家的德治思想相符合。如杨朝明、宋立林二先生说：“本篇‘为政在于得人’，在《礼记·中庸》中作‘为政在人’，前者强调贤者的重要性，后者却是强调统治者的重要性。”[③]这一变动明显地带有西汉时期威权政治的时代特点。

① 清华大学出土文献研究与保护中心：《清华大学藏战国竹简〈保训〉释文》，《文物》2009年第6期。

② 姜广辉：《解读清华简：〈保训〉十疑》，凤凰网，2009年5月26日。

③ 杨朝明、宋立林主编：《孔子家语通解》，齐鲁书社2013年版，第207页。

其实，无论是周文王的“三分天下有其二”（《论语·泰伯》），还是周武王灭商后建立的西周王室，贤人政治在其中都起到至关重要的作用。如《史记·周本纪》中说：“西伯曰文王……礼下贤者，日中不暇食以待士，士以此多归之。伯夷、叔齐在孤竹，闻西伯善养老，盍往归之。太颠、闳夭、散宜生、鬻子、辛甲大夫之徒皆往归之。”周文王礼贤下士所得姜太公，在征伐商纣王的战争中屡立战功，并被誉为周代的“文武师”（《史记·齐太公世家》）。周武王则有十位治乱之臣，如《论语·泰伯》中说：

舜有臣五人而天下治。武王曰：“予有乱臣十人。”孔子曰：“才难，不其然乎？唐虞之际，于斯为盛。有妇人焉，九人而已。三分天下有其二，以服事殷。周之德，其可谓至德也已矣。”

孔门弟子也认识到孔子学说的这一特点，如子贡曾说：“文武之道，未坠于地，在人。贤者识其大者，不贤者识其小者，莫不有文武之道焉。”（《论语·子张》）“为政在于得人”已成为儒家论述“文武之道”的重要组成部分。

总之，“方策”是指书写或刻画文字的竹简、丝帛、铜板、玉版等记载文字的载体。周初文王和武王为政治国的事迹和基本原则，被当时的史官记录并刻于竹简之上，重要的甚至刻于金版、玉版，欲使其“子子孙孙永保民”。与寥若晨星的夏、商时期圣王的资料相比，周文王、武王的形象则相对丰满，属于真正有“识记之书”的时代，这也是孔子儒家确定世代所守之法度的历史基点。当然，孔子儒家并未拘泥地理解“文武之政”，而是将“贤人”视为“文武之政”得以传承的关键。“为政在于得人”，也成为此后历代儒家阐述“明王之道”的重要载体。

（三）“殷周鼎革”与周公“制礼作乐”

孔子说：“殷因于夏礼，所损益，可知也；周因于殷礼，所损益，可知也；其或继周者，虽百世可知也。”(《论语·为政》因此，传统上将三代之间的更迭，视为如元、明、清等朝代更替一样，只是最高统治者的变更，制度与文化则是相“损”“益”。然而，王国维先生将都邑变迁视为判断政治与文化演变的核心标准，并断定中国政治与文化的变革定位“莫剧于殷周之际”[①]。这一观点，在学界曾产生了深远的影响，如沈长云先生就认为，“当中国古代文明经过了夏商两代以东方为主要政治舞台的发展阶段后，历史的进程已到了一个新的转折关头”。这个转折点就是“王国维开宗明义地给我们展示的一幅商周之际社会变革的背景图”[②]。此外，尽管傅斯年先生的“夷夏东西说”与王国维观点不尽相同，但是似乎也在诠释周文化与商之间有着巨大的差异。他说：“在这片大地中，地理的形势只有东西之分，并无南北之限。历史凭借地理而生，这两千年的对峙，是东西而不是南北。现在以考察古地理为研究古史的一个道路，似足以证明三代及近于三代之前期，大体上有东西不同的两个系统。这两个系统，因对峙而生争斗，因争斗而起混合，因混合而文化进展。夷与商属于东系，夏与周属于西系。”[③]

除王朝的都邑变迁外，王国维先生还列出西周在制度上的独创，他说：“欲观周之所以定天下，必自其制度始矣。周人制度之大异于商者：一曰立子立嫡之制，由是而生宗法及丧服之制，并由是而有封建子弟之制、君天子臣诸侯之制。二曰庙数之制。三曰同姓不婚之制。此数者，皆周之所以纲纪天下，其旨则在纳上下于道德，而合天子、诸侯、卿大夫、士、庶民以成一道德之团体。周公制作之本意，实在于此。”[④]这是王国维判断殷周制度鼎革的原因，同时此类制度的确立与周公“制礼作乐”也不无关系。然而，商周

① 王国维：《殷周制度论》，《观堂集林》第二册，中华书局1959年版，第451页。

② 沈长云：《论殷周之际的社会变革——为王国维诞辰120周年及逝世70周年而作》，《历史研究》1997年第6期。

③ 傅斯年：《夷夏东西说》，《傅斯年文集》第三卷，中华书局2017年版，第186—187页。

④ 王国维：《殷周制度论》，《观堂集林》第二册，中华书局1961年版，第454页。

文化之间有着怎样的关系？周公“制礼作乐”的真实情况又是怎样的？对此类问题的探究，不但有助于梳理中国文明的发展脉络，而且对儒家所立足的文化传统会有更真切的理解。

至今还有学者坚信商周之间制度剧变的真实性，但是夏、商、周三代文化间并非有一个人为的鸿沟，而只是“因革”“损益”的关系，则逐渐成为学界的共识。如被王国维先生所看重的立子立嫡制度，不仅夏代世系以传子为主，而且至迟商末立嫡制度就已“趋向严格”，这也是史官坚持“有妻之子，而不可置妾之子”（《吕氏春秋·当务》）能够成功的原因。然而，学者们却依据古公亶父不传位长子泰伯而传立幼子季历、周文王舍长子伯邑考而立次子姬发，以及周武王临终前欲与周公“我兄弟相后”（《逸周书·度邑》）等文献记载，推定“嫡长子继位的正式确立是在周初成王时代”[①]。

其实，这是对传世文献记载的误读或者误解，至迟古公亶父时嫡长子继承制就已经相当严格。只有当泰伯与虞仲“亡如荆蛮，文身断发”（《史记·周本纪》），季历才能顺理成章地成为王位合法的继承人；周文王传位于姬发，并非是周武王有“圣瑞”，而是其嫡长兄伯邑考“既已前卒”（《史记·管蔡世家》）；周武王考虑“兄弟相后”，也是其“审时度势，从大局出发，为事业着想”[②]的权宜之计。“公将不利于孺子”（《尚书·金縢》）、“周公位冢宰”（《尚书·蔡仲之命》）及“周公相王室，以尹天下”（《左传》定公四年）等记载，均表明此时的周王是成王，周公只是摄政，并未称王[③]。虽然周武王曾表达过“兄弟相后”的意愿，而周公自知嫡长子继承制的权威性，不得以表达出“恐，泣涕其手”（《逸周书·度邑》）。周武王死后，周公还是按照古制立太子诵为周王。可见，先周时期早已经确立起嫡长子继承制，并奠

① 沈长云：《论殷周之际的社会变革——为王国维诞辰120周年及逝世70周年而作》，《历史研究》1997年第6期。

② 陈成国：《中国礼制史·先秦卷》，湖南教育出版社1991年版，第204页。

③ 杨朝明：《周公事迹研究》，中州古籍出版社2002年版，第42—137页。

定了此后中国传统社会宗法制的制度基础。[①]

三代时期文化的一贯性也得到出土文物的证实。如20世纪40年代，郭沫若先生就曾感慨说："毫无问题，周人的文化是承继着殷人来的，单从文字的演变上也可以寻出它们递禅的痕迹……大体上二千多年前的孔子所说过的话依然正确……在前的王国维，其后的我……其实都是错了的。"[②]随着出土文物的增多，也为学者们研究三代文化间的关系提供了诸多便利。以商周的青铜器、甲骨文为例，李学勤先生在研究之后，认为二者是"一脉相承"的。以青铜器为例，李先生说："就东方殷商故地来说，武王伐纣推翻商朝前后的青铜器，实在难以划出一条明显的界线。商周青铜器是一脉相承的，其间的差异都是细微的、非本质的。"[③]许倬云先生亦说："优势的商文化在每一个阶段都对周人有相当的影响……但是周人对商文化仍是有选择的接受。"意思是，"周人的制度，有承袭商文化传统处，也有自己增加的特色"[④]。当然，正是因为三代时期的礼制各具特色，中国文化才在"相互激荡"后，继续向前发展。同时，中国自古就有"兴灭国，继绝世，举逸民"（《论语·尧曰》）的传统，所以在商代夏、周代商之后，"夏、商文化传统都在其封地存留下来"，并形成"主体一致而又有所不同"[⑤]的多元一体文化，这为孔子儒家考察三代之礼，形成"大成"智慧提供了前提。

由此可见，商周社会制度之间的变革并非如一些权威学者所论说的那样

---

① 对于上古时期的继承制度问题，学术界尚存在不同的认识。据杨朝明先生的系统研究，中国可能自夏朝以来早已经形成了嫡长子继承制度，兄终弟及只是特殊背景下出现的继承现象，是对嫡长子继承制度的补充。见杨朝明：《近人商周继承制度研究之检讨》，《管子学刊》1996年第2期；《鲁国"一继一及"继承现象再考》，《东岳论丛》1996年第5期；《周先王继承制度研究》，《文史哲》1999年第5期。

② 郭沫若：《郭沫若全集·历史编》第二卷，人民出版社1982年版，第10—11页。

③ 李学勤：《李学勤说先秦》，上海科学技术文献出版社2009年版，第148页。

④ 许倬云：《西周史》，生活·读书·新知三联书店1994年版，第69页。

⑤ 陆玉林：《中国学术通史（先秦卷）》，人民出版社2004年版，第10、7页。

剧烈，如果有一点能称为“鼎革”的话，可能是在思想观念的领域。由于姬周以小邦的身份在顷刻之间将大商殷灭掉，而周人突如而来的胜利，引起他们对商朝灭亡与周朝兴起事件的反思。虽然“殷周之际有一个巨大的社会变革”的说法并不一定能成立，但是学者所论证殷周之际有一个“宗教思想的变革”[①]“宗教观念的演变”[②]，应该说是基本符合历史实际的。这可以由商纣王“我生不有命在天”（《尚书·西伯戡黎》）到周人“天视自我民视，天听自我民听”（《尚书·泰誓中》）等话语中窥见一二。应该说，“天命靡常”思想，既是周人总结历史的产物，也是周人“敬德保民”理论的依据。如陆玉林先生说：“‘天不可信’，是忧患意识的一种表达。这种忧患意识，恰为明晓天意提供了另外一种渠道，即通过民情、民心而不完全是通过包括祭祀在内的巫术行为来了解。这种对天意的人道主义理解，是西周在宗教、政治方面的一大突破。”[③]所以，至迟自西周初年，人们就已对社会变革进行理性思考，并启发了春秋时期“天道远，人道迩”（《左传》昭公十八年）以及儒学的人本主义理念。

在总结夏商礼制的基础上，周公“制礼作乐”，无论对中国古代人文理念的确立，还是对中国文明发展的方向都是至关重要的。周公“制礼作乐”，传世文献最早见于《左传》文公十八年，季文子说：“先君周公制《周礼》曰：‘则以观德，德以处事，事以度功，功以食民。’作《誓命》曰：‘毁则为贼，掩贼为藏。窃贿为盗，盗器为奸。主藏之名，赖奸之用，为大凶德，有常，无赦。在九刑不忘。’”又，《礼记·明堂位》云：“六年，朝诸侯于明堂，制礼作乐，颁度量，而天下服。七年，致政于成王。”此外，又见于《尚书大传》，只是文辞略有不同。尽管《礼记》中的“礼仪三百，威仪三千”“经礼三百，

① 任继愈主编：《中国哲学发展史（先秦卷）》，人民出版社1983年版，第71页。

② 刘莘：《宗教的演变与文化的发展——殷周之际宗教观念的演变及其文化意义》，《重庆师范学院学报》（哲学社会科学版）1990年第2期。

③ 陆玉林：《中国学术通史（先秦卷）》，人民出版社2004年版，第29页。

曲礼三千”等繁缛礼节，并不一定都出自周公之手，周礼的制定与完善可能经过长期的制作过程，但是至少周公在其中起到“举大纲”的作用。从这个意义上说，周公的“制礼作乐”应是确凿的历史事实。

周公怎样制作周礼呢？学术界目前的看法还不一致。如梁涛、刘宝才二先生说：“‘制礼作乐’指周代礼乐制度的创建过程，应该属于西周初年统治集团的共同建树。周公在这一建树中起了主导作用，故称周公‘制礼作乐’。其中礼包括官制、刑法、仪式等内容，乐是乐舞。乐辅助礼，配合礼，共同体现德治思想。”①其实，周代礼乐不仅是周初统治集团的建树，而且是集夏、商两代乃至上古几千年智慧的结晶。如王钧林先生说：“周公最大的历史功绩，在于他通过制礼作乐，监于夏商二代，有所选择，有所发展，把三代礼乐文化推向一个高峰。”②而“有所选择”“有所发展”应该与周公将“敬德保民”思想输入礼乐制度不无关系。而“今天动威，以彰周公之德”（《尚书·金縢》）“吾乃今知周公之德”（《左传》昭公二年）等，都旨在明于此。周公所制礼乐中蕴含之“德”，也为后世学者所普遍认可。如杨向奎先生认为，周公“制礼作乐”是对于礼的加工，他“开始用‘德’来概括原始礼的全过程，以德代替了礼”③。杨朝明先生亦说：“‘德’既为周公政治理论的核心，因此‘德’在周公制礼作乐的过程中也被格外地加以强调。”④可见，周公所作礼乐并非周人的独创，它既吸收了此前礼乐文明成果，又根据时代需求进行了调整，不但使周朝的统治秩序走向正轨，而且“德治”成为此后中国礼乐制度的思想内核与价值取向。

当然，周公曾制作了哪些礼乐？也就是，周公与现存反映周礼的文献之

---

① 梁涛、刘宝才：《中国学术思想史编年·先秦卷》，陕西师范大学出版社2005年版，第25页。

② 王钧林：《中国儒学史（先秦卷）》，广东教育出版社1998年版，第41页。

③ 杨向奎：《关于周公“制礼作乐”》，《文史知识》1986年第6期。

④ 杨朝明：《周公事迹研究》，中州古籍出版社2002年版，第158—159页。

间有何关系？如传世本《周礼》的成书问题，尽管学术界还存在很大争论，但是“研究西周制度的必要依据”“探索古史的一条重要津梁”等说法，已表明《周礼》在研究西周礼制中的重要作用。如杨朝明先生说：“但《周礼》、《仪礼》所保存的毕竟是西周礼制的梗概，从中即可大致察见周公制礼的主要内容，由这个意义上说，不论《周礼》、《仪礼》是否为周公亲手写定，但如《经典释文·序录》所言‘《周》、《仪》二礼并周公所制’实无不可。”[①]其实，正如“文武之政，布在方策”一样，在《周礼》《仪礼》《诗经》及《尚书》等传世文献中，都折射着周公“制礼作乐”的内容。如《左传》襄公二十九年云：“吴公子季札来聘……请观于周乐。”当鲁国乐工为其演奏《诗经》舞乐时，季札以道德方式来解诗，似乎也印证《诗》中已蕴含周公所制礼乐的真精神。又《左传》昭公二年，韩宣子在“观书于大史氏，见《易》《象》与《鲁春秋》”后，说：“周礼尽在鲁矣，吾乃今知周公之德与周之所以王也。”在孔子时，鲁国秘府中还应存有周公所制的典策，如《左传》哀公十一年云：“季孙欲以田赋，使冉有访诸仲尼。”在冉有再三追问下，孔子说：“且子季孙若欲行而法，则周公之典在；若欲苟而行，又何访焉？”此事又见于《国语·鲁语下》《孔子家语·正论解》。而“周公之典在”“则有周公之籍”（《国语·鲁语下》）等，都表明当时典策至少贯穿着周公“制礼作乐”的真精神。

总之，三代时期的文化在总体上是“损益”的关系，而在殷周之际能称为“鼎革”的，可能是周初统治者的思维方式。周人一改过往依赖、迷信天命的观念，借鉴殷商灭亡的教训，在治国方略中加入了“敬德保民”的理念，并理性地思考人自身在社会变革中的作用。周公的“制礼作乐”在此转变中至关重要，它不仅稳定了周初动荡的社会局势，而且奠定了中国礼乐文明的基础。因此，中国文明的延续性，决定周公所制礼乐是此前文明硕果与时代需求相结合的产物。如周公接受伯禽、姜太公报政后，说：“夫政不简不易，民不有近；

---

① 杨朝明：《周公事迹研究》，中州古籍出版社2002年版，第160页。

平易近民，民必归之。”可见，与伯禽“变其俗，革其礼”的做法相比，周公更倾向于姜太公的“简其君臣礼，从其俗”(《史记·鲁周公世家》)的做法。周公“制礼作乐”的观念，使周礼成为“监于二代，郁郁乎文哉”(《论语·八佾》)的新体系。

三、原始儒家与“明王”之道

司马迁说：“孔子之时，周室微而礼乐废，《诗》《书》缺。”(《史记·孔子世家》)其实，自周平王东迁以来，西周初年所确立的一整套社会礼乐秩序就已经开始瓦解，逐渐出现后世学者所说的“礼坏乐崩”局面。如何恢复与重建被僭越礼制、诸侯混战等行为破坏的社会秩序，就成为包括儒家在内所有先秦诸子所亟须解决的共同的时代课题。在旧的社会秩序已经被打破，新秩序尚未形成之时，春秋战国时期的社会究竟出了什么问题？人们应该怎么面对？这要求追求“务为治”(《史记·太史公自序》)的先秦诸子们务必给出明确的答案。与其他诸子摒弃传统、迎合时代需求的做法不同，孔子儒学更多的是立足于传统礼乐文明，积极吸收、运用和改造上古三代“明王”的治世智慧。孔子儒家所阐扬的“明王之道”，既是原始儒学的重要特征，也是早期儒家抨击时政的最锐利的思想武器。

(一)“真实”的历史与“观念”的历史

“祖述尧舜，宪章文武”是孔子儒学最显著的特征，这是由其与上古三代历史之间的不解之缘决定的。孔子儒学作为经世之学和务治之学，在运用历史资源、构建学说体系时，自然会对传世文献中的礼乐文明和诗书文化做必要的“因革”“损益”工作。孔子儒家选材坚持其特定标准，从此种意义上讲，儒家并非纯粹的历史学家。正如李存山先生说：“生活在‘礼崩乐坏’‘诸侯力政’‘兵革不休’的战乱环境中。因此，他们没有生活之‘闲暇’，相反却是周游列国，‘席不暇暖’；他们的学说不是起源于对自然界之‘惊异’，而是‘起源于人生之忧患’。”[①]陆玉林先生说：“先秦诸子建构学术于乱世，研究学术不是为了娱乐消遣，不是‘为了知而追求知识’，而是要解决现实人生和社会政治问题。”尽管学问与道术、知识与思想都不可强分，但是先秦诸子对知识的整理与学术的传授，并不是“为了知识性的纯学术，而是为了传‘道’”[②]。所以，孔子儒家所论“明王之道”，都遵循着“经世致用”的原则。与中西交通以来西方传入的科学史学不同，孔子儒家的“观念的历史”与“真实的历史”之间存在着或多或少的差异。

尽管孔子说五帝时期的历史“难言”，但是仍有不少诸子在“言黄帝”，并出现所谓的“百家言黄帝，其文不雅训”（《史记·五帝本纪》）局面。应该说，司马迁的论述可能并不十分准确，“不雅驯”并非错误，极可能与孔子儒家心目中“至德”的黄帝形象不相符合。孔子论黄帝也涉及“阪泉之战”，但他并未深究其中的“三战而后克之”，就随即转入了“始垂衣裳”。孔子儒家的“略闻其说”（《孔子家语·五帝德》），虽然并不一定能再现他们对黄帝的真实看法，但是至少在他们的心目中黄帝应是一位德并天地、道冠古今的圣王，是中华文明的肇始者和人文始祖。正如司马迁所说：

> 轩辕之时，神农氏世衰。诸侯相侵伐，暴虐百姓，而神农氏弗能征。于是轩辕乃习用干戈，以征不享，诸侯咸来宾从。而蚩尤最为暴，莫能伐。炎帝欲侵陵诸侯，诸侯咸归轩辕。轩辕乃修德振兵，治五气，蓺五种，抚万民，度四方，教熊罴貔貅貙虎，以与炎帝战于阪泉之野。三战，然后得其志。蚩尤作乱，不用帝命。于是黄帝乃征师诸侯，与蚩尤战于涿鹿之野，遂禽杀蚩尤。而诸侯咸尊轩辕为天子，代神农氏，是为黄帝。

---

① 李存山：《不必都是“纯学术”——回应李伯重先生》，《社会科学论坛》2005年第7期。

② 陆玉林：《中国学术通史（先秦卷）》，人民出版社2004年版，第1页。

天下有不顺者，黄帝从而征之，平者去之，披山通道，未尝宁居。（《史记·五帝本纪》）

很明显，这里的黄帝无疑是上古时期中华文明的杰出领袖。黄帝可能是通过残酷的战争而并非仅是“修德”，使“神农氏世衰”而产生的混乱秩序得到迅速恢复。“天下有不顺者”，黄帝“从而征之”，似乎表明他是继神农氏后，成为诸侯联盟的盟主与首领。同时，这透露出与孔子儒家“观念”的历史不尽相同的“真实”的历史。

除黄帝传说外，上古帝位的“禅让”是儒家心目中又一重要观念。如当弟子万章向孟子请教“至于禹而德衰，不传于贤而传于子”问题时，孟子回答说：

昔者舜荐禹于天，十有七年，舜崩。三年之丧毕，禹避舜之子于阳城。天下之民从之，若尧崩之后，不从尧之子而从舜也。禹荐益于天，七年，禹崩。三年之丧毕，益避禹之子于箕山之阴。朝觐讼狱者不之益而之启，曰：“吾君之子也。”讴歌者不讴歌益而讴歌启，曰：“吾君之子也。”丹朱之不肖，舜之子亦不肖。舜之相尧，禹之相舜也，历年多，施泽于民久。启贤，能敬承继禹之道。益之相禹也，历年少，施泽于民未久。舜、禹、益相去久远，其子之贤不肖皆天也，非人之所能为也。莫之为而为者，天也；莫之致而至者，命也。（《孟子·万章上》）

在孟子看来，尧、舜、禹的禅让，最终起支配作用的应是先天“天命”的力量，与后天的“人为”似乎没有多少关系。虽然舜避丹朱、禹避商均、启避伯益，但是由于舜、禹、启是“至德”之人，所以最终注定舜、禹等人成为帝位的最佳继承人。

在孔子儒家看来，上古时期的“五帝”都是“至德”者。“五帝”治理下的社会更是和平晏然、“天下为公”。然而，上古社会是否果真如此呢？传世文献中描述的历史场景是否真实呢？不少人禁不住产生疑问。在传世文献中，有诸多与“征伐”“放杀”相关的记载，如今本《竹书纪年》记载，帝高阳氏陟，“术器作乱，辛侯灭之”；帝尧五十八年“使后稷放帝子朱于丹水”；六十九年“黜崇伯鲧”。[①]老聃说：“三皇五帝之治天下，名曰治之，而乱莫甚焉！”（《庄子·天运》）又如荀子说：“诸侯有老，天子无老，有擅国，无擅天下。古今一也。夫曰‘尧、舜擅让’，是虚言也，是浅者之传，陋者之说也，不知逆顺之理，小大、至不至之变者也，未可与及天下之大理者也。”（《荀子·正论》）近年来，新出土文献资料也证实了上古时期的战乱局势，如《十大经·正乱》中说：“黄帝身禺（遇）之（蚩）尤，因而禽之。剥其□革以为干侯，使人射之，多中者赏。剥其发而建之天□，曰之（蚩）尤之旌。充其胃以为鞠，使人执之，多中者赏。腐其骨肉，□之苦醢，使天下喋之。”[②]韩非子则对“禅让”说提出全面的评判，说：“舜逼尧，禹逼舜，汤放桀，武王伐纣。此四王者，人臣弑其君者也，而天下誉之。”（《韩非子·说疑》）由此可见，在孔子儒家“观念”的历史之外，先秦诸子的论述则展现出“真实”上古史的另一番情形。

如果说上古时期的历史还带有明显的神话、传说成分，并不能被证实“观念”的历史与“真实”的历史之间存在明显的差距，那么三代圣王的相关内容则会更具有说服力。如大禹在选择王位继承人时，曾“举皋陶荐之，且授政焉”，按《尚书·舜典》中的说法，皋陶曾作舜的“士”，并在大禹时继任，按理推测其年龄应与禹相仿，皋陶先禹而卒也属正常。在皋陶死后，禹又举荐非常年轻的伯益。无论大禹是否有意传位于其子夏启不得而知，但司马迁的记述应值得参考。司马氏说：“及禹崩，虽授益，益之佐禹日浅，天下未洽。故诸侯皆去益而朝启，曰：‘吾君帝禹之子也’。于是启遂即天子之

① 方诗铭、王修龄：《古本竹书纪年辑证》，上海古籍出版社1981年版，第192—195页。
② 《马王堆汉墓帛书·老子乙本卷前古佚书释文》，文物出版社1974年版，第25页。

位，是为夏后帝启。”（《史记·夏本纪》）其实，夏启面临的形势不仅有“益干启位”，而且有诸侯国不服从其领导，如启曾与有扈氏“大战于甘”（《尚书·甘誓》）。如李存山先生说：“《竹书纪年》记此事为‘益干启位，启杀之’，不但益的结局与经、史大异，而且此事的起因也与经、史矛盾。也就是说，益没有避让启，而是‘干’启之位，权位的合法性从一开始就在启一边。”[1]因此，对夏代圣王的历史应结合相关的文献进行重新的考证与研究，以期得出更接近于春秋战国时期“客观”的历史。

在人们的心目中，商纣王是暴虐、淫乱、酒肉之徒。《尚书·泰誓上》中说：“今商王受，弗敬上天，降灾下民。沉湎冒色，敢行暴虐，罪人以族，官人以世，惟宫室、台榭、陂池、侈服，以残害于尔万姓。焚炙忠良，刳剔孕妇。”因此，孟子认为，周武王伐纣并非“弑其君”，而是“诛一夫”（《孟子·梁惠王下》）。除商纣王的因素外，姬周对殷商的征伐还有没有其他原因呢？其实，其他文献中还有与传统说法不尽相同的记载。据古本《竹书纪年》记载，周代先王季历是“殷牧师”，代商王掌管征伐权，曾征伐余无、始乎、翳徒等地之戎族，并接连取得胜利。周族壮大自然威胁到商人统治，“文丁杀季历”（《古本竹书纪年辑校》）也应在情理之中。杀父之仇则激励着周族发展的决心和意志。《史记·周本纪》中说：“西伯曰文王，遵后稷、公刘之业，则古公、公季之法，笃仁，敬老，慈少。礼下贤者，日中不暇食以待士。”然而，文王时期周族的大发展再次引起了商纣王的恐慌，所以他将西伯囚于羑里，甚至杀害西伯姬昌的质子伯邑考。为了脱身，西伯姬昌不得已采用行贿方式，闳夭送“有莘氏美女，骊戎之文马，有熊九驷，他奇怪物”（《史记·周本纪》）给商纣王。换句话说，新仇旧恨促使周族寻机报复商纣王的信念更加坚定，《尚书·武成》的“血流漂杵”表明战争之残酷，并非“一戎衣，天下大定”（《尚书·武成》），也非孟子的“夫国君好仁，天下无敌”（《孟

① 李存山：《反思经史关系：从“启攻益”说起》，《中国社会科学》2003年第3期。

子·尽心下》)。如业师杨春梅先生说:“汤武征伐纵使有其正义的一面,也不可能只是‘厥角’‘稽首’、载歌载舞的场面,而没有战争拼杀和流血。‘义战’无战终究只能是孟子的理想,而‘非实有之’。”[①]此外,孔子弟子子贡曾质疑史书记载的真实性,说:“纣之不善,不如是之甚也。是以君子恶居下流,天下之恶皆归焉。”(《论语·子张》)因此,欲探究三代时期“真实”的历史,首先应抛开传统“观念”的历史,抛弃圣王全是“至德”“知时”者,还原到其时代之中进行考察,或许能得出相对真实、客观的历史。

当然,根据构建学说、解决社会问题的需要,人们在为其学说寻求论据时,通常会丢掉部分“真实”的历史,也在创造一些“观念”的历史。近年来,学术界对新出土文献的热忱,似乎在诠释着过去遗忘的“边角料”被重新重视。如葛兆光先生说:“文献中间也有很多被遗弃的边角资料,之所以被遗弃,是因为它无法按照传统的历史观念被安置在历史叙述的某个部位。”[②]近代以来的科学观念为被冷落却又有幸重见天日的地下史料提供理念的支撑。如李存山先生说:“这些新出土的、曾经被‘损’掉的‘边角废料’不仅在它们的那个时代有其正当性,而且在我们的这个时代也会启发新知。”[③]因此,在历史的传承中,哪些观念会消失,哪些观念又重新得到重视,其后都有深刻的知识与思想背景。中国先秦诸子在选择论题时无一不是如此,如孔子儒家心目中的虞舜“禅让”和汤武“革命”,尽管二者存在巨大差别,但是正如孔子说“唐虞禅,夏后、殷、周继,其义一也”(《孟子·万章上》),它们都为儒学的合法性问题提供了有力支撑。换句话说,早期儒家欲以上古圣王为楷模,促使诸侯由热衷战争转向静心修德,进而使社会秩序得以恢复。

---

① 杨春梅:《孟子的“义战”理念及其价值述论》,《中国文化论坛》第一辑,陕西人民出版社2005年版,第75页。

② 葛兆光:《思想史:既做加法,也做减法》,《读书》2003年第1期。

③ 李存山:《反思经史关系:从“启攻益”说起》,《中国社会科学》2003年第3期。

（二）现实的“关切”与哲学的“沉思”

从孔子在世的时间开始，他就成了中国文化史上被广泛关注的中心人物，赞誉者有之，批评者有之。赞誉者将其称为中国文化的“集大成”者，将其视为中国传统文化“演进”的奠基人；反对者则将其视为“迂远而阔于事情”“拉历史倒车”的典型代表。在二者的交织中，对孔子的关注早已成为世界文化史上的“一大景观”。在西方世界里，黑格尔心目中的“孔子只是一个实际的世间智者”，并没有丝毫“思辨的哲学”，以及“我们不能获得什么特殊的东西”[①]的说法，至今还有相当的影响。然而，越来越多的学者开始关注孔子，关注早期儒学。

正如联合国教科文组织干事泰勒博士评价说：“人类社会的基本需要在过去的两千五百多年里，其变化之小是令人惊奇的。”这种“惊奇”是由孔子所“确立或阐述的很多价值观念”，仍为当前社会的“立足”点。所以他说：“这些价值观念是超越国界和超越时代的，它属于中国也属于世界，属于过去并照耀着今天和未来。”当然，也有不少西方人感到疑惑，“孔子既不是神，也不是宗教家”，却为何能成为中国士大夫“崇拜”的对象，进而成为其“精神寄托”？[②]换句话说，西方人何以关注孔子？中国古代士大夫何以要崇拜孔子？其背后蕴含着怎样的奥秘呢？此类问题仍是学术界的未解之谜。欲对这些问题做出近真的回答，就必须对孔子学说进行重新估价，即面对“礼坏乐崩”的时代，孔子是站在怎样的历史深度和哲学高度思考人生与社会问题的？

虽然“祀与戎”是春秋时期之前国家的大事，但是“争地以战，杀人盈野；争城以战，杀人盈城”（《孟子·离娄上》）的局面，已昭示战争成为当

---

① 〔德〕黑格尔：《哲学史讲演录》第一卷，贺麟、王太庆等译，上海人民出版社2013年版，第118页。

② 徐刚：《孔子之道与〈论语〉其书》，北京大学出版社2009年版，第106页。

时社会的主旋律。与兵家、法家、墨家、纵横家等主动迎合和满足诸侯国君的私欲不同，孔子儒家对当时的军事征伐提出了强烈批评。如当卫灵公“问阵”时，孔子回答说：“俎豆之事，则尝闻之矣；军旅之事，未之学也。”（《论语·卫灵公》）第二天孔子便离开了卫国。又如，孔文子欲攻大叔，访于孔子，孔子回答说：“胡簋之事，则尝学之矣。甲兵之事，未之闻也。”（《左传》哀公十一年）因此，孔子将主要精力放在关切现实的民生福祉，关注当下的社会教化。孔子在为政中都时，制定的措施就是“养生送死之节”（《孔子家语·相鲁》）。此外，孔子还将“修己以安人”“修己以安百姓”作为评判为政君子的重要标准，如他慨叹说：“修己以安百姓，尧舜其犹病诸！”（《论语·宪问》）

除反对诸侯征战外，孔子还将祭祀祖先纳入儒学原创体系。祭奠先祖成为关切现实民生问题的生命延续。“慎终追远，民德归厚矣”（《论语·学而》）一语，正概括出早期儒家祭祀的真实内涵。孔子重视“禘”礼，甚至认为只要懂得“禘”礼，治理天下就能了如指掌。与单纯注重祭祀形式不同，孔子更看重的是至诚之心，如“祭如在，祭神如神在”“吾不与祭，如不祭”（《论语·八佾》）。虽然孔子未必真的相信鬼神，但是由于祭祀已成为教化人心的“方便法门”，所以他才以“至诚”之心、“善意的欺骗”来对待，“甚至比那些真正信仰鬼神的人更加虔诚”[①]。孔子的人文关怀得到后世的高度赞誉，如金春峰教授说：“孔子思想的性质可以概括为中国古代人文主义思想的确立，真正把人的生活和人文价值提到了中心和首位。”[②]因此，孔子关注民生、关注社会的特质，也决定着孔子儒学具有超越时空、跨越时代的永恒价值与魅力。

孔子儒家不仅与兵、法、纵横等诸子积极迎合诸侯“大欲”的要求不同，而且与老子否定三代礼乐文明传统亦不同，他们对三代文化的延续持肯定态

---

① 徐刚：《孔子之道与〈论语〉其书》，北京大学出版社2009年版，第65页。

② 金春峰：《“德”的历史考察》，《陕西师范大学学报》（哲学社会科学版）2007年第6期。

度。如孔子说："殷因于夏礼，所损益，可知也；周因于殷礼，所损益，可知也。"（《论语·为政》）尽管孔子早已确立了"从周"理念，但是他对三代文化仍持有孜孜以求的态度。如为亲身体验夏、商二代文化精髓，他曾访求杞、宋，说："我欲观夏道，是故之杞，而不足征也，吾得《夏时》焉。我欲观殷道，是故之宋，而不足征也，吾得《坤乾》焉。"（《礼记·礼运》）在对三代文化的真谛贯通后，一方面，孔子以周文化的担当者自许，说："文王既没，文不在兹乎？天之将丧斯文也，后死者不得与于斯文也；天之未丧斯文也，匡人其如予何？"（《论语·子罕》）另一方面，孔子还将掌握的文化传布到所到之处，据《论语·八佾》记载，有人将孔子誉为"天下之无道也久矣"背景下之"木铎"，即"接替"王官中传布王道教令之"遒人"的职责。

当然，孔子积极救世的行为，不少人很不理解，甚至提出严厉的批评，如老子劝诫说："聪明深察而近于死者，好议人者也。博辩广大危其身者，发人之恶者也。为人子者毋以有己，为人臣者毋以有己。"（《史记·孔子世家》）在周游列国途中，孔子则遭到楚狂接舆、长沮、桀溺等的讽刺，甚至有人批评其"四体不勤，五谷不分"。但孔子"天下有道，丘不与易也"（《论语·微子》）一语，表明其积极救世的态度源于"天下无道"的社会现实。这与留下五千言不知所踪的老子相比，更容易得到有入世情怀的士大夫的认可。如西方学者说："也许老子在远方孤寂的群山中已经达到这个境界，可以像他所说的那样无为而治。但是总的说来，不是老子，而是孔子成为他的民族的伟大导师，这应该说是一件好事。你说呢？"[①]因此，与老子及当时隐士相比，孔子的立场更坚定，或许正是在此理念的指导下，中华民族比其他民族更和平、更和睦地生活了几千年。

除关切现实问题之外，孔子儒家是否曾对形而上的问题有所思考，也是

---

① 〔英〕贡布里希：《写给大家的简明世界史——从远古到现代》，张荣昌译，广西师范大学出版社2003年版，第88页。

学术界多年来争论不休且无定论的话题。一派学者认为，孔子虽然是“中国人的主要的哲学家”，但是其哲学只是“抽象的”“具体的”，并不存在“逻辑的”“必然的”理论，最多只能算是伦理道德的，如黑格尔就持此说[①]；另一派学者认为，孔子哲学是建立在天、祖、圣合一的儒教哲学的规范，这一规范是其力图“在乱世中重铸道德，恢复天人和谐的‘天道’秩序”[②]。尽管黑格尔的观点仍为不少学者所信奉，但是越来越多的学者更倾向于孔子具有独特的哲学思维方式。这一哲学思维方式主要体现在其所整理的《周易》及其《易传》之中。

虽然《易传》未必一定是孔子亲自制定的，但是至少其中体现着孔子的哲学思想，特别是《易传》所体现的儒家“天道”学说的建构，也为儒家“人道”学说提供了本体论的依据。如梁韦弦教授说：“在《易传》所言天道、人道与鬼神之道三者之中，天道居于最高层次，统摄人道与鬼神之道，人道法天道，人道又相天之不足，有时人道又是被伦理化了的天道的本质。鬼神之道看似比人道更具权威，故需以神道设教，而圣人用以设教之神道的内容实亦为人道。”[③]近年来出土的郭店楚墓竹简《性自命出》《穷达以时》等新文献证明，孔子不仅谈论“天道”，而且“天道”是孔子儒学的哲学根基。如胡适先生评价说：“孔子生在这个‘邪说暴行’的时代，要想变无道为有道，却从何处下手呢？……如今要改良社会国家，不是‘头痛医头，脚痛医脚’的工夫所能办到的，必须从根本上下手。孔子学说的一切根本，依我看来，都在一部《易经》。”[④]欲从社会最根本的问题入手构建学说、拯救社会，同时昭示了孔子学说的高度和深度。

---

① 〔德〕黑格尔：《哲学史讲演录》第一卷，贺麟、王太庆等译，上海人民出版社2013年版，第130页。

② 麻天祥：《中国宗教哲学史》，人民出版社2006年版，第121页。

③ 梁韦弦：《〈易传〉中的易道与天道、人道及神道》，《齐鲁学刊》2001年第6期。

④ 胡适：《中国哲学史大纲》，上海古籍出版社1997年版，第56页。

由于孔子“祖述尧舜，宪章文武”，所以有人就将其视为“拉历史倒车”的典型，至今在人们内心深处仍有相当大的影响。这无疑是对孔子儒学严重的误解，此种“习焉不察”的“定论”，则是由对孔子相关的论述视而不见造成的。孔子曾明确地说：“愚而好自用，贱而好自专，生乎今之世，反古之道。如此者，灾及其身者也。”（《中庸》）可见，孔子尊崇圣王，是欲从中获得治世智慧，这与老子向往的“小国寡民”社会状态有着本质的区别。孔子的可贵之处，是从未脱离春秋当世而谈其社会理想，“阐旧邦以辅新命”一语应是对其欲构建社会状态的最贴切概括。

孔子学说立足于春秋社会，他用以构建学说的方法“中庸”也渊源于此。应该说，“中庸”是上古三代以来“明王”智慧的结晶，“极高明而道中庸”一语，则是对其哲学思维的高度赞誉。过去人们曾对孔子的中庸思想有诸多的误解，甚至用“和稀泥”来形容。其实，“中”的观念在古代至关重要，如尧传帝位于舜时说：“天之历数在尔躬。允执其中。四海困穷，天禄永终。”（《论语·尧曰》）舜在传位于禹时，亦是如此。“允执其中”一语就逐渐成为儒家“道统”说的不二法门。“中庸”也并非通常意义上的“折中主义”“老好人”，而是如何更好地“用中”。如王庆中先生说：“中庸具有强烈的原则性，它‘和而不流’、‘中立而不倚’，与衰败庸俗之世道格格不入。‘和而不流’，要求主观与客观之统一，但不陷入流俗；‘中立而不倚’严格要求中正和平，但不偏倚于一方。”[①]因此，除强调“中庸”之德外，“权变”亦是孔子儒家另一重要观念，二者共同构筑了儒家的“时中”观念。如孔子说：“君子之中庸也，君子而时中。小人之中庸也，小人而无忌惮也。”（《中庸》）这也是孟子称其为“圣之时者”的重要原因。

总之，在“天下无道久矣”的春秋战国之世，孔子儒家试图从根本上构建

① 王庆中：《〈中庸〉用中论析义》，《国学论衡》第二辑，兰州大学出版社2002年版，第417页。

一套能够维护社会长期和谐稳定的救世学说。孔子不仅与老子、接舆、长沮等隐士的避世态度不同，而且与兵、墨、法等诸家迎合诸侯战争的需要亦有区别。除关切社会现实问题外，孔子更是从形而上的哲学高度进行学术的探究，形成了早期儒家的天道观、人道观和神道观。孔子的中庸思想应是对传统“允执其中”观念的继承与发展，并成为此后历代儒家最重要的思维方式。孔子所留给后世的这笔财富，不仅展现了其学说的深度，而且显示他是站在历史高度思考社会的种种问题的，成为此后中国人思索社会变革问题时的重要理论依据。

（三）明王的“世界”与儒家的“追求”

孔子儒家的“王道”就是“明王之道”，就是“先王之道”，与春秋战国时期的“霸道”相对应。“明王”统治是孔子儒家心目中的理想模式，也就是人们通常所说的“大同”世界。这样的社会其显著特征是“天下为公，选贤与能，讲信修睦”（《孔子家语·礼运》），这也是早期儒家构建现实社会秩序的理想追求。其实，孔子儒家之所以能成为一个结构复杂和人数庞大的学术集团，至关重要的一点就是都对“明王之道”的坚守与阐述。这种坚守与阐释，以孔子开其端，以荀子殿其后，贯穿于早期儒家的整个群体，论说主要见于《论语》《孔子家语》《孟子》《荀子》《礼记》等典籍之中。

孔子是儒家论“明王之道”的开创者，上古圣王黄帝、颛顼、帝喾等都应属于“明王”的范畴。当然，孔子学说“祖述尧舜，宪章文武”的特点则决定了论述的重心在“有志”的“三代之英”时期。据杨朝明先生研究，“大道之行”说的是“三代之英”时代，“三代之英”即三代时期的英杰人物，毫无疑问是指禹、汤、文、武、成王、周公等人[①]。其实，“明王之道”的出现并非是儒家的曲意捏造，而是对混乱社会纠偏形成的最新学术成果，再现了儒家心目中明王的历史世界。据《孔子家语·礼运》记载，“大道既隐”时，就会出现

① 杨朝明：《〈礼运〉成篇与学派属性等问题》，《中国文化研究》2005年春之卷。

“天下为家，各亲其亲，各子其子，货则为己，力则为人，大人世及以为常，城郭沟池以为固”的局面。这一局面达到极致而不知其反，就会有新的“明王”再次出现，予以纠正或者革命。禹、汤、文、武、成王、周公“由此而选”，也正是此意。孔子儒家之所以重视“明王”，是因为他们“谨礼著义，型仁讲让，为后世树立了楷模”[①]。这对于孔子儒家立足于春秋战国社会，端正人心、整顿社会，都具有重要的意义与价值。

孔子论“明王之道”，较为集中的见于《孔子家语·王言》(《大戴礼记·主言》与之相似)，它是以孔子与曾子对话方式展开的。孔子说：“夫道者，所以明德也；德者，所以尊道也。是以非德道不尊，非道德不明。”这与《大学》开篇的“大学之道，在明明德，在亲民，在止于至善”应是相通的。在孔子看来，明王是“内修七教，外行三至”的典范。所谓“七教”，即“上敬老则下益孝，上尊齿则下益悌，上乐施则下益宽，上亲贤则下择友，上好德则下不隐，上恶贪则下耻争，上廉让则下耻节”。只要君王能做到“七教”，天下就会出现“布诸天下四方而不窕，纳诸寻常之室而不塞，等之以礼，立之以义，行之以顺，则民之弃恶，如汤之灌雪焉”的情形。帝舜“左禹而右皋陶，不下席而天下治”，是孔子“内修七教”的典范。所谓“三至”，即“至礼不让而天下治，至赏不费而天下士悦，至乐无声而天下民和”。明王只要能“笃行三至”，天下国家就会出现“天下之君可得而知，天下之士可得而臣，天下之民可得而用”的局面。所以，孔子说：“七教修然后可以守，三至行然后可以征。明王之道，其守也，则必折冲千里之外；其征也，则必还师衽席之上。故曰内修七教而上不劳，外行三至而财不费。”应该说，这是孔子儒家内圣外王之道的雏形。孔子的“不出户牖而化天下”“不下席而天下治”等语，表明“无为而治”是中国上古社会由来已久的理想模式，孔子对此亦推崇备至，并将舜视为“无为而治”“恭己正南面”(《论语·卫灵公》)的后世表

---

① 杨朝明、宋立林主编：《孔子家语通解》，齐鲁书社2013年版，第363页。

率。从汉代时期开始，随着儒学的经学化和官学化，威权政治下的儒者逐渐放弃“无为而治”思想，致使后人提到“无为而治”就直接与老、庄联系起来。

当然，“明王之道”并非孔子的独创，他只是借三代圣王之政来描绘自己的理想政治，并将明王为政之道概括为“内修七教，外行三至”。其实，在古典文献中，与“明王之道”相关的记载有很多，如《尚书》《逸周书》《左传》等。从总体来看，主要涉及“明王”的修身、为政、征伐、孝亲等内容。如《尚书·说命中》中说：“明王奉若天道，建邦设都，树后王君公。承以大夫师长，不惟逸豫，惟以乱民。”《尚书·周官》中有：“明王立政，不惟其官，惟其人。”又如《逸周书》“三训”中包含着大量与“明王”有关的言论，如明王“敬微而顺分”(《度训》)、“牧万民”之道(《命训》)、“立政以正”(《常训》)等，都与孔子学说有内在的一致性。尤其是被孔子誉为“古之遗直”的叔向，所论“明王之制”，应对孔子产生更为直接的影响。叔向曾说：“是故明王之制，使诸侯岁聘以志业，间朝以讲礼，再朝而会以示威，再会而盟以显昭明。志业于好，讲礼于等，示威于众，昭明于神。自古以来，未之或失也。存亡之道，恒由是兴。”(《左传》昭公十三年)可见，儒家论“明王之道”，有着深厚的历史渊源，孔子将它们纳入学说体系，成为儒家共同遵循的学派宗旨。

作为孔子“私淑弟子”的孟子，在坚守“明王之道”的同时，还将它作为批评战国时期兼并战争的一把利器。他继承孔子“为养生送死之节”的为政理念，将“养生送死无憾”视为“王道之始”。《孟子·梁惠王上》中说：“不违农时，谷不可胜食也；数罟不入洿池，鱼鳖不可胜食也；斧斤以时入山林，材木不可胜用也。谷与鱼鳖不可胜食，材木不可胜用，是使民养生丧死无憾也。”除“不违农时”外，孟子还劝诫齐宣王实行仁政，说：“昔者文王之治岐也，耕者九一，仕者世禄，关市讥而不征，泽梁无禁，罪人不孥。老而无妻曰鳏，老而无夫曰寡，老而无子曰独，幼而无父曰孤。此四者，天下之穷民而无告者。文王发政施仁，必先斯四者。”(《孟子·梁惠王下》)若此论还属于“内修七教”的范畴，那么，“汤武革命”则是孟子对“外行三至”的阐发。

孟子以“其征也，则必还师衽席之上”的标准，勾画出“东面而征西夷怨，南面而征北狄怨”的场景。当周武王说“无畏！宁尔也，非敌百姓也”（《孟子·尽心下》）一语时，孟子甚至描绘出百姓“若崩厥角稽首”，夹道欢迎武王之师的场景。可见，尽管孟子并不否认“汤放桀，武王伐纣”的战争，但是认为“汤武革命”并非“臣弑其君”而是“诛一夫”，其标准是他所说的“贼仁者谓之贼，贼义者谓之残，残贼之人谓之一夫”（《孟子·梁惠王下》）。既然汤武征伐是“至仁伐至不仁”的战争，所以孟子对《尚书·武成》中“血流漂杵”的记载予以否定。针对春秋时期的混战，孟子还提出“义战”理论。杨春梅先生评价说：“征伐者必须是‘至仁’，而被征伐者必须是‘至不仁’，二者缺一，即非义战。以此标准衡量春秋之世，‘至不仁’有不少，‘至仁’则未曾见。”[①]孟子以此来强谈战争，与孔子避而不谈相似，都是用不同的方式遏制诸侯、士大夫的战争欲望，达到息战的目的，最终实现儒家所追求的“大同”世界。

如果说孟子是从“仁”的角度对孔子“明王之道”进行阐发，那么先秦时期最后一位儒学大师荀子则是以“礼”为突破口进行论说。在荀子看来，明王治国以制礼为开端，又以防乱为最终目标。他说：“有天有地而上下有差，明王始立而处国有制。夫两贵之不能相事，两贱之不能相使，是天数也。势位齐而欲恶同，物不能澹则必争，争则必乱，乱则穷矣。先王恶其乱也，故制礼义以分之，使有贫富贵贱之等，足以相兼临者，是养天下之本也。”（《荀子·王制》）荀子认为，“明王之道”的核心是“不可欺以人”，如《荀子·君道》中说：“其取人有道，其用人有法。取人之道，参之以礼；用人之法，禁之以等。行义动静，度之以礼；知虑取舍，稽之以成；日月积久，校之以功。”除强调礼的重要性之外，仁、义也是荀子“明王之道”论的重要内容，如《荀

① 杨春梅：《孟子的“义战”理念及其价值述论》，《中国文化论坛》第一辑，陕西人民出版社2005年版，第69页。

子·王制》中说："仁眇天下，故天下莫不亲也；义眇天下，故天下莫不贵也；威眇天下，故天下莫敢敌也。以不敌之威，辅服人之道，故不战而胜，不攻而得，甲兵不劳而天下服。"荀子认为，只要做到这三点，君主治理天下就会出现"欲王而王，欲霸而霸，欲强而强矣"。当然，在荀子看来，"明王之道"并非高深莫测，而是蕴含在日常生活之中，如荀子曾说："吾观于乡，而知王道之易易也。"（《荀子·乐论》）

总之，孔子儒家所论"明王之道"，既不是对"真实"历史的探究与描述，也不是真正要回到上古三代的明王社会，而是在为儒学的建构寻求立论的历史基石。如陆玉林先生说："是借历史来为自己的社会政治理论做论证，'托古'或借'复古'之名来推售自己的主张。继往而开来，复古而开新，乃是儒家的一贯主张。"[①]从孔子儒家与"明王之道"的关系来看，他们提供给世人得天下的主要有两种途径：一种是"禅让"，即尧、舜、禹等圣王"求中"而"得中"的和平方式；另一种是"汤武革命"的战争方式。从《孔子家语·礼运》的论述来看，孔子儒家所论"明王之道"更倾向于"大道之隐"时的征伐战争，这与早期儒家欲解决春秋战国之世的混乱局面有关。可见，孔子儒家的"明王之道"，与早期中国社会已经结下了不解之缘。

① 陆玉林：《中国学术通史（先秦卷）》，人民出版社2004年版，第180页。

中篇

孔子的社会政治实践与孔子学说

第三章 “穷达以时”：孔子思想学说的高度

孔子儒家以“务治”为目的，所以他们必须直面“礼坏乐崩”的春秋乱世。在充分吸收上古三代特别是周代礼乐文明成果的基础上，孔子开创了“祖述尧舜，宪章文武”这一庞大的思想体系。当然，在战争成为时代主题的春秋时期，孔子的“正名”主张显得有点不合时宜，并有“迂远而阔于事情”的嫌疑。在鲁国为政的失败、周游列国“干七十余君，莫能用”（《史记·十二诸侯年表》）的结果，似乎都说明孔子学说不为时用。尽管如此，孔子还是以“知其不可而为之”（《论语·宪问》）的精神与时代进行磨合甚至是抗争。孔子对其学说是充满自信的，他曾说：“如有用我者，吾其为东周乎！”（《论语·阳货》）又说：“苟有用我者，期月而已可也，三年有成。”（《论语·子路》）可见，孔子大有只要给予我机会，就有能力扭转春秋时代乾坤的“阿基米德”式气魄。因此，孔子在其道“大修”后，他的一切努力都是在寻求使人“可知”的时机。

《论语》的编纂者似乎也意识到孔子思想的这一特点，《论语》的首篇首章记孔子说：“人不知而不愠，不亦君子乎？”首篇末章记孔子说：“不患人之不己知，患不知人也。”（《论语·学而》）《论语》的末篇末章又记孔子说：“不知命，无以为君子也。不知礼，无以立也。不知言，无以知人也。”（《论语·尧曰》）其实，春秋之世“明王不兴”“天下无道”，早已揭开了孔子学说“莫能宗予”（《史记·孔子世家》）的谜底。然而，孔子栖栖遑遑奔走于列国之间，经历在匡被拘、桓魋伐树、陈蔡绝粮，甚至遭遇生命危险之后，他是怎样看待其人生命运的？又是怎样看待其学说的？

就传世文献的记载而言，孔子对其学说不为时代所用早已有清醒的认识。如在陈蔡绝粮，当子路对他的学说提出质疑时，孔子说：“夫遇不遇者，时也；贤不肖者，材也。君子博学深谋不遇时者多矣。由是观之，不遇世者众矣，何独丘也哉！”[①]这一记载亦见于《史记·孔子世家》《孔子家语·致思》。“遇不遇者，时也”一语，展现出孔子“穷达以时”的心态，并彰显出孔子儒学的深度与高度。

一、孔子思想的初步形成

司马迁曾说：“孔子为儿嬉戏，常陈俎豆，设礼容。”（《史记·孔子世家》）意思是说，孔子自幼就对周代的传统礼乐文化产生了浓厚的兴趣。一方面，这与鲁国特定的文化氛围有关，这里自古就是中华文明的一座文化高地，至春秋时期还有“礼仪之邦”的盛誉，它所积淀的厚重文化为孔子结识中国礼乐文明传统提供了良机；另一方面，孔子“好学”则为他赢得“博学”的美誉，如达巷党人说：“大哉孔子！博学而无所成名。”（《论语·子罕》）同时，孔子开办私学，教书收徒，为其学说传播提供了有利条件，形成影响此后中国既深且远的儒家学派。当然，孔子学说有一个逐步发展与完善的过程，这应与他的人生阅历密切相关。孔子自道：“吾十有五而志于学，三十而立，四十而不惑，五十而知天命，六十而耳顺，七十而从心所欲，不逾矩。”（《论语·为政》）随着对春秋时期社会认识的深化，在此前“礼学”的基础上，孔子又将“仁学”加入，“仁学”与“礼学”共同奠定了早期儒学的根基。

① 〔清〕王先谦撰，沈啸寰、王星贤点校：《荀子集解》，中华书局1988年版，第527页。

（一）从“好学”到“博学”

在人们的心目中，孔子是一位“博学”的圣人，他似乎是无所不能、无所不晓的。如杨朝明先生评论说：“孔子上通天文，下知地理；他熟悉历史，也深谙现实；他讲治国平天下的‘大道理’，也谈为人处事的‘小枝节’；他通晓《诗》《书》《礼》《乐》典籍，也识于鸟兽草木之名……”[①]其实，在春秋时人看来，孔子已经是一位博学而多能的圣贤。当时就有人对孔子的“博学”感到很困惑，于是向孔子高足子贡请教，曰：“夫子圣者与？何其多能也？”虽然子贡“固天纵之将圣，又多能也”的说法有将孔子圣化的倾向，但是孔子本人则将其“多能”归结于“吾少也贱，故多能鄙事”（《论语·子罕》）。应该说，孔子此语既是自谦之辞，也属于实事求是。就孔子获得知识的途径来说，子贡的“夫子温、良、恭、俭、让以得之”（《论语·学而》）评价也应该是公允而客观的。孔子正是以此“好学”的心态，逐渐赢得了“博学”的美誉。

孔子对时人给予的“圣人”评价予以否认。他说：“若圣与仁，则吾岂敢？抑为之不厌，诲人不倦，则可谓云尔已矣。”（《论语·述而》）可见，孔子只承认自己是一位“好学”的君子和“善教”的老师。如《论语·公冶长》记孔子说：“十室之邑，必有忠信如丘者焉，不如丘之好学也。”在孔子的心目中，何谓“好学”？他孜孜以求的是什么？如何学？等等。对此类问题的回答，则是解决孔子何以由“好学”到“博学”问题的关键。

首先，孔子的“好学”是有特定标准的。他说：“君子食无求饱，居无求安，敏于事而慎于言，就有道而正焉，可谓好学也已。”（《论语·学而》）孔子将颜回视为“好学”之典范。如当鲁哀公向孔子请教弟子“孰为好学”时，孔子回答说：“有颜回者好学，不迁怒，不贰过。不幸短命死矣！今也则亡，未闻好学者也。”（《论语·雍也》）从《左传》昭公十三年所记韩宣子“好学而

---

① 杨朝明：《“博学”的孔夫子》，《国际教育周刊》2006年第6期。

不贰”来看，“不迁怒，不贰过”的标准应是当时较为通行的观点。不过，孔子将“好学”与“守道”合而观之，应是他的独特贡献。孔子说：“笃信好学，守死善道。危邦不入，乱邦不居。天下有道则见，无道则隐。邦有道，贫且贱焉，耻也；邦无道，富且贵焉，耻也。”（《论语·泰伯》）孔子及弟子不仅将“好学”视为儒者应坚守的信条，而且将其视为早期儒家学说的重要基础。孔子曾告诫子路“六言六蔽”，说：“好仁不好学，其蔽也愚；好知不好学，其蔽也荡；好信不好学，其蔽也贼；好直不好学，其蔽也绞；好勇不好学，其蔽也乱；好刚不好学，其蔽也狂。”（《论语·阳货》）可见，孔子不仅是“好学”者，而且“好学”的品格也决定了此后孔子儒学发展的根基与规模。

其次，弄清孔子及弟子所学的内容对理解儒家学说至关重要。孔子曾提出“吾十有五而志于学”的说法。尽管历代注者对此处“学”的理解还存在“大学”与“小学”的分歧，但是皇侃《论语义疏》中将“志”释为“在心”，应该是有道理的。他说：“志者，在心之谓也。孔子言我年十五志学在心也。十五是成童之岁，识虑坚明，故始此年而志学也。”①鉴于此，朱熹将“学”释为“大学之道”，也不无道理，他说：“古者十五而入大学。心之所之谓之志。此所谓学，即大学之道也。志乎此，则念念在此而为之不厌矣。”②这也为孔子“三十而立”奠定坚实的学术根基。这里“学”应释为名词，也可与《论语》首篇首章的“学而时习之”相印证。尽管将“学”释为动词“学习”在学术界至今还有很大的影响，但是作为名词“学说”“道术之总称”等，也得到越来越多学者的重视③。所以，“十五岁”是孔子从“陈俎豆，设礼容”的感性认识到致力于“大学之道”的理性认知的重要转折点。正因如此，当弟子樊迟

① 〔梁〕皇侃撰，高尚榘点校：《论语义疏》，中华书局2013年版，第25页。

② 〔宋〕朱熹：《四书章句集注》，中华书局1983年版，第54页。

③ 此观点见于刘家齐：《“学而时习之”章新解》，《齐鲁学刊》1986年第4期；李启谦：《关于“学而时习之”章的解释及其所反映的孔子精神》，《孔子研究》1996年第4期；杨朝明：《新出竹书与〈论语〉成书问题再认识》，《中国哲学史》2003年第3期等。

向孔子请教学稼、学圃等问题时，他便斥以“吾不如老农”“吾不如老圃”等言辞，并认为樊迟是“小人”。孔子说：“上好礼，则民莫敢不敬；上好义，则民莫敢不服；上好信，则民莫敢不用情。夫如是，则四方之民襁负其子而至矣，焉用稼？”（《论语·子路》）由此可见，孔子所“志于学”的是“郁郁乎文哉”的周代礼乐文化，是“明德”“亲民”和“至善”的大学之道，而这应是孔子构建学说的基点。

最后，鲁国本身所具有的丰厚而悠久的文化遗产则是生于此、长于此的孔子接触礼乐文化的第一站。如前所述，由于周公在周初的特殊地位，鲁国不仅有四代之乐器，而且能以“天子之礼”祭祀周公。鲁国太庙的祭祀仪式，则成为孔子感知周礼的启蒙教材。“子入太庙，每事问”（《论语·八佾》）一语，所体现的正是孔子幼年时期学习礼乐文化的现场情景。当然，在王官失守，文化下移时，孔子除观摩礼乐仪式外，鲁国所存放、记录“先王之道”的典籍，更是他学习周礼的重要范本。在孔子之时，鲁国还存有不少关于“先王之道”的文献，如《左传》襄公二十九年记，季札来鲁观周乐，鲁国此时还应有完整的《诗》《乐》；又，《左传》昭公二年记，韩宣子在鲁国大史氏处见到《易》《象》《鲁春秋》后，发出了“周礼尽在鲁矣，吾乃今知周公之德与周之所以王也”的感慨。同时，由“文武之政，布在方策”“周公之典在”等孔子言论，我们从中可以感受到传世典籍的内容对孔子学说的影响。如王钧林先生评价说：“在整个春秋战国时期号称为两大‘显学’的儒、墨，具出于邹鲁，决非偶然。邹鲁文化培养出了儒学，同时也把它的文化‘基因’注入了儒学。”[①] 因此，鲁国特有的文化传统不仅孕育出孔子学说，而且使儒学烙下邹鲁地域特色文化的烙印。

除学习鲁国的文化资源外，孔子还将学习的视域投向了其他地域。传世典籍中有不少相关的记载，如《左传》昭公十七年记载，来朝的郯子回答昭公

① 王钧林：《中国儒学史（先秦卷）》，广东教育出版社1998年版，导论第4页。

“少皞氏鸟名官”的问题，孔子听说后便向郯子请教，并兴奋地告诉他人：“吾闻之，‘天子失官，官学在四夷’，犹信。”[①]如《史记·孔子世家》记载：“南宫敬叔言鲁君曰：‘请与孔子适周。’鲁君与之一乘车，两马，一竖子俱，适周问礼，盖见老子云。”又如，《礼记·礼运》中记孔子学夏、商之礼，说：“我欲观夏道，是故之杞，而不足征也，吾得《夏时》焉。我欲观殷道，是故之宋，而不足征也，吾得《坤乾》焉。《坤乾》之义，《夏时》之等，吾以是观之。”此外，传世文献中常常有“丘之闻诸苌弘”（《孔子家语·辩乐解》）、“昔丘也闻诸老聃”（《孔子家语·五帝》）等。这些都表明孔子所学的内容非常广泛。如子贡评价孔子说：“夫子焉不学，而亦何常师之有？”（《论语·子张》）当然，尽管孔子所学非常庞杂，但是形散而神聚，孔子“吾道一以贯之”（《论语·里仁》）所要表达的正是此意。孔子以探索拯救春秋时期“礼坏乐崩”时弊的方案为切入点，将“务为治”作为其整体学说的起始。总之，“学无常师”既成就了孔子的“好学”，也使他获得了“博学”之美誉。

（二）从“博学”到“诲人”

孔子不仅是一位学而不厌的“博学”君子，而且是“诲人不倦”（《论语·述而》）的老师。孔子将他所掌握的《诗》《书》《礼》《乐》等文化资源，与当时“学而优则仕”的社会风气相结合，开创了不同于此前官学教育的私学，培养了早期中国第一批底层出身的“士”阶层。正如司马迁说：“孔子以诗书礼乐教，弟子盖三千焉，身通六艺者七十有二人。如颜浊邹之徒，颇受业者甚众。”（《史记·孔子世家》）原始儒家是由孔子本人及弟子共同组成的学术团体，二者缺一不可。如吴龙辉先生说：“儒家是贤人七十二、弟子三千追随孔子的产物。没有孔子，固然不会有儒家；但只有孔子，也不可能成其为儒

---

① 杨伯峻：《春秋左传注（修订本）》，中华书局1990年版，第1389页。

家。”[①]孔子以“学而不厌”的精神使自己达到“博学”的境界，以“诲人不倦”的姿态，将所学的内容传授给那些志同道合的弟子，他也成为中国传统社会的至圣先师和万世师表。

孔子的“诲人不倦”应是以其“学而不厌”和“博学深谋”为前提的。孔子的“博学”见于传世文献的并不少。以《国语·鲁语下》中的记载为例，其中有三个故事较为典型：辨古物“坟羊”和吴使者问大骨，以及陈使者问石砮等。据文献记载和听闻，孔子给予各自都比较满意的答复。如季桓子穿井，获如土缶，其中有羊焉。然而，季桓子却坚持说“吾穿井而获狗”，借此以对孔子的“博学”进行考验。孔子回答说：“以丘之所闻，羊也。丘闻之：木石之怪曰夔、蝄蜽，水之怪曰龙、罔象，土之怪曰坟羊。”[②]所以孔子坚持断定季桓子所获之物为“坟羊”。又如吴使者执骨问“骨何为大”时，孔子回答说：“丘闻之：昔禹致群神于会稽之山，防风后至，禹杀而戮之，其骨节专车。”[③]他进而断定防风之骨“为大”。又如，“有隼集于陈侯之庭而死，楛矢贯之，石砮，其长尺有咫”[④]。当陈惠公使人“以隼如仲尼之馆问之”时，孔子回答说：“隼之来也远矣！此肃慎氏之矢也。”[⑤]这得到了陈国故府金椟的印证。

当然，就此三事的真伪问题，近代以来的学者提出了不同程度的质疑，如蒋伯潜曾说：“肃慎去陈绝远，隼既贯楛矢，似不能飞至陈廷而死。此与坟羊及防风氏骨之对，同为流俗艳称孔子博物之故事。”[⑥]而蒋先生的“肃慎去陈绝远”“似不能”等说法，也只是推测之辞。由于此类故事多与《史记》《孔

① 吴龙辉：《原始儒家考述》，中国社会科学院出版社1996年版，第3—4页。
② 徐元诰撰，王树民、沈长云点校：《国语集解》，中华书局2006年版，第191页。
③ 徐元诰撰，王树民、沈长云点校：《国语集解》，中华书局2006年版，第202页。
④ 徐元诰撰，王树民、沈长云点校：《国语集解》，中华书局2006年版，第204页。
⑤ 徐元诰撰，王树民、沈长云点校：《国语集解》，中华书局2006年版，第204页。
⑥ 蒋伯潜：《诸子通考》，浙江古籍出版社1985年版，第73页。

子家语》及《说苑》等传世文献相印证，所以它们也不应被轻易地否定掉。孔子的“博学”不仅体现在“博古”，而且对天文历法相当娴熟，如《左传》哀公十二年记载：“冬十二月，螽，季孙问诸仲尼。仲尼曰：‘丘闻之，火伏而后蛰者毕。今火犹西流，司历过也。’”杨伯峻先生解释说：“孔丘之意，谓时已十月，天空应不见心宿二，昆虫应皆蛰伏，然心宿二犹遥见于西方天空，逐见沉没，乃司历者之误。”[①]又，《孔子家语·七十二弟子解》记孔子在“旦无云，既日出”时，就预测到将要下雨，遂“命从者皆持盖”。当弟子巫马期问其故，孔子回答说：“昨暮月宿毕，《诗》不云乎：‘月离于毕，俾滂沱矣。’以此知之。”[②]意思是说，孔子不仅“详于万物”，而且“博于《诗》《书》，察于《礼》《乐》”。无论对人还是对事的评价，他都可谓“信手拈来，娴熟之至”[③]。

自三十岁左右起，孔子就开始招收弟子，直到去世前对学生的培养基本上未曾间断过。如孔子自己曾说：“自行束脩以上，吾未尝无诲焉。”（《论语·述而》）孔子弟子的人数众多，来源庞杂，文化水平及智力都存在着巨大的差别，如何对他们进行传授与教育，应是摆在孔子面前最大的难题。其实，孔子对此亦有清醒的认识，他说：“中人以上，可以语上也；中人以下，不可以语上也。”（《论语·雍也》）所以，孔子采取的方法是因材施教。应该说，这种方法既切实可行，又体现出孔子之高明。当然，此种教学方式的前提是对每个弟子的优缺点都有清楚的认识。孔子的可贵之处是他具备这一条件，他对自己的学生如数家珍。如评论颜回说：“吾与回言终日，不违如愚。退而省其私，亦足以发。回也不愚。”（《论语·为政》）如评价“雍也可使南面”“由也果”“赐也达”“求也艺”（《论语·雍也》）；如点评“柴也愚，参也鲁，师

---

① 杨伯峻：《春秋左传注（修订本）》，中华书局1990年版，第1673页。

② 杨朝明、宋立林主编：《孔子家语通解》，齐鲁书社2013年版，第444页。

③ 杨朝明：《“博学”的孔夫子》，《国际教育周刊》2006年第6期。

也辟，由也喭”(《论语·先进》)；等等。

以弟子“问孝”为例，据不同的情况，孔子的回答也不尽相同。如孟懿子问孝，他答以“无违”；孟武伯问孝，他答以“父母唯其疾之忧”；子游问孝，孔子说：“今之孝者，是谓能养。至于犬马，皆能有养；不敬，何以别乎？”子夏问孝，孔子则说：“色难。有事弟子服其劳；有酒食先生馔，曾是以为孝乎？”(《论语·为政》)即是说，孔子的每一个答案，都是基于对此弟子的了解，背后都以其特定的背景为支撑。朱熹引程子解释说：“告懿子，告众人者也。告武伯者，以其人多可忧之事。子游能养而或失于敬，子夏能直义而或少温润之色。各因其材之高下，与其所失而告之，故不同也。”[①]孔子以“因材施教”的方式，凭借“诲人不倦”的精神，培养出“受业身通者七十有七人”，这些弟子被司马迁誉为“异能之士”(《史记·仲尼弟子列传》)。

当然，孔子的这种教学方式不仅能启发学生思维，而且使孔子在与弟子的双向互动中得到启发。如《礼记·学记》中云：“是故学然后知不足，教然后知困。知不足，然后能自反也。知困，然后能自强也。故曰：教学相长也。《兑命》曰：‘学学半。’其此之谓乎！”[②]孔子教学中所展现出的正是“教学相长”的过程。如《论语·学而》记子贡曰：“贫而无谄，富而无骄，何如？”孔子回答说：“可也。未若贫而乐，富而好礼者也。”子贡便心领神会地引《诗》“如切如磋，如琢如磨”进行阐发。孔子听到子贡的理解非常高兴，赞誉说：“赐也，始可与言《诗》已矣！告诸往而知来者。”又如《论语·八佾》记子夏问曰：“‘巧笑倩兮，美目盼兮，素以为绚兮。’何谓也？”孔子回答说：“绘事后素。”而子夏“礼后乎”的答案则引起孔子的极大兴趣，并赞誉说：“起予者商也！始可与言《诗》已矣。”可见，在与学生的问对之中，孔子

① 〔宋〕朱熹：《四书章句集注》，中华书局1983年版，第56页。

② 〔清〕孙希旦撰，沈啸寰、王星贤点校：《礼记集解》，中华书局1989年版，第957页。

对社会、人生以及其学说都有了更深入的理解。

当然，在给予弟子评价时，孔子有时也会出现偏差，如他曾自责："吾以言取人，失之宰予；以貌取人，失之子羽。"(《史记·仲尼弟子列传》)尽管如此，孔子与弟子之间似乎建立起一种类似于朋友的关系，甚至将颜回、子贡、子张、子路称之为"四友"。他说："吾有四友焉。自吾得回也，门人加亲，是非胥附乎？自吾得赐也，远方之士日至，是非奔辏乎？自吾得师也，前有光，后有辉，是非先后乎？自吾得由也，恶言不至于门，是非御侮乎？"[①]所以，原始儒家是孔子及弟子共同组成的学术共同体。而孔子的"诲人不倦"正是这一共同体得以成立和维系的前提。

在教学过程中，尽管孔子始终坚持"因材施教"的原则，并为弟子们个性的发展提供广阔的空间，但是他培养弟子的至上目标是"笃信好学，守死善道"(《论语·泰伯》)。在孔子看来，弟子只有做到这一点，才能成为孔子登堂入室的得意门生。然而，符合标准的只有早死的颜回，这也是孔子称其"好学"的原因。在孔子的心目中，其他弟子离此种境界多少有些差距。如他听到钟爱的弟子子路鼓瑟，给出的评价是"由也升堂矣，未入于室也"(《论语·先进》)。此后，能否登堂入室，就成为孔子儒家甚至中国传统士人衡量其弟子是否得"道"的重要标准。

孔子说："道不远人。人之为道而远人，不可以为道。"(《中庸》)孔子之所以选择《诗》《书》《礼》《乐》等作为课堂教本，所看重的是其先王之政典的性质，其中蕴含着"明王"的治世之道。除要求弟子背诵文本外，孔子更看重的是弟子对文本背后真精神的理解。如孔子说："诵《诗》三百，授之以政，不达；使于四方，不能专对，虽多，亦奚以为？"(《论语·子路》)孔子将弟子从政视为检验其学说的重要途径。当然，这并不意味着不学习就可从政，如子路曾推荐尚未完成学业的子羔"为费宰"，就被孔子斥为"贼夫人

---

① 傅亚庶：《孔丛子校释》，中华书局2011年版，第20—21页。

之子”(《论语·先进》)。因此，无论是孔子的“好学”“博学”，还是寄于弟子身上的期望，都蕴含着孔子欲用先王之道来拯救春秋时期社会时弊的初心。子夏的“仕而优则学，学而优则仕”(《论语·子张》)则道出了学与仕之间的关系，成为那个时代的最强音。可见，早期儒家团体的形成，是以孔子“好学”“博学”为前提的，正因他学说的博大精深才吸引诸多弟子服膺于孔门。同时，孔子以“诲人不倦”的态度，将其所学传授给弟子，为原始儒学成为战国之世的“显学”奠定了基础，提供了原动力。

(三)从“礼学”到“仁学”

如果说孔子的“博学”与“多能”有一个核心的话，那就是孔子一再提及的“一以贯之”之“道”。然而，孔子终其一生，都未明确地说其“道”为何？此后学者的研究也多依据曾参的“忠恕”二字，即孔子所说的“己所不欲，勿施于人”(《论语·卫灵公》)。其实，纵观孔子一生，他关注社会治乱的主题始终未变，只是随着时间的变化及其阅历的丰富，孔子学说的内容或者关注的重点略有所调整。如果将前期的孔子与后期相比，他的学说明显地由关注礼、强调礼，而逐渐加入了仁学的相关内容。从《论语》中“仁”出现的字频来看[①]，“仁学”的确已成为中年以后孔子学说的最重要内容。从“礼学”到“仁学”的演变，不仅使孔子思想更加完善，而且推动儒学向纵深发展。

由于鲁国是“礼仪之邦”，周礼则是生活于其间的孔子最先接触到的文化形态。如前所述，礼在春秋之前是统治阶级维护统治秩序的基本原则和政治制度，它的合法性问题是不需要质疑的。然而，进入春秋时期，周天子逐渐丧失掉“礼乐征伐”的特权，出现“礼乐征伐自诸侯出”“自大夫出”，甚至出

① 据杨伯峻先生考证，“礼”字在《论语》中出现了74次，基本上均为礼意、礼仪、礼制、礼法之意；而“仁”字则出现了109次，其中105次都为“孔子的道德标准”之意。这是后世学者争论孔子思想的核心是“礼”还是“仁”的重要依据。详见杨伯峻：《论语译注》，中华书局1983年版，第221、311页。

现“陪臣执国命”（《论语·八佾》）的混乱局面。在旧的社会秩序已经被打破，新的社会秩序尚未形成之际，人们的行为开始僭越传统的礼制，不仅有的诸侯国君称王，而且按规定只能用四佾舞祭祀的“三桓”在家中用起了“八佾舞”。针对“礼坏乐崩”的局势，陆建华先生说：“当礼的神学依据、礼的神性的一面被无情剥夺，道德审判与谩骂诅咒无力阻挡愈演愈烈的违礼越礼行为，礼的存在的合理性需要理性的审视、智慧的观照，礼治的价值需要被证明时，礼才进入学术的视野。”①孔子对礼的特殊观照，正是在这种背景下出现的，他“接续”此前诸贤探索礼与天道关系的传统，从礼之起源、礼之本质以及礼之运行等诸多方面构建孔子儒家的礼学新体系。

强调礼制的合法性，孔子所要解决的核心问题是礼之起源的合理性。其实，春秋诸贤早已将礼与天道结合在一起，如季文子的“礼以顺天，天之道也”、子产的“上下之纪、天地之经纬”、晏婴的“礼之可以为国也久矣，与天地并”②等。孔子则将礼与天地万物以及纲常伦理紧密结合，说：“有天地然后有万物，有万物然后有男女，有男女然后有夫妇，有夫妇然后有父子，有父子然后有君臣，有君臣然后有上下，有上下然后礼义有所错。”③另外，《礼记·礼运》中记孔子论述“夫礼之初，始诸饮食”，说：“夫礼，先王以承天之道，以治人之情，故失之者死，得之者生。”孙希旦解释说：“礼者，人之所恃以生，失礼则亡其所以生矣。”④很显然，在孔子看来，恪守礼就应像日常需要饮食一样无需证明。先王“制礼作乐”的初衷是使人们准确把握天道、人情，而且礼能否得到运行更是孔子判定天下是否“有道”的标准。

然而，随着时代的变迁，社会就会出现习礼为常的现象。据《孔子家语·礼运》记载，孔子说：“今大道既隐，天下为家，各亲其亲，各子其子，

---

① 陆建华：《先秦诸子礼学研究》，人民出版社2008年版，第2页。

② 杨伯峻：《春秋左传注（修订本）》，中华书局1990年版，第614、1459、1480页。

③ 周振甫：《周易译注》，中华书局1991年版，第294页。

④〔清〕孙希旦撰，沈啸寰、王星贤点校：《礼记集解》，中华书局1989年版，第585页。

货则为己，力则为人，大人世及以为常，城郭沟池以为固。禹、汤、文、武、成王、周公由此而选，未有不谨于礼。礼之所兴，与天地并。如有不由礼而在位者，则以为殃。”在孔子看来，禹、汤、文、武、成王、周公都是在前代“大道既隐”时被“选”出来救世的圣王，他们的为国以礼造就了“天下有道”的大同社会；与此相反，桀、纣等失国的原因是他们“不由礼而在位”，并最终形成“大道既隐”[①]后的混乱局势。

经过对三代之礼的观察和研究，孔子认为三代之间是一种“损益”的关系，而最终选择了“从周”。当然，在具体礼仪的阐述上，孔子并未刻意地创新。从文献的记载来看，孔子论礼主要涉及禘礼、冠礼、婚礼、丧礼、士礼等，这些都是周礼最重要的组成部分。尽管当时已出现了“礼仪三百，威仪三千”的表象，但是孔子所看重的并非此类表层的礼仪，而是“礼之本”。如当林放问“礼之本”时，孔子赞誉他为“大哉问”，说：“礼，与其奢也，宁俭；丧，与其易也，宁戚。”（《论语·八佾》）这从孔子对伯鱼及颜回葬礼的态度中得以体现。如颜回死，孔子极其悲恸，甚至发出“天丧予”的感慨。然而，孔子并不同意“门人欲厚葬之”的请求。如陆建华先生说：“由于看重丧礼中的情或者说丧礼所表达、寄托的情，孔子在坚持‘久丧’的同时，并不看重‘厚葬’，甚至还反对‘厚葬’。”[②]也就是说，孔子所看重的是礼之本，对于作为表达礼之本的具体礼仪则可以根据时代的需要进行“因革”和“损益”。孔子曾说：“仁者人也，亲亲为大；义者宜也，尊贤为大。亲亲之杀，尊贤之等，礼所生也。”也就是说，在“亲亲”“尊贤”的基础上，虽然新的“礼仪”会不断产生，但是礼产生的根基却始终如一，这也是孔子说“百世可知”的理论根据。所以，孔子向往周礼，但并不拘泥于周礼。孔子深切地告诫后人：“生乎今之世，反古之道。如此者，灾及其身者也。”（《中庸》）

---

① 杨朝明、宋立林主编：《孔子家语通解》，齐鲁书社2013年版，第365页。

② 陆建华：《先秦诸子礼学研究》，人民出版社2008年版，第73页。

根据现实条件的需要，孔子在强调“礼学”重要的同时，逐渐加入了“仁学”的内容。当然，“仁”也并非孔子独创，“博学”的孔夫子从此前典籍文献中汲取出哲人“仁”的智慧，并将其系统化。如刘蔚华先生说：“在孔子以前，仁学的初步发展已经出现了多义性与综合性的趋势。但仁学的系统化工作，是由孔子完成的……他在崇礼的同时，系统地总结了仁学思想的先行材料，形成了一个以‘仁’为核心、孝悌为根本、忠恕为方法、复礼为目的的政治、伦理、哲学合一的思想体系。”[①]透过《论语》中与“仁”的相关内容来看，孔子对“仁”作了全面的阐释。首先孔子论“仁”，是基于当时血缘关系上的宗法社会环境，将“孝悌”视为“为仁”之本。孔子曾说：“弟子入则孝，出则弟，谨而信，泛爱众，而亲仁。”(《论语·学而》)他认为，环境对于培养人的仁德至关重要，所以他说：“里仁为美。择不处仁，焉得知？”(《论语·里仁》)当然，孔子的“仁学”并不需要外求，这也是孔子说“克己复礼”“为仁由己”(《论语·颜渊》)的原因所在。

从传世文献的记载来看，与孔子的“礼学”相比，他的“仁学”体系显得并不十分完备。孔子对仁学的探讨，主要体现在他与弟子之间问对的只言片语之中。如当弟子樊迟问仁时，孔子先后告诉他三个答案：“仁者先难而后获”(《论语·雍也》)、“居处恭，执事敬，与人忠”(《论语·子路》)、“爱人”(《论语·颜渊》)；当颜回问仁时，孔子告以“克己复礼”(《论语·颜渊》)；当司马牛问仁时，孔子告以“其言也讱”(《论语·颜渊》)；当仲弓问仁时，孔子答曰：“出门如见大宾，使民如承大祭。己所不欲，勿施于人。在邦无怨，在家无怨。”(《论语·颜渊》)当子张问仁时，孔子则对仁作了一次较为全面的阐述，他说，能行恭、宽、信、敏、惠等五者于天下者就是仁，即“恭则不侮，宽则得众，信则人任焉，敏则有功，惠则足以使人”(《论语·阳货》)。由此可见，与弟子“问孝”一样，孔子对“问仁”的回答，同

① 刘蔚华：《论仁学的源流(上)》，《齐鲁学刊》1982年第1期。

样体现出孔子的因材施教思想。同时，这些答案不仅展现出孔子“仁学”的概貌，而且回答了孔子“仁学”体系中何为仁、怎样修仁等问题。

由于孔子心目中的仁者是要行恭、宽、信、敏、惠五者于天下的，所以在论时人时，他很少给予其“仁”的赞誉。如《论语·公冶长》中记录孔子尽管对冉雍、子路、冉求、公西赤都有很高的评价，如冉雍“可使南面”、子路“千乘之国，可使治其赋”、冉求“千室之邑，百乘之家，可使为之宰”、公西赤“束带立于朝，可使与宾客言”等，但是孔子都以“不知其仁”作结。钱穆先生总结说：“孔子平日讲学极重仁，仁乃人生之全德，孔子特举以为学问修养之最高标准，而又使学者各就才性所近，各务专长，惟同向此全德为归趋。人求全德，亦不可无专长。子路、冉有、公西华，虽未具此全德，然已各有专长。此章不仅见孔门之多贤，亦见孔子教育精神之伟大。”[①]孔子心目中仁的标准很高，即便是修为极高的弟子，他也认为还没有达到仁的境界。

在以“仁”考评弟子的同时，孔子还对此前的历代贤哲进行考量，其中以评价“管仲”为代表。尽管管仲由于“不知礼”曾受到孔子的严厉批评，说：“邦君树塞门，管氏亦树塞门；邦君为两君之好，有反坫，管氏亦有反坫。管氏而知礼，孰不知礼？”（《论语·八佾》）但是这并不影响孔子给予管仲“仁”者的盛誉。当子路由于“桓公杀公子纠，召忽死之”而“管仲不死”，对管仲之“仁者”的赞誉提出了疑问，孔子回答说：“桓公九合诸侯，不以兵车，管仲之力也。”另外，管仲不仅不忠死于公子纠，而且相齐桓公，据此弟子子贡对管仲的“仁者”评价提出质疑，孔子则回答说：“管仲相桓公，霸诸侯，一匡天下，民到于今受其赐。微管仲，吾其被发左衽矣。岂若匹夫匹妇之为谅也，自经于沟渎而莫之知也？”（《论语·宪问》）通过师徒之间的对话，可以看出孔子的“仁学”并未脱离其“务为治”的宗旨，有功

---

① 钱穆：《论语新解》，生活·读书·新知三联书店2012年版，第105页。

于世才是最重要的标准。正因如此，只要“博施于民而能济众”者，不仅可以称其为“仁者”，甚至能称其为“圣”者。也就是说，要成为“仁者”，就要树立“己欲立而立人，己欲达而达人”的理念，然后再“能近取譬”（《论语·雍也》）。

由以上论述可知，要做到“仁”是非常难的，即使孔子极力推崇的颜回也只是“三月不违仁”。虽然孔子晚年多次谈论“仁”，但是“礼”仍然是他始终不能释怀的执念。在他“干七十余君，莫能用”（《史记·十二诸侯年表》）之后，孔子则将“正名”思想注入所“作”的《春秋》之中，“正名”也就成为孔子对“礼学”、对“明王之道”的理论升华。因此，“礼”与“仁”是孔子学说的核心与灵魂，它们能否对纠正时弊起到作用，最关键的还是人。如孔子说：“人而不仁，如礼何？人而不仁，如乐何？”（《论语·八佾》）又说：“克己复礼为仁。一日克己复礼，天下归仁焉。为仁由己，而由人乎哉？”（《论语·颜渊》）所以，当鲁哀公问政时，孔子才多次强调“为政在人”或者“为政在于得人”。总之，无论是孔子的“礼学”还是“仁学”，都未脱离其“务为治”的根本宗旨。只有清醒地认识到他首先是社会政治学家，而非单纯的伦理道德学家，才能理解他关注社会、关注民生的人本主义思想特色。这也是孔子学说与先秦时期其他学说的不同之处。

二、孔子为政实践及其学说的检验

孔子首先是一位政治思想家，关注的是现实世界的民生问题。所以，在构建学说体系的同时，孔子将主要的精力投向了社会中的诸侯、士大夫，积极地寻求出仕的机会。尽管孔子在鲁国为政的时间并不长，但是“四方皆则之”（《史记·孔子世家》）的结果，不仅检验了孔子学说的有效性，而且使他的为政能力得到充分的展现。然而，鲁国政治的混乱与社会无道，无法使他的“王道”理想得以实现。尽管孔子曾发出“舍鲁何适”（《礼记·礼运》）的慨叹，但是他最终还是不得不离开鲁国，开始了长达十四年的寻梦之旅。在此过程中，虽然孔子遭受到种种厄运，看似非常落魄，但是这一经历促使他加深了对社会运行规律的体认，并使他的学说得到升华。

（一）孔子仕鲁的政治实践

据《史记·孔子世家》记载，在当时人看来，孔子是“圣人之后”，即便是“不当世”，后世也“必有达人”。然而，孔氏家族在孔子的父亲叔梁纥时，家道就已经衰落。孔子也基本丧失掉“士”的地位。这正是孔子欲参加季孙氏的“飨士”活动，却被阳虎“季氏飨士，非敢飨子”的理由拒之门外的原因。同时，这说明孔子欲承袭祖先遗留的贵族身份跻身于社会上层的第一次努力，以失败而告终。对于年幼的孔子来说，虽然这是一次沉重的打击，但是换一个角度来说，这未必不是一件好事。因为这件事情激发出孔子“好学”的潜质，并最终成为当时最著名的礼乐大师。孔子的潜心志学，也为此后的为政提供了更为坚实的学术基础。当然，孔子在鲁国为政，由中都宰到司空，再到大司寇且摄相事，至多五六年的时间。随后，他就开始长达十四年的列国游说，在列国间继续寻求能实现其“明王之道”的国度与良机。

自孔子的学说初步形成之后，他就开始极力寻求出仕的机会。无论是“以费畔”的公山弗扰，还是以“以中牟畔”的佛肸，他们都是所在国家中执国命之“陪臣”，都是能引起社会动荡的“害群之马”，都是孔子欲极力批判的“乱臣贼子”。然而，在欲欲无所试情况下，孔子却采取了“欲往”的态度。这是因为他的政治理想的确需要现实世界的载体。孔子曾说：“吾岂匏瓜也哉？焉能系而不食？”（《论语·阳货》）然而，最终由于子路的坚决反对，这两次从政的机会都以流产告终。当然，孔子欲从政，乃是基于他治国、安人的宏伟理想。他对自己的为政能力非常自信，如他曾说：“如有用我者，吾其为东周乎！”（《论语·阳货》）又说：“期月而已可也，三年有成”（《论语·子路》）。正如学者们评价的，孔子“并不是小打小闹，而是要干一番大事”[①]。虽然此前的努力都以失败而告终，但是五十岁时为中都宰，却为孔子提供了一次难得的展现其政治才华的机遇。据《孔子家语·相鲁》《史记·孔子世家》等文献记载，孔子在中都时的主要措施是“制为养生送死之节”，体现的是孔子的“礼学”思想。在社会生活上，孔子主张“长幼异食，强弱异任，男女别涂，路无拾遗，器不雕伪”；在丧葬之礼中，孔子提倡“为四寸之棺，五寸之椁，因丘陵为坟，不封不树”。孔子的措施“行之一年”，中都汶上便出现了“西方之诸侯则焉”（《孔子家语·相鲁》）的景象。

孔子在中都的政绩引起鲁国统治者的注意，并提拔他做负责管理国家土地与工程建设的司空。在司空的任上，孔子首要做的事情是“别五土之性”。所谓“五土之性”，汉代学者王肃注解说：“五土之性，一曰山林，二曰川泽，三曰丘陵，四曰坟衍，五曰原隰。”根据土地的性质，种植不同的作物，即使在今天看来孔子的做法也是极其难能可贵的。正因如此，孔子为司空，取得了“物各得其所生之宜，咸得厥所”[②]的结果。更重要的是按照古制，将鲁昭公之墓与历代先公“沟而合诸墓”。这既纠正了季氏葬“昭公于墓道之南”，以“贬君以彰己罪”的“非礼”过失，又使鲁昭公的“不君”与季孙氏的“不臣”等行为得到了圆满的化解。

孔子由于卓越的为政才能，从司空进而擢升为鲁国的大司寇。在为政期间，孔子的“设法而不用”，不仅与郑人“铸刑书”（《左传》昭公六年）、晋国“为刑鼎”（《左传》昭公二十九年）不同，而且与齐景公“繁于刑，有鬻踊者”（《左传》昭公三年），甚至是“踊贵，屦贱”（《左传》昭公三年）有别，却取得“无奸民”的效果。当然，孔子是主张刑政相参的，如为鲁司寇三个月后，鲁国社会就出现“鬻牛马者不储价，卖羊豚者不加饰。易女行者别其涂，道不拾遗，男尚忠信，女尚贤顺”，实现了“四方客至于邑，不求有司，皆如

① 蒙培元：《蒙培元讲孔子》，北京大学出版社2005年版，第16页。
② 杨朝明、宋立林：《孔子家语通解》，齐鲁书社2013年版，第2—3页。

归焉”(《孔子家语·相鲁》)的局面。在强调刑法同时，孔子更注重以德教民。如《荀子·宥坐》记载孔子处理“父子讼者”案件：“孔子为鲁司寇，有父子讼者，孔子拘之，三月不别。其父请止，孔子舍之。”此事亦见于《孔子家语·始诛》篇。孔子处理案件的初衷正是为了纠正当时“乱其教，繁其刑，其民迷惑而堕焉”[①]的社会现实。孔子总结审案的初衷，说：“听讼，吾犹人也，必也使无讼乎！”(《论语·颜渊》)可见，在刑政关系上，孔子的举措可能显得更为高明，并影响着此后中国的司法理念。由“听讼”向着“无讼”的方向努力，这在今天的司法程序中仍具有重要的借鉴意义。

据《孔子家语·始诛》记载，孔子为鲁司寇，摄行相事，“朝政七日而诛乱政大夫少正卯，戮之于两观之下，尸于朝三日”。此事亦见于《荀子·宥坐》篇。无论是“尊孔”派，还是“批孔”者，“诛少正卯”问题都成为他们乐于讨论的话题。赵纪彬先生对此进行了总结，他将学者的结论划分为实有说与伪造说两大派，“实有说内部又分为七日而诛说、为鲁司寇而诛说、称恶说；调和于两派之间，则有诛字训责说；最后又出现三月而诛说；共计六种说法”[②]。细究相关的研究成果，学者们产生分歧的根源是对“诛”字的理解上。若抛开固有的成见，将此事放在孔子思想体系中考察，也许能得出更接近于历史的真相。传世文献中“诛”除释为“诛杀”外，以“声讨”解者亦不在少数。如《左传》中“诛”字出现十三次，基本上都可以“声讨”“谴责”作解，这也正是许慎《说文解字》将其释为“讨也”的原因。

此外，据传世文献记载，“两观”是宣布教令之所在，并非刑场，孔子“杀”少正卯于此地也不合道理。如果将其解释为“声讨”，则对少正卯的“羞辱”就能给当时思想言论犯罪者以警戒。清代孙星衍已经意识到这一点，他说：“两观者，宫阙悬象之所，于此申明法禁，在朝言朝义也。”此后，他

---

① 〔清〕王先谦撰，沈啸寰、王星贤点校：《荀子集解》，中华书局1988年版，第523页。

② 赵纪彬：《关于孔子诛少正卯问题》，人民出版社1973年版，第1页。

又以《论语》“于予与何诛”“齐桓公之会诸侯，犹有无专杀大夫之禁”等为证，认为“为此言者，传之过，或不明诛字之义矣”[①]。另外，杀少正卯也与孔子“子为政，焉用杀”思想、与一大夫诛杀另一大夫等实际情况不相符。钱穆先生在梳理历代学者相关论述后，说：“盖犹非荀卿之言，而出于其徒韩非李斯辈之手。”[②]尽管钱先生的“虚造说”还只是“一家之言”，但是不无道理。同时，参照孔子所列举少正卯的五条罪证，总括起来还主要是思想犯罪，孔子则将其定位于“君子之诛”，而非杀戮。可见，孔子主要是以德来教化社会，将少正卯置于“两观之下”的用意也在于此，并没有像一般理解的那样处死少正卯。

如果对少正卯的惩罚体现的是孔子的刑政思想，而夹谷之会则展现出他卓越的外交才能。此事见于《史记·孔子世家》《左传》和《孔子家语·相鲁》。在两国会盟之前，孔子曾向鲁定公谏言说：“臣闻有文事者必有武备，有武事者必有文备。”（《史记·孔子世家》）他根据“诸侯出疆，必具官以从”（《史记·孔子世家》）的古制，建议左右司马随从前往会盟。整个会盟的过程，都展现出孔子刚柔相济的外交智慧，如犁弥认为孔子“知礼而无勇”，欲借助莱人之兵劫持鲁定公。但孔子很快就识破了他们的阴谋，在使定公安全退下的同时，命令士兵击退莱人。孔子说：“两君合好，而裔夷之俘以兵乱之，非齐君所以命诸侯也。裔不谋夏，夷不乱华，俘不干盟，兵不逼好——于神为不祥，于德为愆义，于人为失礼，君必不然。”（《左传》定公十年）在盟书中，针对齐人“以甲车三百乘从我”出境的附加条件，孔子提出“反我汶阳之田”[③]的要求。纵观整个会盟过程，可以说孔子将周礼发挥到了淋漓尽致的境界，使“礼乐大师”的形象跃然纸上。虽然鲁国此次会盟并未取得主动权，

① 〔清〕孙星衍撰，王重民辑：《孙渊如外集》卷一，国立北平图书馆1932年版，第1页。
② 钱穆：《先秦诸子系年》，商务印书馆2005年版，第30页。
③ 杨伯峻：《春秋左传注（修订本）》，中华书局1990年版，第1577—1578页。

但是这在诸侯争霸、战争频仍的春秋末期，对于弱小的鲁国来说，能够使齐国答应返还“汶阳之田”已属于外交的重大胜利。同时，这为孔子在鲁国的为政实践添上了浓浓的一笔。

齐鲁夹谷之会使得鲁国有了暂时稳定的周边环境，也为孔子处理国内矛盾提供了良好的时机。其实，此时鲁国的政治秩序极度混乱，掌握政权者并非国君，也不是执政大臣，而是执政大臣“三桓”的家臣们。“陪臣执国命”的例子在鲁国已屡见不鲜，郭克煜等先生说：“孔子‘而立’之后所看到的鲁国，已是‘陪臣执国命’之局……鲁昭、定、哀时，家臣势力兴起，屡屡发生家臣、邑宰叛乱事件，甚至有的家臣由执家政进而执国命。”[①]家宰势力的不断膨胀，最终造成了鲁国政治的尾大不掉，如南蒯、公山不狃、阳虎等据采邑之城叛乱的事件屡见不鲜。这不仅使鲁国社会秩序混乱，而且威胁到“三桓”的权力。如孔子说：“禄之去公室，五世矣；政逮于大夫，四世矣；故夫三桓之子孙，微矣。”（《论语·季氏》）这也是鲁定公及三桓，特别是叔孙氏、季孙氏支持孔子“堕三都”的原因所在。

所谓“堕三都”，就是拆掉季孙氏、叔孙氏、孟孙氏三家私筑的都邑。如杨伯峻先生说：“三都，鲁三桓之采邑，季孙氏之费、叔孙氏之郈、孟孙氏之成也。此时三都之宰又各控制三都以凌三家，如南蒯以费叛，季孙甚苦之；侯犯据郈，两次围攻不能克，子路因势利导，故叔孙、季氏能从其言。”[②]当然，孔子之所以能将季孙氏与叔孙氏的城邑迅速地毁掉，关键在于他利用了二人与其采邑之宰间的矛盾。然而，孟孙氏与它的成邑之宰并未有明显的矛盾，如邑宰公敛处父对孟孙氏说：“堕成，齐人必至于北门。且成，孟氏之保障也。无成，是无孟氏也。子伪不知，我将不堕。”[③]同时，这也提醒“三桓”，他们可

---

① 郭克煜等：《鲁国史》，人民出版社1994年版，第126页。

② 杨伯峻：《春秋左传注（修订本）》，中华书局1990年版，第1586页。

③ 杨伯峻：《春秋左传注（修订本）》，中华书局1990年版，第1587页。

能已经陷入孔子“欲去三桓，以张公室”(《左传》宣公十八年)的圈套。“三桓”的消极抵制，导致了堕孟孙氏成邑战争的失败。

虽然孔子在鲁国为政的时间非常短暂，但是为他实践其为政学说提供了一个极好的平台。这一时期的成绩，不仅体现了孔子治理社会的政治才能，而且使其军事、外交、经济思想都得到充分展现。而“一年，四方皆则之”“四方之客至乎邑者不求有司，皆予之以归”(《史记·孔子世家》)等社会局面的出现，既验证了孔子“苟有用我者，期月而已可也，三年有成”(《论语·子路》)的诺言，又说明拒绝孔子学说的不是社会，而是春秋这样一个战乱的时代。然而，鲁国“无道”之势积重难返，限制着孔子“王道”政治的实现，也是孔子最终不得不选择离开鲁国的根源。

(二)中都·鲁国·天下

孔子为中都宰一年，中都就出现了“西方之诸侯则焉”的局面，不仅证明孔子的为政能力，而且引起统治者的重视。鲁定公就问孔子曰：“学子此法以治鲁国，何如？”孔子回答说：“虽天下可乎，何但鲁国而已哉！”[①]当然，这里所体现的是孔子对他以礼治国学说的自信。孔子为政的基点或者说“王道”政治的开端，也就是他在中都的“制为养生送死之节”。从所制措施的内容来看，主要包括“养生”和“送死”两个方面，前者属于保养生者的身体，后者属于安放生者的心灵。正如钱穆先生说：“如何保养我们的身体，如何安放我们的心，这是人生问题中最基本的两大问题。前一问题为人兽所共，后一问题乃人类所独。”[②]孔子正是抓住了社会治理的本质和根本问题，所以其措施具有了超越时空、跨越国界的永恒价值。

此后的儒家对孔子这一思想进行了阐发，如孟子更明确地将“养生”和

---

① 杨朝明、宋立林主编：《孔子家语通解》，齐鲁书社2013年版，第2页。

② 钱穆：《人生十论》，生活·读书·新知三联书店2009年版，第77页。

“丧死”作为“王道之始”，说：“谷与鱼鳖不可胜食，材木不可胜用，是使民养生丧死无憾也。养生丧死无憾，王道之始也。”（《孟子·梁惠王上》）朱熹解释说：“此皆为治之初，法制未备，且因天地自然之利，而撙节爱养之事也。然饮食宫室所以养生，祭祀棺椁所以送死，皆民所急而不可无者。今皆有以资之，则人无所恨矣。王道以得民心为本，故以此为王道之始。”[①]其实，这可以视为孔子“爱人”“安人”思想的升华。如当子路问君子时，孔子说“修己以敬”“修己以安人”。在孔子看来，即使尧、舜等圣王要真正做到“修己以安百姓”（《论语·宪问》），也是不太容易的。因此，孔子的为政理念，是要时刻关注民生日用所不可或缺的东西。为政者只要能认识到这一点，治理中都与治理鲁国乃至治理天下都是轻而易举的事情。

孔子在鲁国为司寇且代摄相事时，鲁国出现了社会稳定的局势，如《孔子家语·相鲁》中说：“三月，则鬻牛马者不储价，卖羊豚者不加饰。男女行者别其涂，道不拾遗，男尚忠信，女尚贞顺。”这证明孔子“何但鲁国而已哉”的说法不诬。当然，孔子立说的目标绝不是一城一国的治理，而是要实现天下的“大同”。在传世文献中，关于孔子向往“三代之英”时“王道”理想的记载有不少，如《孔子家语·礼运》说：

> 大道之行，天下为公，选贤与能，讲信修睦。故人不独亲其亲，不独子其子，老有所终，壮有所用，矜寡孤疾，皆有所养。货恶其弃于地，不必藏于己；力恶其不出于身，不必为人。是以奸谋闭而不兴，盗窃乱贼不作，故外户而不闭。谓之大同。

孔子的这一理想亦见于《礼记·礼运》，只是文辞略有不同。可见，在中都所制定的“养生送死”的举措，孔子是以“大同”理想为最终目标的。“如有

① 〔宋〕朱熹：《四书章句集注》，中华书局1983年版，第203—204页。

用我者，吾其为东周乎！”（《论语·阳货》）一语则表明，在为政信念中，孔子并不满足于现实社会中小打小闹的治理，而是欲以三代“明王”为楷模，重建现实世界中西周式的“王道”政治，即孔子所说“虽天下可乎”的诺言。

事亲应是孔子为政学说的起点，虽然“孝弟也者，其为仁之本与”（《论语·学而》）一语出自孔子弟子有若之口，但是“子夏、子张、子游以有若似圣人”（《孟子·滕文公上》）一语，则表明有若的思想应来源于孔子。其实，传世文献中记述孔子论孝的言论非常多，如他曾说：“弟子入则孝，出则弟，谨而信，泛爱众而亲仁。行有余力，则以学文。”（《论语·学而》）应该说，孔子一生极其重视孝德，甚至“孝”是其学说立论的基点和行动之始。在传世文献中，还有不少关于孔子及弟子讲及时事亲的场景，如在齐国，听完丘吾子讲其“三失”而“投水而死”[①]后，孔子说：“小子识之！斯足为戒矣。”[②]当子路讲述他愿欲“食藜藿，为亲负米，不可复得也”后，孔子称赞说：“由也事亲，可谓生事尽力，死事尽思者也。”[③]此外，孔子还将礼学与事亲结合起来，说：“亲亲之杀，尊贤之等，礼所以生也。礼者，政之本也。是以君子不可以不修身。思修身，不可以不事亲；思事亲，不可以不知人；思知人，不可以不知天。”[④]可见，“思事亲”应是孔子儒家由“修身”到“知天”的关键点。

丧葬之礼是孔子学说的重要组成部分。尽管“慎终追远，民德归厚矣”（《论语·学而》）一语出自孔子弟子曾子，但是这一思想同样应来自孔子。如当宰我以“三年之丧”太久，而欲行“期丧”之礼时，孔子对他提出

---

① 《孔子家语·致思》丘吾子曰：“吾有三失，晚而自觉，悔之何及？”曰：“三失可得闻乎？愿子告吾，无隐也。”丘吾子曰：“吾少时好学，周遍天下，后还，丧吾亲，是一失也；长事齐君，君骄奢失士，臣节不遂，是二失也；吾平生厚交，而今皆离绝，是三失也。夫树欲静而风不停，子欲养而亲不待。往而不来者，年也；不可再见者，亲也。请从此辞。”遂投水而死。

② 杨朝明、宋立林主编：《孔子家语通解》，齐鲁书社2013年版，第85页。

③ 杨朝明、宋立林主编：《孔子家语通解》，齐鲁书社2013年版，第87页。

④ 杨朝明、宋立林主编：《孔子家语通解》，齐鲁书社2013年版，第208页。

了严厉批评，说："予之不仁也！子生三年，然后免于父母之怀。夫三年之丧，天下之通丧也。予也有三年之爱于其父母乎？"(《论语·阳货》)在孔子看来，虽然社会中有天子、诸侯、大夫、士、庶人等身份地位的差别，但是"父母之丧"是"无贵贱一也"(《中庸》)的。此外，与齐国晏婴批评孔子"累世不能殚其学，当年不能究其礼"不同，孔子虽然注重"四寸之棺，五寸之椁，因丘陵为坟，不封不树"等简单的仪式，但是他更看重丧失亲人之后内心的悲痛之情。如，他曾说："礼，与其奢也，宁俭；丧，与其易也，宁戚。"(《论语·八佾》)

当然，孔子主张洁诚祭祀，但是这并不意味着他就相信人世间真有鬼神的存在。如子贡请教死者是否"有知"问题时，孔子回答说："吾欲言死之有知，将恐孝子顺孙妨生以送死；吾欲言死之无知，将恐不孝之子弃其亲而不葬。赐欲知死者有知与无知，非今之急，后自知之。"(《孔子家语·致思》)意思是说，无论回答死者"有知"或"无知"，对"养生送死"的社会治理、人心教化都没有丝毫的积极作用。因此，在"鬼神"问题上，孔子选择"存而不论"。这也使得他的"祭如在，祭神如神在"的思想得到合理解释，"'存'，不是鬼神的存在，而是人们的信仰；不是保证自己相信鬼神，而是为了导民教化认可人们的鬼神信仰"[1]。孔子对鬼神的态度是为了顺应民意，有着"神道设教"的意味。

孔子学说对天下的治理，既以"布在方策"的"文武之政"为榜样，又立足于现实社会的人心教化。如鲁哀公向他请教"行之所始"时，孔子说："立爱自亲始，教民睦也；立敬自长始，教民顺也。教之慈睦，而民贵有亲；教以敬，而民贵用命。民既孝于亲，又顺以听命，措诸天下，无所不可。"[2]而

---

① 李建：《论儒家生死鬼神观的非宗教性特征》，《中国儒学史研究》，齐鲁书社2004年版，第80页。

② 杨朝明、宋立林主编：《孔子家语通解》，齐鲁书社2013年版，第215页。

“立爱自亲始”“立敬自长始”，则属于孔子心目中的人们行为之开端。这种“爱”与墨学的“兼爱”有着本质的区别，是一个由内向外推的过程。正如杨朝明先生说：“‘立爱自亲始’，这话极其重要！孔子说：‘仁者，人也。亲亲为大。’人有仁德才算是‘人’，做人最基本的就是‘亲亲’。在这样的逻辑起点上，孔子儒家展开论述，中国传统伦理大厦也由此筑牢了根基。”①孔子为政学说的理论基础在于得到贤人，即“为政在于得人”。只要做到“选贤与能，讲信修睦”，就能实现儒家“人不独亲其亲，不独子其子，老有所终，壮有所用，矜寡孤疾，皆有所养”的“大同”理想。

总之，孔子在中都所制定的“养生送死之节”的措施虽然不复杂，但是如何执行、由谁来执行，则是至关重要的。孔子为政理念既未脱离“祖述尧舜，宪章文武”的学说宗旨，也未离开春秋时期宗法制的社会基础。孔子天下“大同”的理想来源于他所推崇的“三代之英”时期的“王道”政治模式；而“夫政者，犹蒲卢也，待化以成，故为政在于得人”(《孔子家语·哀公问政》)，也表明孔子将其理想的实现寄托在能否出现贤人政治上；孝亲与丧葬之礼的提倡，则是孔子教化社会的高明之处，进而成为此后儒家学说的重要基础，如孟子曾说：“老吾老，以及人之老；幼吾幼，以及人之幼。天下可运于掌。”(《孟子·梁惠王上》)当然，与孔子用刑政措施治理社会相比，他更重视儒家学说的社会教化作用。从孔子一生的为政经历来看，尽管他曾做鲁国掌管审狱、断案的大司寇，但是他更关注司徒的职责：化行天下。也就是说，作为司法部长，孔子却处处在考虑着教育部长的历史使命。

---

① 杨朝明、宋立林主编：《中华传统八德诠解丛书》，中国方正出版社2017年版，总序第6页。

（三）列国游说与治世努力

孔子在鲁国为政，引起了邻国齐人的担心，说：“孔子为政必霸，霸则吾地近焉，我之为先并矣。”（《史记·孔子世家》）于是，齐国开始使用离间之计，选“齐国中女子好者八十人，皆衣文衣而舞《康乐》，文马三十驷，遗鲁君”，并“陈女乐文马于鲁城南高门外”，这是孔子离开鲁国的导火索。而“堕三都”计划的失败，决定着孔子在鲁国实现“王道”之梦的破灭。孔子的努力没有改变鲁国的混乱政局，反而使“三桓”认清孔子“堕三都”的初衷，遂结束与孔子“三月不违”的蜜月期。李玉浩先生说：“于是鲁氏三桓联合起来以逐孔子。孔子在鲁国依靠的鲁定公，全力支持的也是鲁定公，但定公早已被架空。在鲁氏三桓的排挤下，孔子被夺去了大司寇之职，不得不离开鲁国。”[①]在孔子看来，鲁国国君接受美女、车马，尤其是“郊祭”后不按礼制“致膰乎大夫”，鲁之礼乐崩坏的程度已到无可挽救的地步。于是，孔子离开鲁国，开启了他周游列国的寻梦之旅。

孔子从鲁定公十三年春离开至哀公十一年回国，前后长达十四年之久。当然，除在曹、宋、郑、蔡等做短暂停留或路过外，孔子师徒大多数时间是在卫、陈等国度过的。孔子列国游说的大体范围在今天的山东、河南境内。即便如此，这对于年近花甲的孔子来说也是一种严峻挑战。如匡亚明先生说：“但在两千年前的时代，孔子为实现自己的主张（‘行道’），在交通十分不便利的条件下，带着数十个随从弟子，走走停停，花了十四年功夫，访问了六国国君，虽然经历艰险，到处碰壁，仍不灰心。”[②]然而，在“行道”之外，孔子的周游还有没有其他的原因呢？对此，不少学者也进行了深入探讨，如蒙培元先生说：“从孔子的主观愿望和目的讲，‘求仕’可能是目的之一，但未必是最

---

① 李玉洁：《先秦诸子思想研究》，中州古籍出版社1999年版，第19页。

② 匡亚明：《孔子评传》，南京大学出版社1990年版，第65页。

主要的或惟一的目的。孔子出游的一个重要目的可能是考察各国的情况，以便‘行道’，并继续完善自己的学说。一边‘行道’，一边‘求道’，这是孔子的终生事业。”①李启谦先生则将孔子列国之行的目的概括为“传道”“求仕”“学习”等三方面，他说：“以上三项目的，很难分出主要次要，它们之间是互补的关系。”②当然，“学习”“求仕”虽然不是孔子此行的主要目的，但是至少都为实现儒家的“王道”服务，这可从“期月而已可也，三年有成”(《论语·子路》)中得到启示。

在列国的游说中，以“正名”为理论基础的秩序重建，是孔子实现“王道”的重要前提。当子路问“卫君待子而为政，子将奚先”时，孔子明确地提出“正名”主张。尽管遭到子路“子之迂也”的讥讽，但是孔子对此则是坚信不疑的，说：“名不正，则言不顺；言不顺，则事不成；事不成，则礼乐不兴；礼乐不兴，则刑罚不中；刑罚不中，则民无所措手足。”(《论语·子路》)“正名”学说则是孔子一贯的主张，如早年齐景公“问政”时，孔子就答以“君君，臣臣，父父，子子”(《论语·颜渊》)。若将二者合而观之，可以看出，孔子此处所强调的并非是社会的身份和地位，而是“职责和义务”。如蒙先生说：“君要尽‘君道’，臣要尽‘臣道’，父要尽‘父道’，子要尽‘子道’，这才是最重要的。”③当然，孔子更侧重于强调统治者应履行好他的职责和义务。如季康子问政，孔子说：“政者，正也。子帅以正，孰敢不正？”当季康子主张“如杀无道，以就有道”时，他反驳说：“子为政，焉用杀？子欲善，而民善矣。君子之德风，小人之德草。草上之风，必偃。”(《论语·颜渊》)虽然传世文献中涉及孔子与诸侯国君之间对话记载的并不多，但是从他们前后的问对之辞来看，孔子游说诸侯是以“正名”理论为前提的。

① 蒙培元：《蒙培元讲孔子》，北京大学出版社2005年版，第21页。
② 李启谦：《孔子周游列国论纲》，《学术月刊》1994年第3期。
③ 蒙培元：《蒙培元讲孔子》，北京大学出版社2005年版，第26页。

孔子“正名”学说的矛头实际指向当时各国乱政的大夫与执国命的陪臣。如孔子“堕三都”事件是以强公室、弱私家为旨归的。虽然此等大事在鲁国并未获得成功，但是无疑为当时各国专政的士大夫、陪臣们敲响了警钟，使他们心有余悸。如吕华亮先生就将孔子周游列国不遇的原因归结于此，说：“‘正名’的主张和实践触及了当权大夫的利益，成为孔子周游不遇的最重要的原因……‘正名’是造成他遭排挤的最重要的原因。”[①]其实，孔子所到诸侯国的实际情况也是如此，在齐国曾有“齐大夫欲害孔子”，他便“接淅而行”(《孟子·万章下》)；在卫国，孔子居住了不久，就有人到卫灵公处“谮”之，他因“恐获罪”而去卫；在宋国，专政的司马桓魋“拔其树”，迫使孔子去宋。孔子无法在齐、卫、宋等国立足，究其原因，主要是受到当时执政大夫或者陪臣的阻挠。这也可以从陈、蔡大夫间的言行得到启发，如楚使人聘孔子，当孔子将往拜礼时，陈、蔡大夫谋曰：“孔子贤者，所刺讥皆中诸侯之疾。今者久留陈蔡之间，诸大夫所设行皆非仲尼之意。”(《史记·孔子世家》)尤其是“孔子用于楚，则陈蔡用事大夫危矣”一语正体现了当时专政大夫的恐惧，于是“相与发徒役围孔子于野”(《史记·孔子世家》)。可见，“正名”学说使孔子享誉于春秋末期的各个诸侯国，也成为孔子师徒奔走于列国之间而终不见用的最直接原因。

孔子的“正名”学说应是切中春秋时期社会要害的，直指“君不君”“臣不臣”“子不子”的乱象。这一学说既使当时专政的士大夫惧怕，也致使各诸侯国君对孔子若即若离。再加上，这时期的执政大夫专权、陪臣执国命，当政的诸侯国君不是昏庸就是无权。虽然有的诸侯有用孔子之意，但是无重用之力。如《史记·孔子世家》记载，齐景公曾欲以“尼谿田封孔子”、卫灵公曾欲给孔子“奉粟六万”、楚昭王“将以书社地七百里封孔子”。不幸的是，孔子此类施展其为政才能的机会，均受到当时执政士大夫的阻挠。如楚国令尹子西就劝年老的楚昭王说：

---

① 吕华亮：《孔子周游列国不遇之原因新探》，《兰州学刊》2006年第10期。

“王之使使诸侯有如子贡者乎？”曰：“无有。”“王之辅相有如颜回者乎？”曰：“无有。”“王之将率有如子路者乎？”曰：“无有。”“王之官尹有如宰予者乎？”曰：“无有。”“且楚之祖封于周，号为子男五十里。今孔丘述三五之法，明周召之业，王若用之，则楚安得世世堂堂方数千里乎？夫文王在丰，武王在镐，百里之君卒王天下。今孔丘得据土壤，贤弟子为佐，非楚之福也。”（《史记·孔子世家》）

在子西的劝说下，楚昭王最终放弃了重用孔子的想法。孔子在楚国施展才能的机会，因楚昭王的去世而宣告结束，楚国寻梦之旅也以无功而返。

孔子游说列国的过程中，其学说不仅遭到专政士大夫的阻挠，而且遭到不少隐士的讽喻。如楚狂接舆歌而过孔子曰：“凤兮！凤兮！何德之衰？往者不可谏，来者犹可追。已而，已而！今之从政者殆而！”如桀溺劝子路说：“滔滔者天下皆是也，而谁以易之？且而与其从辟人之士也，岂若从辟世之士哉？”（《论语·微子》）虽然孔子对他的学说不被春秋“时代”所接受已经非常清楚，但是他仍以“知其不可为而为之”的精神选择了与“隐士”不同的路向。所以，孔子说：“鸟兽不可与同群，吾非斯人之徒与而谁与？天下有道，丘不与易也。”（《论语·微子》）然而，孔子面对的是“天下无道”的社会现实，欲改变“礼乐征伐自大夫出”，甚至“陪臣执国命”的“无道”局面，就必须遏制时人军事战争的强烈欲望。这也是卫灵公、卫将军文子向其请教“军旅之事”时，孔子不仅不回答，而且以“明日遂行”的实际行动展开无语对抗的原因。孔子“可以仕则仕，可以止则止，可以久则久，可以速则速”（《孟子·公孙丑上》）的原则，亦致使他以“择木之鸟”的品格，行“天下之木铎”的使命，却最终遭受“丧家之狗”的政治命运[①]。

---

① 魏衍华：《“丧家狗”、“择木鸟”与“天下木铎”——孔子形象与人格关系略论》，《济南大学学报》（社会科学版）2009年第6期。

总之，在列国之间游说时，孔子不仅受到专政大夫的排斥，而且遭到隐士的讽喻，甚至还经历了在匡被拘、在宋被追杀以及在陈蔡“绝粮”等种种困厄。尽管如此，孔子还是以“斯文在兹”的担当感，奔走于列国之间。如果以“干七十余君，莫能用”的结果来衡量孔子十四年周游的努力，那么他应是一个失败者，但从学说传播的角度看，孔子充当了传播“王道”理想的“天下之木铎”，并充当了儒学南传北进的形象大使。同时，尽管孔子没有得到官位，但是他的诸多弟子入仕从政，实际上使其治世主张得到某种程度的实现。

三、孔子思想认识的深化

孔子在鲁国为政时期，得到了鲁定公的鼎力支持，中都便出现“四方皆则之”(《史记·孔子世家》)的局面。中都社会的治理模式，既实践了孔子的思想学说，也使他对其为政学说充满了自信，加深了对中国传统礼乐文明本质的理解。然而，这与周游列国十四年、“干七十余君，莫能用”的结局，似乎相悖。随着对春秋社会认识的加深，晚年的孔子对此已有彻底的领悟，并发出“遇不遇者，时也”(《荀子·宥坐》)的感慨。尽管如此，孔子并没有放弃理想，在“鲁终不能用孔子，孔子亦不求仕”(《史记·孔子世家》)的情况下，将主要精力放在教授弟子和整理传世文献上，将“王道”注入“六艺”之中，以等待未来的实践者。

(一)三代“损益”与“百世可知”

自王国维先生提出“中国政治与文化之变革，莫剧于殷周之际”[①]的看法后，在学术界曾引起了强烈的共鸣，“殷周鼎革”似乎已成为学术界的不刊之论。然而，随着新出土文献的不断面世，学者们逐渐认识到三代文化

① 王国维:《殷周制度论》,《观堂集林》第二册，中华书局1959年版，第451页。

之间可能并不存在一条截然的鸿沟。“主体一致而又有所不同”“三代文化大同而小异”，也就是“三代兴起的情况差不多，三代所面临的形势与问题也差不多，三代文明也相续”[①]，逐渐成为当前学界的主流观点，尤其是三代礼制之间的关系，再次回到孔子的礼制“损益”与“百世可知”。孔子感叹说：“殷因于夏礼，所损益，可知也；周因于殷礼，所损益，可知也；其或继周者，虽百世可知也。”（《论语·为政》）许慎在《说文解字》中将“损”释为“减也”，将“益”释为“饶也”。在古代汉语中，“损益”就是“增加”与“减少”的意思。孔子的“损益”观是通过对三代礼制之间关系的整体考论后，所形成的儒家因革损益变易之道。其实，这涉及中国礼制形成与发展的内核问题，并成为此后历代王朝建立伊始制定典章制度、政令仪式等的理论前提。

既然礼制能“百世可知”，那么，无论后世礼制的形式如何变化，其维护社会井然有序的本质应该不会有根本性的变化。孔子曾指出：“君子义以为质，礼以行之，孙以出之，信以成之。”（《论语·卫灵公》）此处的“质”应为抽象的礼义，而“礼”则是具体的礼仪。针对“质”与“礼”，或者说“因”与“变”的关系，历代学者都进行过有益的探讨。如郑玄《论语注》曰：“所损益可知也者，据时篇目皆在可校数。自周以后，以为变易损益之极，极于三王，亦不是过也。”又，何晏《论语集解》引马融云：“所因，谓三纲五常。所损益，谓文质三统。物类相召，世数相生，其变有常，故可豫知。”[②]朱熹则说：“愚按：三纲，谓：君为臣纲，父为子纲，夫为妻纲。五常，谓：仁、义、礼、智、信……三纲五常，礼之大体，三代相继，皆因之而不能变。其所损益，不过文章制度小过不及之间，而其已然之迹，今皆可见。”[③]至此，

① 陆玉林：《中国学术通史（先秦卷）》，人民出版社2004年版，第7—8页。

② 程树德撰，程俊英、蒋见元点校：《论语集释》第一册，中华书局1990年版，第129页。

③〔宋〕朱熹：《四书章句集注》，中华书局1983年版，第59页。

孔子的礼之“义”被诠释为“三纲五常”和礼制的“损益”，就成为“文章制度小过”的变动，并成为此后历代学者注解孔子此语的主流观念。

然而，尽管孔子将“正名”作为其学说的重要理论依据，但是后世学者所总结出的“三纲五常”，并未触及孔子“损益”观的本质。与“三纲五常”相比，孔子此处“百世可知”的并非指的是“八佾舞于庭”“以《雍》彻”“旅于泰山”之类的礼仪，而是礼之本。如当林放向孔子请教“礼之本”时，孔子赞誉其为“大哉问”。他说：“礼，与其奢也，宁俭；丧，与其易也，宁戚。”（《论语·八佾》）可见，只要对礼制进行“如切如磋，如琢如磨”地思考与体悟，就有可能认识到礼之本，就有可能能达到“告诸往而知来者”（《论语·为政》）的境界，这应是孔子“百世可知”说的最好诠释。

当然，孔子并未将“礼义”神秘化，而是将它与现实社会结合起来。而孔子在与子夏讨论《诗》之“义”时，还涉及与礼之义相关的另一个重要概念：“礼后”。《论语·八佾》中说：

> 子夏问曰：“‘巧笑倩兮，美目盼兮，素以为绚兮。’何谓也？”子曰：“绘事后素。”曰：“礼后乎？”子曰：“起予者商也！始可与言《诗》已矣。”

在孔子看来，礼的形成犹如在白色底子上作画，或者说是在质朴、纯真的基础上施之以礼文装饰。如果将此语与“质胜文则野，文胜质则史”（《论语·雍也》）结合起来理解，那么，孔子对礼义与礼仪之间关系的论述就会变得更为清晰。

其实，只要人类存在，人们要生活在一起，就一定会逐渐形成特定的风俗习惯或者礼仪规范来约束人们的行为。尤其是进入文明社会后，人与人之间的相互尊重、关爱与和谐就显得特别重要。孔子所谈“变”与“不变”之间的关系，从本质上讲，正是认识到礼仪的“枝节虽每代有变，而其实质内容永远不会变”[①]的规律。如《礼记·祭义》云：“昔者有虞氏贵德而尚齿，夏后氏贵爵而尚齿，殷人贵富而尚齿，周人贵亲而尚齿。虞、夏、殷、周，天下之盛王也，未有遗年者。年之贵乎天下久矣，次乎事亲也。”[②]可见，尽管四代所贵者不同，但是“尚齿”与“事亲”是相通的。因此，在每个朝代的建立伊始，统治者在制定礼法时都会根据自身的风俗习惯，对此前的礼制进行因革、损益的调整或变革。如《日知录》卷七“子张问十世”云：“立权度量，考文章，改正朔，易服色，殊徽号，异器械，别衣服，此其所得与民变革者也。其不可得变革者则有矣，亲亲也，尊尊也，长长也，男女有别，此其不可得与民变革者也。”[③]由此可见，在历代礼制的变革中，虽然礼仪的形式不断地进行调整，但礼制中的“亲亲”“尊尊”等核心理念，在传统宗法制社会中几乎没有多少变动。

由于孔子自幼“陈俎豆，设礼容”（《史记·孔子世家》），所以他对三代之礼有着清楚的了解，成为当时最著名的礼乐大师。虽然孔子对周礼情有独钟，但是他对上古时期的文化遗存也积极地学习与考察。从孔子的相关言语中，尽管显示出“吾从周”的价值取向，但是他并非拘泥于周礼的具体规定，而“如有用我者，吾其为东周乎”一语，则体现出孔子所欲构建的“王道”社会，并非是西周社会的翻版。正因孔子对三代礼制以及之间的“损益”关系有着精到的研究与体悟，所以他对礼之本有着独到的见解。如《中庸》记孔子云：

> 宗庙之礼，所以序昭穆也；序爵，所以辨贵贱也；序事，所以辨贤也；旅酬下为上，所以逮贱也；燕毛，所以序齿也。践其位，行其礼，

---

① 杨朝明：《礼制“损益”与“百世可知”——孔庙释奠礼仪时代性问题省察》，《济南大学学报》（社会科学版）2009年第5期。

② 〔清〕孙希旦撰，沈啸寰、王星贤点校：《礼记集解》，中华书局1989年版，第1229页。

③ 〔清〕顾炎武著，黄汝成集释：《日知录集释（全校本）》，上海古籍出版社2006年版，第393页。

奏其乐，敬其所尊，爱其所亲，事死如事生，事亡如事存，孝之至也。郊社之礼，所以事上帝也，宗庙之礼，所以祀乎其先也。明乎郊社之礼、禘尝之义，治国其如示诸掌乎。[①]

正是因为明乎此，孔子才说："故为政在人，取人以身，修身以道，修道以仁。仁者人也，亲亲为大；义者宜也，尊贤为大；亲亲之杀，尊贤之等，礼所生也。"(《中庸》)近年来，有学者已经注意到孔子独特的礼制观，如金景芳先生曾说："这个特点与本质的东西，鲜明地表现在不同的继承制上。古人把这个特点与本质的东西用两个字来概括，即所谓'亲亲'和'尊尊'；用一个字来概括，即所谓'质'和'文'。质的含义是质野，因为血缘是生物所共有，重视血缘是原始余迹，所以叫做'质'；文的含义是文明，因为政治是人类所独有，重视政治是进步的表现，所以叫做'文'。"[②]由此可见，从本质上说，三代之礼制应是"亲亲之杀""尊贤之等"前提下体制化的产物。

孔子已经明乎礼制产生的理论根基，才能一再强调要根据时代发展要求，制定出适合当下形势的礼制，这就决定了孔子最终能成为孟子笔下的"圣之时者"。如孔子曾说："愚而好自用，贱而好自专，生乎今之世，反古之道。如此者，灾及其身者也。"(《中庸》)当然，孔子的礼制"损益"观，是以礼之本为前提的，根据时代特点和社会治理需要，每代统治者都会不断地调整所制的礼仪形式。如侯衔正先生认为，孔子思想"不仅是讨论现代化的冲击与变迁，更是牵涉到传统价值观念——以孔子学说为中心的适应与转变的探讨。其着眼点不在重建旧有的架构或重现过去的风貌，而是尝试寻觅新创的可能途径"[③]。在社会结构尚未发生重大变化的传统中国，统治者所制定的礼制同样没

① 〔宋〕朱熹：《四书章句集注》，中华书局1983年版，第27页。

② 吕文郁、舒大刚主编：《金景芳全集》第七册，上海古籍出版社2015年版，第3188页。

③ 侯衔正：《孔子因革损益说与现代化》，《江汉大学学报》(社会科学版)1993年第4期。

有超出孔子所确立的“损益”观，以及“百世可知”的预测。

（二）“备王道”与“成六艺”

孔子自卫反鲁后，被鲁国君臣尊奉为“国老”[1]，并时时咨询其为政之策。然而，由于鲁国“无道”的局面并未有根本性的改变，甚至变得更糟，这也决定了鲁国国君“终不能用孔子”（《史记·孔子世家》）；另外，孔子努力行使士大夫的职权，如当“陈成子弑简公”后，他“沐浴而朝，告于哀公”，“请讨之”（《论语·宪问》）。然而，孔子的“亦不求仕”，意味着他的政治生涯即将落幕。由于无力改变“天下无道”的局势，孔子转而将主要的精力放在整理三代以来的文化遗产上，并用于教授弟子门人。孔子之所以重视“六经”，是因为《诗》《书》《礼》《乐》《易》以及《春秋》等典籍中蕴含着“先王之道”。孔子欲彰显“王道”，借助于“先王典籍”（《孔子家语·本姓解》）和“史记旧闻”（《史记·十二诸侯年表》），不仅避免了此前“载之空言”说教的弊端，而且使他欲欲无所试的“王道”理想有了现实载体。尽管孔子与“六经”的关系，学术界还存有不同的看法，但是司马迁“备王道，成六艺”[2]的观点，应该是比较接近孔子本意的。

实事求是地讲，“六艺”并非孔子的独创。在孔子之前，《诗》《书》《礼》《乐》就已经是当时的官学教育“国之贵游子弟”（《周礼·地官·师氏》）的教材。当然，这里的《诗》《书》《礼》《乐》是未经孔子编订前的教材。如《礼记·王制》云：“乐正崇四术，立四教，顺先王《诗》、《书》、《礼》、《乐》以造士：春秋教以《礼》、《乐》，冬夏教以《诗》、《书》。”[3]这里所反映的应是春秋时期及此前官学教育的普遍状况。在当时的士人看来，“六艺”之中

---

① 杨伯峻：《春秋左传注（修订本）》，中华书局1990年版，第1668页。

② 〔汉〕司马迁：《史记》，中华书局1959年版，第1937页。

③ 〔清〕孙希旦撰，沈啸寰、王星贤点校：《礼记集解》，中华书局1989年版，第364页。

蕴含着“先王之道”，如《左传》襄公二十九年记吴公子季札来聘，请观于周乐，并对鲁国乐工所奏的乐章进行一一点评，他评论《周南》《召南》说：“美哉！始基之矣，犹未也，然勤而不怨矣。”评论《邶》《鄘》《卫》说：“美哉渊乎！忧而不困者也。吾闻卫康叔、武公之德如是，是其《卫风》乎！”[①]又如《左传》昭公二年记，韩宣子观书于大史氏，见《易》《象》与《鲁春秋》，他不无感慨地说：“周礼尽在鲁矣，吾乃今知周公之德与周之所以王也。”可见，韩宣子、季札等人解读经典的方式，与孔子儒家基本相同。即是说，季札论《诗》侧重于道德意义，韩宣子以《易》《象》以及《鲁春秋》等传世典籍来诠解“周礼”与“周公之德”，都应对孔子儒家产生了重要的影响。

随着周天子的衰微和学术下移，此前由王官掌管的文化资源逐渐散落于民间。由“好学”而“博学”的孔子，自十五岁所“志于学”的也应是此类内容，后又以此来教授弟子。孔子开办的是私学，但在教授内容上，与官学并没有实质性的差异。如卫将军文子说：“吾闻孔子之施教也，先之以《诗》、《书》，而道之以孝悌，说之以仁义，观之以礼乐，然后成之以文德。盖入室升堂者，七十有余人。”[②]当然，由于春秋时期特定的政治、文化环境，在教学过程中，孔子教授的主要内容应是《诗》《书》《礼》《乐》等。如《论语·季氏》中记载陈亢问伯鱼，涉及孔子与伯鱼父子关系的问对，孔子告诫伯鱼：“不学《诗》，无以言”“不学礼，无以立”。当然，学《诗》的过程中，除“多识于鸟兽草木之名”外，更重要的是能学会“迩之事父，远之事君”（《论语·阳货》）的道理。孔子谈及《诗》，不仅期望弟子能认识到《诗》《书》、执礼等皆“雅言”（《论语·述而》），皆蕴含“先王之道”，而且更希望弟子在现实生活中能够运用自如。如孔子曾说：“诵《诗》三百，授之以政，不达；使于四方，不能专对，虽多，亦奚以为？”（《论语·子路》）可

① 杨伯峻：《春秋左传注（修订本）》，中华书局1990年版，第1161—1162页。

② 杨朝明、宋立林主编：《孔子家语通解》，齐鲁书社2013年版，第132页。

见，孔子在教学过程，与《诗》《书》《礼》《乐》等先王政典已经结下了不解之缘。

然而，至春秋中期以后，随着周王室衰微，过去承载“先王之道”的“六艺”的教化功能逐渐减弱，并致使“礼坏乐崩”状况日益加剧。孟子的“王者之迹熄而《诗》亡”（《孟子·离娄下》），司马迁的“周室微而礼乐废，《诗》《书》缺”（《史记·孔子世家》），都代表着后世对孔子学说的准确理解与把握。孔子有感于“王道”将废，就将整理“六艺”视为他晚年最重要的工作。当然，在孔子整理之前，典籍文献的真实状况怎样，现在已无法详知。孔子与“六经”的关系，一直是历代学者关注的焦点问题。针对司马迁的“古者《诗》三千余篇，及至孔子，去其重”一语，后世学者理解的分歧犹大。“去其重”则应是对孔子与古《诗》、“《诗》三百”之间关系分歧的关键。若孔子将古《诗》“十去其九”，那么，古《诗》在孔子那里首先应是一场浩劫。然而，真实的情形可能并非如此，这里涉及对“古者”以及“重”字的理解。由前引孟子及司马迁的说法可知，在孔子之前，古《诗》已有所亡佚，孔子进行整理后，“《诗》三百”便成为较为通行的说法，这可由《论语》两次提到“《诗》三百”得到印证[①]。季札观乐时，鲁国乐工所演奏《诗》的顺序尽管与今本《诗经》有一定的差别，但是基本上是一致的。所以，此处的“去其重”，并“非指全篇删去，或篇删其章，章删其句，句删其字。这种情形，皆能够一一举例进行说明”。[②]可见，孔子很有可能是对以前的《诗》篇进行了认真整理，这应就是后世流行的“《诗》三百”，即今本《诗经》。

当然，孔子与“六艺”的关系并非等量齐观，他早年教授弟子主要是以

---

① 子曰：“《诗》三百，一言以蔽之，曰‘思无邪’。”（《论语·为政》）子曰：“诵《诗》三百，授之以政，不达；使于四方，不能专对，虽多，亦奚以为？”（《论语·子路》）

② 杨朝明：《“六经”之教和孔子遗说——略谈孔子研究的资料问题》，《周秦社会与文化研究——纪念中国先秦史学会成立二十周年学术研讨会论文集》，陕西师范大学出版社2003年版。

《诗》《书》《礼》《乐》等为教本，最先整理的也应是此类典籍文献。如孔子曾自谓："吾自卫反鲁，然后乐正，《雅》《颂》各得其所。"(《论语·子罕》)在整理《书》《礼》时，孔子"追迹三代之礼"，"序《书传》，上纪唐虞之际，下至秦缪"，并"编次其事"。同时，为了便于学生理解，他还尝试性地编写读书札记《书传》与《礼记》，以作为学生理解《书》《礼》等先王政典的入门资料，也就是司马迁所说的"故《书传》《礼记》自孔氏"(《史记·孔子世家》)，由此奠定了此后"六经"之经、传的雏形。

与《诗》《礼》相比，孔子喜欢《易》、整理《易》则是相对较晚的事情。《论语·述而》记孔子说："加我数年，五十以学《易》，可以无大过矣。"如马王堆帛书《要》篇中说："夫子老而好《易》，居则在席，行则在橐。"这表明孔子对《易》整理的记载并非杜撰。尽管孔子所读文本与巫史基本相同，但是"同途而殊归"，如《要》篇中记有孔子说："《易》，我后亓祝卜矣，我观亓德义耳也。"[①]在孔子看来，巫虽赞却"不达于数"，史虽数却"不达于德"[②]。与巫史相比，他所看重的是先王之"德"。因此，孔子由"序《彖》《系》《象》《说卦》《文言》"入手，对《易》中的先王之道进行认真、系统的梳理与阐释。

应该说，《春秋》一书是孔子晚年的用心之作。自孟子提出孔子"作《春秋》"的命题之后，孔子与《春秋》的关系就引起学者的广泛关注。学术界的研究一直存在明显的分歧：有的认为孔子因"鲁史记旧闻"而作《春秋》，并寄寓着"纲纪天人，推明大道"的理想；有的认为孔子与《春秋》没有关系。不过，随着学术研究的深入，孔子与《春秋》的关系得到越来越多的肯定，后一种观点渐为学者们所扬弃。周远斌等先生总结说，否定孔子"作《春秋》"的观点，其言论虽然看似"言之有据"，但是"其证据都经不起推敲，难于

---

① 刘彬：《帛书〈要〉篇校释》，光明日报出版社2009年版，第16页。

② 金春峰：《〈周易〉经传梳理与郭店楚简思想新释》，中国言实出版社2004年版，第127页。

靠它们推翻大量的文献记载，来否定孔子对《春秋》的著作权”[①]。孔子作《春秋》虽然未必像《公羊传》和《谷梁传》所推崇的那样玄妙，处处包含着孔子的“微言大义”，但是至少孔子作《春秋》是有感于当时“世衰道微，邪说暴行有作，臣弑其君者有之，子弑其父者有之”（《孟子·滕文公下》）的社会现状。孔子惧怕此类局势愈演愈烈，欲以“鲁史记旧闻”而编纂《春秋》，警示世人能各安其位，自觉地维护正常的社会秩序。当然，孔子既非史官却“接续”史官代行其“天子之事”的职责，这也正是孔子说该书可以“知我”“罪我”的根本原因[②]。

总之，在“周道衰微”“礼坏乐崩”的社会状态下，孔子虽然一直四处奔走，寻求能够实现其理想的国度和有道明君，但“干七十余君，莫能用”的结果，不仅宣告孔子鲁国为政、列国游说等努力的失败，而且结束了孔子求仕的生涯。尽管如此，孔子并没有放弃他的“王道”理想，也没有舍弃他所关注的社会秩序，转而将主要精力放在整理蕴含“先王之道”的典册上，删《诗》《书》，订《礼》《乐》，赞《易》，作《春秋》。这应该被视为中国古代典籍首次大规模的文献整理工程。孔子的“六艺”之学，不仅强化了此前王官之学的教化功能，而且其中灌注了孔子的“王道”理想，成为后世了解中华早期文明、了解中国传统文化、了解孔子儒学的必经之门径。

（三）“穷达以时”与“世不我用”

人生处世，有“穷”有“达”，“穷”与“达”是怎样被决定的？在“穷”与“达”面前人们又应持有怎样的态度？对于此类问题，历代学者都有过不同层次或深度的思考。在混乱无序成为主题的春秋时代，孔子欲通过鲁国为政、

---

① 详见周远斌：《儒家伦理与〈春秋〉叙事》，齐鲁书社2008年版，第25—26页；张东汉：《孔子作〈春秋〉考》，《齐鲁学刊》1988年第4期。

② 魏衍华：《〈春秋〉“天子之事”发微》，《史学史研究》2010年第1期。

列国游说等努力来挽救社会的“礼坏乐崩”，但长期以来“天下无道”已经积重难返，这也决定了孔子学说不为世所用的命运。孔子对自己的学说充满了自信，说：“苟有用我者，期月而已可也，三年有成。”(《论语·子路》)然而，终其一生，孔子都未能找到实现其“王道”的理想国度。针对此二元的悖论，孔子是怎样处理其学说与当时社会关系问题的？历代学者的解释也多有分歧，郭店楚墓竹简《穷达以时》[①]一文的出土，为学者们重新认识或者重新解读孔子及早期儒家的“时遇”思想带来新的资料。

郭店楚墓竹简《穷达以时》篇中说：“有天有人，天人有分。察天人之分，而知所行矣。有其人，无其世，虽贤弗行矣。苟有其世，何难之有哉？”据学者研究，这批竹简下葬的年代大约在荀子出生之前，那么，过去认为“天人之分”始于荀子的看法就应当重新认识。杨朝明先生说：“天人相分’应当像‘天人合一’那样历史悠久，人们长期以来忽视了‘天人之分’的观念，才产生了错误的认识，这是《穷达以时》的发现给我们的重要启示。”[②]如此看来，“天人之分”不仅是早期儒家的基本观点，而且是他们“尽人事”而“听天命”的前提。

在传世文献中，有关孔子“时遇”思想的记载并不少。如《荀子·宥坐》记载，厄于陈、蔡之间，孔子“七日不火食，藜羹不糁，弟子皆有饥色”。子路率先质问孔子，说：“由闻之：为善者天报之以福，为不善者天报之以祸。今夫子累德、积义、怀美，行之日久矣，奚居之隐也？”孔子不仅给予“不识”的批评，而且用王子比干被剖心、关龙逢见刑、伍子胥磔姑苏东门外等典故，来解答子路对善有善报、恶有恶报的误解。孔子说：“夫遇不遇者，时也；贤不肖者，材也。君子博学深谋不遇时者多矣。由是观之，不遇世者众矣，何独丘也哉！”[③]据学者的研究，此事应首见于《孔子家语·在厄》，因为《孔子家

① 李零：《郭店楚简校读记（增订本）》，中国人民出版社2007年版，第111—112页。
② 杨朝明：《出土文献与儒家学术研究》，台湾古籍出版有限公司2007年版，第144页。
③〔清〕王先谦撰，沈啸寰、王星贤点校：《荀子集解》，中华书局1988年版，第527页。

语》可能并非像以往人们认为的那样晚，属于“王肃自取《左传》《国语》《荀》《孟》、二戴《礼记》等割裂织成之”[1]的伪作。关于此事，又见于《韩诗外传》（卷七）、《说苑·杂言》、《史记·孔子世家》等，只是文辞上略有不同。

据《孔子家语·在厄》记载，孔子曾以“芝兰生于深林，不以无人而不芳”为喻，他说：“君子修道立德，不为穷困而败节。为之者人也，生死者命也。”无论“穷”还是“达”，君子所能做或者所要做的只是“修道立德”。新出土文献郭店楚墓竹简《穷达以时》篇所透露的信息也正是如此。从竹简的内容来看，人生的“穷”与“达”取决于“时”，“毁”与“誉”也来自于他人，这些都应属于“天”的范畴，人的德行则取决于个人，这也是开篇强调“天人之分”的原因所在。由于天与人有着不同的职分，所以“知天命”的君子首要的工作就应是“敦于反己”[2]，而非强调现实社会的时遇问题。这与《史记·孔子世家》所记颜回评价孔子学说的言辞正相呼应，他说：“夫道之不修也，是吾丑也。夫道既已大修而不用，是有国者之丑也。不容何病，不容然后见君子！”颜回此语既是对孔子学说高度和深度的认识和赞誉，也是早期儒家对春秋时代局势的体认，而“使尔多财，吾为尔宰”（《史记·孔子世家》）一语，则体现出孔子“有朋自远方来”的喜悦之情。

孔子晚年在总结自己的人生经历时，曾说“五十而知天命”。从相关的记载看，孔子对于“天”“天命”的论述其实并不少，如“获罪于天，无所祷也”（《论语·八佾》）“予所否者，天厌之”（《论语·雍也》）以及“天生德于予”（《论语·述而》）等。在孔子看来，“天”似乎很抽象，它无形无影，飘渺虚幻，却具有无穷无尽的力量；“天”似乎很具体，它仿佛能够主宰世间的万事万物，可以洞悉事理，秋毫必察。可是，“天”有时又捉摸不定，变幻

① 〔清〕纪昀、永瑢撰：《钦定四库全书总目提要·子部一·儒家类一》，中华书局1965年版，第769页。

② 王志平：《郭店简〈穷达以时〉校释》，《简牍学研究》第三辑，甘肃人民出版社2002年版，第56—66页。

难测，常常性情乖戾，恣意肆虐；有时又好像懂得人世间的是非善恶、真假美丑。因此，孔子在感悟到“天命”之后，就力主有为君子要有“畏天命”之心。他说：“君子有三畏：畏天命，畏大人，畏圣人之言。小人不知天命而不畏也，狎大人，侮圣人之言。”(《论语·季氏》)可见，“知天命”就成为孔子儒家判断“君子”与“小人”的重要标尺。基于此，孔子很少谈及“性命”“天道”等问题，转而将主要精力放在思考如何更好地致力于现实人事上，即人们常说的“尽人事而知天命”。

当然，“五十而知天命”是孔子人生转折的关键处。此时的孔子不仅对他的学说有了充分认识，而且认清了春秋这个时代。尽管孔子对他的学说不为世所用已经很清楚，但是他仍以“知其不可而为之”(《论语·宪问》)的精神在“尽人事”。值得重视的是，孔子将“接续”文王之道、挽救“礼坏乐崩”的局面，作为自己的神圣使命。如当孔子“畏于匡”时，他说：“文王既没，文不在兹乎？天之将丧斯文也，后死者不得与于斯文也；天之未丧斯文也，匡人其如予何？”(《论语·子罕》)即使郑人将其喻为“累累若丧家之狗”时，孔子也能欣然接受。尽管学术界对“丧家之狗”的理解还有很大的分歧，但是孔子“丧家之狗”的命运是由他欲以自己的努力来改变“礼乐征伐自诸侯出”“自大夫出”，甚至“陪臣执国命”的无道局面而造成的。这也是孔子远离故国、有“家”不能回的重要原因。当然，至到晚年孔子此种挽救天下危亡的欲望仍未放弃，“成六艺”以“备王道”无疑就属于“尽人事”的范畴。

孔子终其一生都未能真正实现“王道”理想，临终前也很凄凉。据《孔子家语·终记解》中说：“孔子蚤晨作，负手曳杖，逍遥于门，而歌曰：‘泰山其颓乎！梁木其坏乎！哲人其萎乎！’既歌而入，当户而坐。”后对迟来的子贡说：“夫明王不兴，则天下其孰能宗余？余将殆死。”[①]然而，由相关材料可知，孔子应该是一位性格豁达开朗而“知天命”的君子，至少《论语》中所

① 杨朝明、宋立林主编：《孔子家语通解》，齐鲁书社2013年版，第463页。

展现的正是如此。如《论语·学而》的首章记孔子说："学而时习之，不亦说乎？有朋自远方来不亦乐乎？人不知而不愠，不亦君子乎？"传统上，世人认为此章是讲孔子对待学习、交友和他人不知时的态度。不过根据学者的最新研究，该章表达的应该是孔子的理想与信念。由于孔子胸怀仁民爱物之道，具有和谐天下的政治抱负，他当然希望自己的主张得到全社会的认可，但是，正如郭店楚墓竹简《穷达以时》篇中所说："有其人，无其世，虽贤弗行矣。"如果天下无道，时世不济，那么即使很少人能够理解或者根本没有人理解，也应该乐观地坚守自己的学说。

近年来，不少学者对此章提出了新的解释，认为该句中的"学"应当是名词"学说""学术"，而非动词"学习"；"时"应当为"时代"而非"时常、常常"的意思。那么，此句话的大意就是："如果我的学说被时代（或社会）所采用，那不就太值得高兴了吗？（退一步说，如果时代没采用）。可是有很多赞同我的学说的人从远方而来（和我一同讨论问题），不也很快乐吗？（再退一步说，不但社会没采用，而且人们也不理解我的学说），我也不恼怒，不也是一位有道德修养的君子吗？"[①]如此一来，作为《论语》的主持编撰者子思，已经把握到孔子"穷达以时"的思想内核，才将本章置于《论语》的篇首。

总之，人生的穷达是由"时"所决定的。无论穷、达，真正的"君子"都应当"德行如一"。君子追求显达，是为了兼济天下，有时生不逢时，仍不应当忘记"修身立德"，力争做到"独善其身"。这也符合孔子本人的思想，如《孔子家语·儒行解》中记载孔子说："儒有席上之珍以待聘，夙夜强学以待问，怀忠信以待举，力行以待取。其自立有如此者。"[②]面对自己不能决定的"时"，孔子以"知其不可而为之"的精神，勇于面对时代所给予的机遇和挑战。

---

① 杨朝明：《新出竹书与〈论语〉成书问题再认识》，《中国哲学史》2003年第3期。

② 杨朝明、宋立林主编：《孔子家语通解》，齐鲁书社2013年版，第38页。

第四章 “有耻且格”：孔子思想学说的境界

在春秋战国时期，战争已成为这个时代的主题，面对“礼坏乐崩”的局面，如何遏制人们的战争欲望，使社会恢复到有序的状态，则是摆在春秋诸贤面前最重要的时代课题。不仅孔子强调以礼治国，而且是当时士大夫阶层的共识，如孟僖子说：“礼，人之干也。无礼，无以立。”（《左传》昭公七年）子产说：“夫礼，天之经也，地之义也，民之行也。”（《左传》昭公二十五年）晏婴说：“礼之可以为国久矣，与天地并。”（《左传》昭公二十六年）把礼制作为救治社会秩序的宝贵资源，在当时社会中仍占有极为重要的地位。

在士大夫强调礼乐重要性的同时，抵制礼治的思潮逐渐兴起。如作为“周守藏室之史”的老子，由于他对传统礼治的负面性有着清醒的认识，他提倡弃“礼”而欲寻回失去的“道德”。老子说：“故失‘道’而后‘德’，失‘德’而后仁，失仁而后义，失义而后礼。夫礼者，忠信之薄，而乱之首。”[①]此外，在为政治民的举措上，各诸侯国纷纷改变过去“先王议事以制，不为刑辟”（《左传》昭公六年）的习惯法，开始将成文的刑法铸于鼎并公布于世。如郑人铸刑书后，叔向就诒书子产，对他进行严厉的批评。叔向认为，铸刑书于鼎不仅不能“靖民”，而且将成为“民知争端矣，将弃礼而征于书，锥刀

---

① 陈鼓应：《老子注译及评介》，中华书局1984年版，第212页。

之末，将尽争之”[①]的开端，甚至得出郑国终子产之世而“郑其败乎”的预言。如当晋国范宣子将铸刑书于鼎时，孔子批评说：“晋其亡乎！失其度矣。”[②]这里的“度”：一方面是指唐叔受封时“经纬其民，卿大夫以序守之”的“法度”；另一方面是指晋文公作执秩之官时所作的“被庐之法”。在孔子看来，只要晋国士大夫能够修德，能够守开国之法，晋国就可以避免灭亡。

当然，孔子并非单纯地反对成文的法典，而是强调统治者要将其注意力放在“修己”“修德”上，进而遵循唐叔等所受的先王礼法的精神实质，使晋国的民众懂得荣辱，进而培养有耻的社会风气。正如孔子曾说：“道之以政，齐之以刑，民免而无耻；道之以德，齐之以礼，有耻且格。”（《论语·为政》）可见，孔子的为政牧民之道，不仅与老子的“弃礼”主张不同，而且与当时铸刑书于鼎的“乱制”行为有异。孔子站在既使百姓能知荣辱，又能遵守先王之法度的角度，对以德治国、以礼牧民的思想进行阐释。孔子思想的此种境界，则是以天人合一、与时偕极以及以人为本等理念为前提而形成的。

一、天人合一：“天道”“人情”之思

“天人合一”与“天人之分”都是早期中国先哲们在探索天人关系时最古老、最重要的哲学命题。这两个命题在商周直至春秋时期的天人或者神人关系中都有所体现。作为政治思想家的孔子，在继承与吸收原始宗教式天人关系智慧的同时，由人道观入手，突破此前天命观的限制，对新的天人关系进行阐释，奠定了早期中国哲学“天人合一”观的人生论基石。当然，对于“祖述尧舜，宪章文武”的孔子来说，论证“天人合一”的逻辑起点应是三代时期的“明王”之道。在孔子看来，“禹、汤、文、武、成王、周公”等“三代之

① 杨伯峻：《春秋左传注（修订本）》，中华书局1990年版，第1276页。
② 杨伯峻：《春秋左传注（修订本）》，中华书局1990年版，第1504页。

英”都是以礼治天下的楷模。在他们为政时期，社会出现了孔子儒家心目中的“大同”世界；与此相反，不以礼治天下的夏桀、商纣，不仅失掉了天下，而且招致杀身之祸。所以，孔子说：“夫礼，先王以承天之道，以治人之情，故失之者死，得之者生。《诗》曰：‘相鼠有体，人而无礼。人而无礼，胡不遄死？’”[①]可见，礼是上承“天之道”，下治“人之情”的通行法宝，是孔子理想中万事万物各得其宜之社会秩序的哲学根基。

（一）“礼达而分定”

孔子认为，三代之礼是相继“损益”的关系，三代圣王都是以礼治天下的典范，并使社会出现了“大同”盛世。这使得孔子的“安上治民，莫善于礼”（《礼记·经解》）理论具有了历史的合法性。正因如此，要改变春秋末期“礼坏乐崩”的残局，最好的办法莫过于用礼来安抚世人浮躁的心灵，使人人能够各安其位，各守其职。换句话说，恢复社会秩序的关键在于君臣上下都能守其本职。正如《礼记·礼运》所记孔子之语，说：“故君者所明也，非明人者也；君者所养也，非养人者也；君者所事也，非事人者也。故君明人则有过，养人则不足，事人则失位。故百姓则君以自治也，养君以自安也，事君以自显也。故礼达而分定，故人皆爱其死而患其生。”[②]可见，孔子对构建社会秩序的探讨，最关键的是君主能够认识或者正确履行自己的职责，为百姓树立“则”的榜样，这也是孔子礼学思想中最核心的内容。

春秋时期，“世道衰微，邪说暴行有作”已是大势所趋，“臣弑其君”“子弑其父”“诸侯之失国家”“士之失位”（《孟子·滕文公下》）等现象，都是人们耳熟能详的事情。作为“礼仪之邦”的鲁国，自然也不例外。如鲁昭公在与“三桓”的斗争失败后，被迫流落于齐、晋之间。鲁昭公失国不仅未赢得诸侯

---

① 〔清〕孙希旦撰，沈啸寰、王星贤点校：《礼记集解》，中华书局1989年版，第585页。

② 〔清〕孙希旦撰，沈啸寰、王星贤点校：《礼记集解》，中华书局1989年版，第605页。

的同情，反而是季孙氏得到各诸侯国家的赞誉，如《左传》昭公二十七年记晋大夫范献子云：

> 季孙未知其罪，而君伐之。请囚、请亡，于是乎不获，君又弗克，而自出也。夫岂无备而能出君乎？季氏之复，天救之也。休公徒之怒，而启叔孙氏之心。不然，岂其伐人而说甲执冰以游？叔孙氏惧祸之滥，而自同于季氏，天之道也。鲁君守齐，三年而无成。季氏甚得其民，淮夷与之，有十年之备，有齐、楚之援，有天之赞，有民之助，有坚守之心，有列国之权，而弗敢宣也，事君如在国。①

尽管范献子此语有“受到季孙氏的贿赂后便替三桓说话”的嫌疑，但是鲁昭公与“三桓”的斗争，不仅反映出鲁国内部君臣矛盾的激化，而且由鲁昭公“居丧而不哀，在戚而有嘉容”（《左传》襄公三十一年）、“昭公娶于吴”（《左传》哀公十二年）等违礼行为，说明他自身的“不君”是当时鲁国“礼坏乐崩”的加速器。当然，诸侯各国的士大夫之所以不责备“三桓”，其背后的原因还在于当时各国的情况与鲁国的局势基本相同，政权都处于执政大夫，甚至是陪臣的手中，“三桓”则是他们在各自诸侯国内专政的“化身”②。

孔子对春秋时期的社会局势深有感触，甚至预设了其学说的命运，但他仍坚守着“知其不可而为之”的信念，以劝说各诸侯国的君臣、父子、夫妇能够安分守己。在齐景公问政时，孔子明确提出“君君，臣臣，父父，子子”的主张。其实，孔子此语既是针对鲁昭公的被逐，同时对齐国的内政亦有所指。齐景公对此则深有同感，所以他说：“善哉！信如君不君，臣不臣，父不父，子不子，虽有粟，吾得而食诸？”（《论语·颜渊》）无论是为人君、为人臣，还是为

---

① 杨伯峻：《春秋左传注（修订本）》，中华书局1990年版，第1486—1487页。

② 郭克煜等：《鲁国史》，人民出版社1994年版，第124—125页。

人父、为人子，在社会上都有与之对应的行为标准，都有其相应的职责，即孔子一再强调的“道”。《大学》对各人之“道”的至高境界进行了诠释，其中说：“为人君，止于仁；为人臣，止于敬；为人子，止于孝；为人父，止于慈；与国人交，止于信。”[①]从另一个角度来说，孔子此语，实际上与他“推己及人”的伦理哲学是紧密相连的。在孔子看来，整个社会秩序的正常运作，居上位君子的行为准则应具有表率作用，这是他一再强调“为政以德”(《论语·为政》)、“君子之德风”(《论语·颜渊》)以及“君子之过”(《论语·子张》)的重要原因。

当然，孔子将社会秩序重建的责任并非仅寄希望于君子的“守道”，而且社会中所有的成员都应当共同参与。一方面，孔子对当时鲁国社会存在的诸多违礼行为进行抨击，如批评季孙氏的“八佾舞于庭”“旅于泰山”以及三桓的“以《雍》彻”(《论语·八佾》)等；另一方面，孔子还对当时诸侯国违礼的士大夫进行批评，如他虽然认为管仲做到了仁，但是“不知礼”，说：“邦君树塞门，管氏亦树塞门；邦君为两君之好，有反坫，管氏亦有反坫。管氏而知礼，孰不知礼？”(《论语·八佾》)此外，孔子还对弟子的违礼进行适时教育，如子路为蒲宰，为防治大水，率民众一起修沟渎，感到百姓的劳动很辛苦，所以“人与之一箪食”(《孔子家语·致思》)。孔子听说这件事情后，就让子贡去阻止他。在孔子看来，尽管子路的行为是出于好心，但是违背了周代的礼制。因为解决民众的饥渴是国君的职责，应由国君发放粮食，而不是作为臣子的子路。所以孔子说：“私以尔食馈之，是汝明君之无惠，而见己之德美矣。汝速已则可，不则汝之见罪必矣。”[②]可见，针对礼制的严格规定，孔子一再强调的就是“不在其位，不谋其政”(《论语·宪问》)，前提就是能认清其“位”而不僭越。

在孔子的礼学体系中，除强调“位”之外，“名”也是他格外重视的概念，

---

① 〔宋〕朱熹：《四书章句集注》，中华书局1983年版，第5页。

② 杨朝明、宋立林主编：《孔子家语通解》，齐鲁书社2013年版，第82页。

并将它视为其为政学说的端始。如子路向他请教“卫君待子而为政，子将奚先？”（《论语·子路》）孔子提出了著名的“正名”主张。“正名”不仅“切中”春秋时期社会的要害，而且是孔子提倡“礼达而分定”的重要根基。然而，在战争成为时代主题的社会环境中，子路说其“迂”也不无道理。孔子“干七十余君，莫能用”，就是“正名”学说不为时代所用最好的证明。当然，孔子并没有就此放弃自己的理想，而是将其灌注于所编纂的《春秋》之中。尽管孔子编纂《春秋》的理念“义”是“窃取”来的，但是他将周代礼乐制度的功用概括为“正名”，并成为编纂“鲁史记旧闻”的指导理念，却是孔子之《春秋》的独到之处。如冯友兰先生说：“孔子能将《春秋》中及其他古史官之种种书法归纳为正名二字，此实即将《春秋》加以理论化也。孔子对于中国文化之贡献，即在于开始试将原有的制度，加以理论化，予以理论的根据。”[①]而这也应是司马迁将《春秋》称为“礼义之大宗”（《史记·太史公自序》）的原因。

总之，孔子由礼的历史性入手，论证了礼在拯救“天下无道”的春秋时代的合法性。在孔子的学说中，与当时弃礼、崇法的做法相比，因革、损益固有礼制的原则应是纠正当时秩序混乱最便捷、最有效的途径。无论是“君君，臣臣，父父，子子”，还是“正名”主张，都是围绕礼维护社会秩序之功用展开的。尽管看起来与时代的潮流不太合拍，但是孔子学说的出发点就是要启发时人特别是士以上的阶层，能够自觉地按照礼制所规定的职分或者名分行事，即《礼记·礼运》中所说的“礼达而分定”。当然，孔子的“正名”理论，并非是要改变旧的名及其所限定的条框以适应春秋的现状，而是用旧的名以及所限定的条框来纠正当时他认为不正常的无道局面[②]。在某种程度上，孔子学说中对世人职分的强调，也开启了战国时期的荀子对“明天人之分”（《荀子·天论》）问题的探讨。

---

① 冯友兰：《中国哲学史》上，生活·读书·新知三联书店2009年版，第79页。

② 冯友兰：《中国哲学史新编》第一册，人民出版社1998年版，第159页。

（二）礼俗、礼仪、礼义

“礼”在中国古代文明形成与发展过程中占据着至关重要的地位。从传世文献的记载来看，至迟自西周时期开始，关于礼的论述就已成为当时士人相互论辩的“中心议题”[①]。尤其是春秋时期形成的“礼坏乐崩”局势，既使过去象征社会秩序、制度、道德的“治”与古礼所蕴含价值系统的“道”之间关系的剥离，也启发人们对于过去礼治合法性问题的质疑。要解决此类问题，欲用礼制来维护或者挽救混乱的社会秩序，就不得不对礼和礼制进行系统、深入研究。春秋时期的诸贤，尤其是以孔子为代表的早期儒家的“礼学”正是基于此。在此过程中，过去被人们忽视的问题，如礼的起源、礼的层次、礼的本质等问题逐渐进入或者重新回到士人的视野之中，而孔子对礼的探讨则应处于核心地位。也就是说，孔子使传统混沌、笼统之礼得以提升，并奠定了早期儒家独具特色的礼学新体系。

孔子对礼的起源问题的论述比较集中的论述见于《礼记·礼运》，他说：“夫礼之初，始诸饮食。”这应是目前所能见到的传世文献中，孔子有关礼之起源问题的最早记载。在他看来，礼之缘起应与祭祀密切相关，无论是古代人的“燔黍捭豚，污尊而抔饮，蒉桴而土鼓”，还是死者之后的“饭腥而苴孰”，都应是如此。此外，从“死者北首，生者南乡，皆从其初”的描述来看，先民对死者的祭奠应是对当地风俗习惯的遵从。“礼源于俗”一语，则是对礼制与习俗间关系的高度概括。尽管如此，礼还是不同于俗的，如陈戍国先生说：“阶级社会里，各个阶级各有其俗，各有其礼。民间的风俗，可以上升为民间的礼节；若得到民间普遍的赞许，终于为相当范围内的大众所普遍地遵循，而又具备礼的要素，那就成了民间的礼制；但如不具备礼的要素，那就仍然只能

① 常新：《中国古代礼俗形成和发展的民族学考察》，《殷都学刊》2008年第1期。

算是风俗，或者说是习惯。”[①]孔子并没有纠缠于哪些习俗具备了礼的要素可称之为“礼”，哪些习俗不具备礼的要素仍然是“俗”，而是借先王到后圣的礼制的制作过程进行论说。在孔子看来，上古先王为政是因俗而治，后圣时期的“修火之利，范金，合土，以为台榭、宫室、牖户，以炮，以燔，以亨，以炙，以为醴酪”，这些就已经属于礼制的范畴。至此，中国礼制“治其麻丝以为布帛，以养生送死，以事鬼神上帝”，就已经基本定型了。而“皆从其朔”一语，则将礼制与民间风俗密切联系在一起。器物的陈列、乐器的摆放，希望由此实现“以降上神与其先祖，以正君臣，以笃父子，以睦兄弟，以齐上下，夫妇有所”[②]的理想。

当然，中国上古时期，由俗到礼、由礼俗到礼仪，都应经历漫长而复杂的酝酿过程。“礼俗”一词见于《周礼·天官冢宰》，用“礼俗”来“驭其民”是大宰的重要职责。郑玄认为，“礼俗”是“礼祀、昏姻、丧纪，旧所行也”；贾公彦说：“俗谓昏姻之礼，旧所常行者为俗，还使民依行，使之人善，故云以驭其民。”[③]尽管传统上将“俗”释为“婚姻之礼”并不全面，但是至少它是古代习俗中最重要的组成部分。而“礼俗”是通行于民间的，是为一个族群共同遵守的规范，它属于美国人类学家雷德菲尔德（Robert Redfield）的“小传统”的范畴，即乡村社区俗民（folk）或乡民（peasant）生活代表的文化传统，是与社会精英及其所掌握的文字所记载的“大传统”相对的概念[④]。当然，“大传统”与“小传统”只是相对而言的范畴，随着时代的变迁，它们会发生不同程度地角色转换。因为一些礼俗在此时期可能是“小传统”，在另一时期可能

① 陈戍国：《中国礼制史（先秦卷）》，湖南教育出版社2011年版，第14页。

② 杨天宇：《礼记译注》上，上海古籍出版社2004年版，第268页。

③ 〔汉〕郑玄注，〔唐〕贾公彦疏：《十三经注疏·周礼注疏》，北京大学出版社1999年版，第28页。

④ 陈来：《古代宗教与伦理——儒家思想的根源》，生活·读书·新知三联书店2009年版，第14页。

就成为“大传统”。这正是作为精英文化中的三代礼制之间有所“损益”的原因所在。

有关礼的起源，曾是学术界长期争论的热点，并存在诸多分歧。总括起来，礼的起源有“风俗”“人情”“祭祀”“礼仪”以及“交往”等五种说法。学者们尽管并不否认“礼源于俗”，但是认为“风俗”说“过于笼统”而提出异议。如杨志刚先生说：“原始社会的‘风俗习惯’可涵盖当时社会的各个方面，几乎无所不包，因此说礼起源于原始社会的‘风俗习惯’，虽然不错，却无多大的实质性内容。”[①]由于“风俗习惯”的“无所不包”性，决定着礼是“一门比较困难的专门学问”[②]，并且在“《春秋》经、传”之中，礼制是“最难”的。尽管“俗不等于礼”，但是正如陈成国先生所说：“只有当某项活动具备礼的三要素，即通过礼物、礼仪恰当地表示出礼意的时候，才能说合礼。所谓恰当，就是符合所处的关系（地位），无过无不及，因而得到社会的认可，得到相同类型的人们的承认。”[③]学术界有关礼的起源的其余四种说法是人情、祭祀、礼仪以及交往，其实都应属于古代风俗习惯的总范畴。也就是说，“礼”一定是过去的“风俗习惯”，但“风俗习惯”能否上升为“礼”，则要视其是否具备礼的条件和恰当的时机。

如果说中国礼制在龙山时代就已经奠基，那么经过夏、商两代的发展，至周公“制礼作乐”时，就已经相当完备。虽然学术界对《周礼》成书问题还存在很大争论，但是随着新出土文献的不断面世，它在研究西周礼制中的作用重新受到越来越多学者的重视。如李学勤先生认为，它“是研究西周制度的必要依据”；吴荣曾先生将其视为“探索古史的一条重要津梁”；张亚初、刘雨二先生将《周礼》相关内容与近年来出土的与西周官制有关铭文进行对比研

① 杨志刚：《中国礼仪制度研究》，华东师范大学出版社2001年版，第6—7页。

② 李学勤：《古代的礼制和宗法》，《中国古代文化史讲座》，中央广播电视大学出版社1984年版，第123页。

③ 陈成国：《中国礼制史（先秦卷）》，湖南教育出版社2011年版，第14页。

究，发现“西周金文中的官职也有许多与《周礼》所记相合”。因此，两位先生说：“有如此众多的相似之处，无论如何不能说成是偶然的巧合，只能证实《周礼》一书在成书时一定参照了西周时的职官实况。”[①]他们还认为：“《周礼》的作者一定是一位十分熟悉西周典章制度的宿儒。”[②]尽管《周礼》未必就是西周时期的典籍，但是其中有关吉、凶、军、宾、嘉礼的记载，应是对周礼真实状况的一种反映。至迟在春秋时期就已经形成完备而繁杂的礼仪仪式，而“礼仪三百，威仪三千”（《中庸》）正是当时礼仪状况的高度概括。

春秋时期礼乐的崩坏，也促使人们将“礼仪”与“礼义”进行分殊。如《左传》昭公五年记晋侯说鲁昭公“善于礼”，叔齐则答以“是仪也，不可谓礼”，其原因在于：

> 礼，所以守其国，行其政令，无失其民者也。今政令在家，不能取也；有子家羁，弗能用也；奸大国之盟，陵虐小国；利人之难，不知其私。公室四分，民食于他。思莫在公，不图其终。为国君，难将及身，不恤其所。礼之本末将于此乎在，而屑屑焉习仪以亟。言善于礼，不亦远乎？

在叔齐看来，鲁昭公所熟知的只是郊劳至赠贿等表层的礼之文，而非礼之本，并不能算作“知礼”。他剥离了附在礼之本上的吉、凶、军、宾、嘉等传统的礼仪形式，直击“礼后”的精神与实质。他这种将“礼义”与“礼仪”分别开的方式析礼，应对孔子的“礼学”建构起到了启发作用。不仅《论语》记载了孔子对“礼之本”的强调，而且《礼记》之中有关孔子对“礼义”的阐释所记甚多。而孔子对“礼义”的阐述，也成为中国传统礼制思想的核心与灵魂。

---

① 张亚初、刘雨：《西周金文官制研究》，中华书局1986年版，第140页。

② 张亚初、刘雨：《西周金文官制研究》，中华书局1986年版，第144页。

总之，在传统礼制中，礼应该分为不同的层次，“礼俗”作为礼之源，就像三代礼的“损益”关系一样，会随着统治阶层的转变，在“礼仪”与“风俗习惯”之间进行依次切换。在中国礼制史上，周公的“制礼作乐”具有决定性的影响。这件事情不仅是古代中国人文精神的重要开端，而且开创了中国礼制的基本“礼仪”。此后，它还成为支配中国人行为方式的重要准则。在春秋贤人，特别是孔子儒家的阐释之下，作为礼制最根本的“礼义”逐渐受到人们的重视，也成为批判现实、维护社会秩序的重要依据。至此，礼俗、礼仪、礼义三者共同构成了“礼学”的完整体系，成为不可分割的有机整体。

（三）天下国家以礼得正

由于春秋社会长期处于动荡与战乱之中，人们流离失所，对稳定生活的渴望与追求，也促使秩序重构成为时代的主旋律。在古代汉语中，“秩”“序”都有常规、次第的意思。如许慎《说文解字》云：“秩，积也。”段玉裁注解说：“积之必有次叙，成文理，是曰秩。”西方对“秩序”的诠释也大体如此，如美国学者博登海默认为，秩序是指“自然进程与社会进程中都存在着某种程度的一致性、连续性和确定性”[①]。孔子认为，礼的本质就是承接天道、人情的产物，自上古直至春秋末期，它均为维护社会秩序的制胜法宝。尽管至孔子时代，批判礼、尊重法、崇尚武，都冲击着固有礼制的主导地位，并有可能成为时代的主流。然而，这不仅未能动摇孔子为国以礼的信念，而且在与子游的对话中，他还明确地阐述了其“天下国家以礼得正”的思想。孔子说：“是故夫礼，必本于天，殽于地，列于鬼神，达于丧、祭、射、御、冠、婚、朝、聘。故圣人以礼示之，故天下国家可得而正也。”（《礼记·礼运》）郑玄的“民知礼则易教”，是说只要圣人用礼来教化民众，天下国家就能实现政令畅

① 〔美〕E.博登海默：《法理学——法律哲学与法律方法》，邓正来译，中国政法大学出版社1999年版，第219页。

通、社会有序、百姓安宁。

在孔子之前，春秋时期的诸贤为维护礼的合法性，已经开始将礼神圣化，如子产的“天之经也，地之义也”、晏婴的“与天地并”。孔子顺应或者继承了这一思想，这也是他说礼是“必本于天，殽于地，列于鬼神”的原因。换句话说，孔子对礼的阐发，首先是要直接诉诸人的精神信仰，激发人的敬畏之心，使礼具有不容置疑的崇高地位，以至于使人对违礼行为产生强烈的恐惧感，并自觉回到遵守社会秩序上来。此外，孔子还顺应礼“仪”化的趋势，在重视礼仪的同时，加强对礼之本的探讨。由于过去礼的仪式与内涵是统一在传统礼制中的。在举行各种礼仪时，人的内心自然而然地生发出恭肃、敬畏之情，并自觉确认自己的社会地位，按照礼制的要求行事。然而，三代时期尤其是春秋时期以来，随着社会力量的对比发生变化，原有维护社会秩序的礼制、人的生存发展期待以及获取生存发展的态度、途径等都出现了前所未有的变化，人们不再满足于克制自己的欲求来适应既定的礼制秩序，而是要尽力在“现有的制度下实现自己的愿望”①。虽然春秋时期士大夫的“八佾舞于庭”“旅于泰山”“树塞门”和“有反坫”(《论语·八佾》)等礼仪形式，并不具备任何实质性的内容，但是体现出士大夫对周代礼乐秩序僭越的冲动和心态，也是君臣、父子等名分不正的典型表现。

至迟在春秋时期，礼仪就已出现“礼仪三百，威仪三千”的局面，表明此时“礼仪”形式的成熟与繁荣。然而，在礼仪的相对繁荣之后，是人们对礼固有之“义”的无知或偏离，要纠正“礼坏乐崩”的局面，首要任务就是要阐明各种“礼仪”背后所蕴含的“礼义”。在孔子看来，礼之“义”才是治理天下国家的“纪”，才是“示民有常”的法则以及区分君臣、父子之别的标准。因此，孔子将各种礼仪背后所蕴含的“义”阐释出来视为自己一生的最重要使

① 张德苏：《从“礼崩乐坏”到“克己复礼”——周室衰乱与孔子救世的人性思索》，齐鲁书社2008年版，第168页。

命。虽然《礼记》作为解礼之书，并不一定就是孔子本人的思想，但是至少其作者亦是一位熟悉孔子礼学思想的宿儒。而《礼记》之《冠义》《昏义》《乡饮酒义》《射义》《燕义》《聘义》等篇章，都应是这一思想倾向下阐释后的硕果。孔子曾以文王死后的文化担当者自居，在礼义的阐发上更是如此。此类礼义应是孔子儒家“接续”圣人阐发“礼”而“示之”于民的产物，也是天下国家得“正”的前提。尽管孔子特别重视“礼义”，但是礼有“本”有“文”，同时，二者之间又存在“无本不立，无文不行”(《礼记·礼器》)的关系。所以，孔子从未离“仪”而谈“义”。如当子贡欲去告朔之饩羊，孔子批评他说：“尔爱其羊，我爱其礼。”(《论语·八佾》)又如，孔子在参见君主时的“拜下”礼，不仅“违众”(《论语·子罕》)，而且显得过于重视“礼仪”的“迂阔”。然而，这恰恰展现出孔子对尊重君主“礼义”的坚守，与对待礼制的“知其不可而为之”的精神。

在春秋时期的政治生活中，当时的君主、士大夫都在按照传统的礼制举行相关的仪式。然而，对这些礼仪背后的礼义或者说先王制定礼仪的初衷并不十分清楚，甚至是不求甚解。以禘礼为例，虽然当时的诸侯国君、士大夫都按照惯例举行禘礼仪式，但是很少有人去探求为何要举行此种礼仪，如孔子说：“禘自既灌而往者，吾不欲观之矣。”正因如此，所以当有人向他请教禘礼时，他虽然说“不知”，但是认为能精通此礼者，治理天下应当是如“示诸掌”(《中庸》)一样轻松。《中庸》记述了孔子心目中的先王制定郊祭、禘尝之礼的初心，他说：

> 武王、周公，其达孝矣乎！夫孝者，善继人之志，善述人之事者也。春秋修其祖庙，陈其宗器，设其裳衣，荐其时食。宗庙之礼，所以序昭穆也；序爵，所以辨贵贱也；序事，所以辨贤也；旅酬下为上，所以逮贱也；燕毛，所以序齿也。践其位，行其礼，奏其乐，敬其所尊，爱其所亲，事死如事生，事亡如事存，孝之至也。

在孔子看来，只要懂得了“郊社之礼”是“事上帝”的礼，“宗庙之礼”是“事其先”的礼，那么，就应是懂得了“礼义”，治理国家也就“如示诸掌”[①]一样“易见也”。因此，孔子学说始终是以“孝弟”“事亲”为前提的，这也使原始儒学既有承接天道的哲学思维，又具有现实的可操作性，最终实现社会的和谐有序。

在孔子的心目中，鲁国应算是最为守礼的国家。如他曾说：“齐一变，至于鲁；鲁一变，至于道。”（《论语・雍也》）他甚至在不得不离开鲁国时，还曾发出“吾舍鲁何适矣”（《礼记・礼运》）的感慨。即是说，尽管鲁国已出现“郊禘，非礼也”的局面，但是相对于其他国家而言，鲁国社会的稳定正是“天下国家以礼得正”的最好诠释。西周时期乃至春秋中期，鲁国都是当时社会最稳定的诸侯国。作为周公的封国，它的礼乐传统根深蒂固，而这也使得鲁国与其他诸侯国相比更有秩序。如鲁闵公元年冬，此时的鲁国正遭受庆父之难，齐桓公欲借机伐鲁，向仲孙湫征求意见。仲孙氏阻止说：“不可。犹秉周礼。周礼，所以本也。臣闻之：‘国将亡，本必先颠，而后枝叶从之。’鲁不弃周礼，未可动也。”（《左传》闵公元年）应该说，仲孙氏所言鲁以周礼为本应是符合历史实际的，这与鲁人深谙于礼的“经国家，定社稷，序民人，利后嗣者”（《左传》隐公十一年）的作用，以及“服于有礼，社稷之卫也”（《左传》僖公三十三年）、“无礼必亡”（《左传》昭公二十五年）等观念有关。如杨朝明先生说：“《礼记・礼运》说：‘坏国、丧家、亡人，必先去其礼。’礼尚在则国不可亡，礼之关乎国泰民安，于此可见。”[②]直至春秋中期，由于鲁人严格执行周礼的传统，所以其“臣弑其君”“子弑其父”的事件较其他国家少得多。即使后期的鲁昭公，在与三桓政治斗争失败流亡国外后，执政的士大夫季孙氏仍谋求鲁昭公回国，并且在为政期间基本遵守周礼而“事君如在国”（《左传》昭公二十七

① 〔宋〕朱熹：《四书章句集注》，中华书局1983年版，第27页。
② 杨朝明：《鲁国礼乐传统研究》，《历史研究》1995年第3期。

年）。在一定程度上，这应与鲁国遵守为国以礼的传统有关。

总之，面对“礼坏乐崩”的春秋时代，传统的“礼”制逐渐“仪”化，孔子以恢复社会秩序为目标，对传统礼制进行探究。孔子纠正了人们将“仪”与“礼”对等的错误认识，透过繁杂的礼仪，阐释礼仪在形成之初或者先王“制礼作乐”时所赋予的本质与内涵。在孔子看来，只有真正懂得圣人制定的礼法原则，并渗透到社会成员的内心深处，自觉地或理性地维护礼制的权威，才能形成良好的社会风气，进而奠定“天下国家可得而正也”的社会基础，这也是他提倡以德、以礼治国的原因所在。

二、与时偕极：“率性”与“修道”

“祖述尧舜，宪章文武”“克己复礼”“吾从周”等词语的背后，所体现的是孔子学说中的“慕古”倾向，但作为“知天命”的博学君子，他从未说要回到古代或者重建三代时期的社会。在孔子看来，治国理政的礼制不仅是“百世可知”的，而且对“生乎今之世，反古之道”的“灾及其身者”(《中庸》）的后果，有非常清醒的认识。若抛开近代以来将孔子视为“拉历史倒车”者的偏见，而孟子“圣之时者”的评价，应是对孔子学说特质的准确把握，而孔子儒学这一特点可能与他“晚而喜《易》”有关。《易传》中诸如“‘终日乾乾’，与时偕行”“‘亢龙有悔’，与时偕极”[①]等思想，都应对孔子“时中”观念的形成产生过深刻的影响。孔子学说中的“与时偕极”性，应以“五十而知天命”为基础，即五十岁的孔子已经对“天命”以及“天命”的掌控“率性”都有了深刻的认识，并由此奠定了孔子儒家“修道”的哲学高度。

① 周振甫：《周易译注》，中华书局1991年版，第7页。

（一）性失贵仁，道失贵义

《中庸》中说："天命之谓性，率性之谓道，修道之谓教。"孔子儒学不仅将"天命""修道"与社会"教化"结为统一体，而且为儒家化育天下找到了哲学依据。孔子对天道性命的探索，应是儒家这一理念的基点。正是由于春秋世人不知"天命"，所以才会出现"狎大人，侮圣人之言"（《论语·季氏》）的状况。在孔子看来，不知"天命"者就不能称之为"君子"。所以，孔子立志引导弟子知"天命"，培养人们的"君子"人格，进而对"天命"产生敬畏之心。然而，如何引导或者借助怎样的途径进行教化，应是摆在孔子面前的重要问题。《淮南子·齐俗训》中说："率性而行谓之道，得其天性谓之德。性失然后贵仁，道失然后贵义。"[①]尽管"性失"和"道失"都不可避免，但是只要人们能够懂得"天性"、遵循"天命"，就能获得道德修养。而仁义、礼乐的出现，则是原始的道德与纯朴散失而补救的产物。所以，孔子儒家格外强调"仁"与"义"，以挽救春秋时期岌岌可危的世道与人心。

尽管孟子的"性善"与荀子的"性恶"，曾是历代学者争论的焦点，并成为中国学术史上重要的命题，但是人的天性是善是恶，还是非善非恶，孔子并未做出直接的判断，只是说"性相近"（《论语·阳货》）。这应与孔子及其后学对"天命之谓性"的认识有关。朱熹在注解"性"时说："性，即理也。天以阴阳五行化生万物，气以成形，而理亦赋焉，犹命令也。于是人物之生，因各得其所赋之理，以为健顺五常之德。"[②]可见，人的性情乃是先天具有的，由天化生，是一种自然禀赋的东西。"习相远"则表明，在更大程度上，后天人性倾向的善或恶，是由成长的环境造就的。如荀子说："礼起于何也？曰：人生而有欲，欲而不得，则不能无求；求而无度量分界，则不能不争；争

① 刘文典：《淮南鸿烈集解》上册，中华书局1989年版，第343页。

② 〔宋〕朱熹：《四书章句集注》，中华书局1983年版，第17页。

则乱，乱则穷。先王恶其乱也，故制礼义以分之，以养人之欲，给人之求。”（《荀子·礼论》）应该说，自人类产生之日起，“冲突”就已成为社会的常态。遏制人自身的贪欲，维护社会的正常秩序，则是相伴而生的孪生兄弟，礼作为“弥争”或“息争”的手段应是人类智慧的结晶。

春秋时期的长期战乱，国与国之间的彼此征伐，人与人之间的互相争夺，“臣弑其君者有之，子弑其父者有之”（《孟子·滕文公下》）以及“争地以战，杀人盈野；争城以战，杀人盈城”（《孟子·离娄上》）等，逐渐被人们视为常态，自然加剧了社会的“礼坏乐崩”。统治阶层的贪欲是社会秩序迅速崩溃的加速器，如《左传》哀公十一年记“季孙欲以田赋，使冉有访诸仲尼”，孔子批评季孙氏“贪冒无厌”；又如《孔子家语·正论解》记齐妇人叙述自己的遭遇，说：“昔舅死于虎，吾夫又死焉，今吾子又死焉。”尽管留在此处极可能被老虎吃掉，但是她在权衡“死于虎”与“苛政”的利弊后，还是选择“不去”。由此，孔子对社会苛政的认识更加深刻，并发出“苛政猛于暴虎”①的感叹。此外，从传世文献的记载来看，“当时的人所面对的主要威胁，不是来自自然，而是源于社会本身”②。即此时连年的疯狂征战、沉重的苛捐杂税，预示着人性变化已超出现实社会的承受力。如何重构社会秩序，进而“安百姓”“安天下”则成为摆在孔子儒家面前的重要使命。孔子一方面强调世人应遵守礼制，各安其位；另一方面对传统之“仁”进行阐释，形成新的“仁学”，以唤醒时人自觉克制贪欲，即“克己复礼”（《论语·颜渊》）。

孔子评价“仁人”的标准是能否“爱人”“安人”。在孔子看来，不同阶层的“爱人”，其表现形式是有差异的。如管仲，之所以孔子将其视为“仁”，在更大程度上是管仲借助了政治的力量，实现了孔子心目中的“安百

① 杨朝明、宋立林主编：《孔子家语通解》，齐鲁书社2013年版，第489页。

② 张德胜：《儒家伦理与社会秩序——社会学的诠释》，上海人民出版社2008年版，第3—4页。

姓"："相桓公，霸诸侯，一匡天下""九合诸侯，不以兵车"等，即管仲以和平的手段使百姓"到于今受其赐"（《论语·宪问》）。如孔子，尽管在政治上屡屡不得志，但是他并未将"仁"悬空，而是以"亲亲"为基点，以其独特的人格魅力对所接触的人进行力所能及的感化。如孔子曾引《尚书》"孝乎为孝，友于兄弟，施于有政"（《论语·为政》），同样也属于"为政""爱人"的范畴。在孔子看来，仁者以"亲亲为大"，所以"君子不可以不修身；思修身，不可以不事亲；思事亲，不可以不知人；思知人，不可以不知天"（《中庸》）。当然，孔子之"仁"并非局限于"事亲"，还应有一个向外推"爱人""安人"的过程。如子路"问君子"，孔子答以"修己以敬""修己以安人""修己以安百姓"。在孔子儒家看来，若有人能做到"修己以安百姓"（《论语·宪问》），不但是君子、仁人，而且可以将其称为"圣人"。

"天命之谓性，率性之谓道""率性而行谓之道"等，应该是早期儒家的普遍看法。孔子之道由"率"字开启，从"天命"那里找到了哲学的根据。孔子儒家的性命学说也得到了新出土文献的证实，郭店楚墓竹简《性自命出》中说："性自命出，命自天降。道始于情，情生于性。始者近情，终者近义。知（情者能）出之，知义者能入之。"[①]这也使早期儒家的"天命""性""情""道"与"义"等理念构成完整的链条。世人是否能遵循天性，将它作为立身处世的根本原则，就成为判断社会是否有道的标准。然而，由于春秋时期世人弃"天命"而为所欲为，才导致"天下无道"局面的形成。如何挽救被战争、私欲搅乱的社会秩序，如何在纷繁复杂的现象背后找回为人处世的原则，就成为孔子构建学说的重要内容，即"道失然后贵义"。

其实，各种事物都有自身的"道"，如郭店楚墓竹简《尊德义》中列举了"民之道""水之道""马之道""地之道"。在纷繁复杂的世间之"道"中，人道应是"为近"的，君子是应当以"人道之取先"的。因此，"尊德义，明乎

① 杨朝明、宋立林等：《新出简帛文献注释论说》，台湾书房2008年版，第107页。

人伦"[①]，应是为人君的治民之道。在诸多道义中，"务为治"的宗治，决定着孔子儒家将"人道"作为首选。"为政在人"或者"为政在于得人"，都是他对当时政治中任人唯亲现象的反思。孔子认为，三代"有道"社会是尊重贤才的，如舜"有臣五人而天下治"、武王"有乱臣十人"。又如，孔子说："才难，不其然乎？唐虞之际，于斯为盛。有妇人焉，九人而已。三分天下有其二，以服事殷。周之德，其可谓至德也已矣。"（《论语·泰伯》）在政治的运转过程中，"义者宜也，尊贤为大"（《中庸》）一语，则体现能否尊重贤人，成为了孔子判断社会是否"有道"的重要标准。

离开鲁国后，孔子的第一站选择卫国，除"鲁、卫之政，兄弟也"（《论语·子路》）的因素外，更重要的是此时卫国社会呈现的是"卫多君子，未有患也"（《左传》襄公二十九年）的面貌，并处于"可以说是能招贤纳士的时代"[②]。尽管卫灵公晚期出现"无道"，但是正如孔子所说："仲叔圉治宾客，祝鮀治宗庙，王孙贾治军旅。"（《论语·宪问》）这也使得卫国能在"无道"时获得"奚其丧"的结局。当孔子在卫不得用时，他打算到晋国去见赵简子。然而，当"至于河而闻窦鸣犊、舜华之死也"时，他感叹道："美哉水，洋洋乎！丘之不济此，命也夫！"（《史记·孔子世家》）由孔子与子贡的问对，说明孔子欲去晋国是出于赵简子未得志时重用贤才，"临河而反"则是因赵简子杀窦鸣犊、舜华乃从政。孔子说："夫鸟兽之于不义也尚知辟之，而况乎丘哉！"[③]这体现了孔子的"识时务"以及对"义"的坚守，更说明执政大夫赵简子乃至晋国的"无道"。换句话说，尽管孔子积极地寻求出仕的机会和推行其学说，甚至有时会有屈节意念的产生，但是他仍始终坚守着"笃信好学，死守善道。危邦不入，乱邦不居"（《论语·泰伯》）的原则，具体地来说，就

---

① 李零：《郭店楚简校读记（增订本）》，中国人民大学出版社2007年版，第181—182页。

② 李启谦：《孔子居卫之谜——兼谈鲁、卫文化之异同》，《孔子研究》1989年第4期。

③〔汉〕司马迁：《史记·孔子世家》，中华书局1959年版，第1926页。

是当政者能否实施“尊贤”的政策。这应是“天下无道”之时，孔子治世努力的总方向和大目标。

（二）“君子而时中”

长期以来，由于对孔子的“克己复礼”“吾从周”等言语存在片面的理解，人们往往将孔子视为反对变革、维护旧制度的顽固派，至少应划为一位“保守主义者”[①]。特别是在被讥讽为“迂阔”“不识时务”者之后，孔子仍然以执着的精神，将他的学说“推而行之”，这也给后世留下深刻的“不识时务”的假象。时至今日，虽然孔子及其学说逐渐得到应有的评价，但是这一观点仍有不小的影响力。实际上，尽管孔子有着“知其不可而为之”的精神，但是并不意味着他不“识时务”。在传世文献中，很多材料都证明孟子对孔子“圣之时者”的评价应是精准的。因为终孔子一生，他已经领悟到处理人生、社会乃至自然界种种问题的根本原则。无论时代怎样变化，他都能因时而变，因事而变。虽然孔子没有接受别人给予的“圣人”称号，但是他至少承认自己是“知天命”的君子。而“君子之中庸也，君子而时中”[②]，则应是他一生不断努力实现的目标。

孔子的“与时偕行”性，在“中庸”的思维方式中有更为显著的体现。何谓“中庸”，是学术界长期关注却又存在诸多分歧的命题。概言之，“中庸”即是“用中”。从面对“中庸”，君子“时中”、小人“无忌惮”的不同品质来看，“中庸”首先应是一种无形的标准。这可能与孔子将“人性”追溯于“天道”“天命”的思维方式有关。如《中庸》说：“喜怒哀乐之未发，谓之中；发而皆中节，谓之和。中也者，天下之大本也；和也者，天下之达道也。致中和，天地位焉，万物育焉。”虽然“中和”未必是孔子的思想核心，但是它是孔子中庸思想的“理想目标”。只要人类做到“中和”，人们就能“体认并受

① 罗义俊：《关于孔子的损益观及时中观》，《学术月刊》1985年第5期。
② 〔宋〕朱熹：《四书章句集注》，中华书局1983年版，第19页。

用宇宙自然的和谐之美”[①]。此外，从孔子相关言论来看，“中庸”还应是儒家至高的道德修养。除了颜回能“择乎中庸，得一善，则拳拳服膺而弗失之矣”外，再就很少有人能达到了。孔子评价自己也不过是“择乎中庸，而不能期月守”之者。“中庸”为“用中”之意，也可以与孔子心目中帝舜的形象相印证。孔子说：“舜好问而好察迩言，隐恶而扬善，执其两端，用其中于民，其斯以为舜乎！”(《中庸》)可见，只要人类能够按照“中庸”的标准行之，不仅能够实现自然界的和谐，而且能达到人类的和谐有序。

对“时中”二字的正确理解，对把握孔子学说的“与时偕极”性至关重要。如唐代孔颖达说：“容貌为君子，心行而时节其中，谓喜怒不过节也。”[②]朱熹将其释为“随时以处中”，说：“君子之所以为中庸者，以其有君子之德，而又能随时处中也。”[③]其实，二人的理解应基本符合孔子本意。无论学者赋予“时中”怎样深邃的意蕴，至少在孔子那里它是与小人不知“天命”而“肆欲妄行”“无所忌惮”相对应的概念。如晁福林先生说：“‘时中’意即时运而中，或者说是‘中时’，指符合时运。这里的‘时’实指天命。”[④]应该说，孔子对“时”有着深刻体认，如“使民以时”(《论语·学而》)、“不时，不食”(《论语·乡党》)以及“时然后言”(《论语·宪问》)等。正是孔子“时”的哲学，使他超越伯夷之“清”、伊尹之“任”以及柳下惠之“和”，成为不固执一端，不执着于某一方案的“圣之时者”(《孟子·万章下》)。总之，孔子根据现实的变化及时调整自己的思想和言行，这也是他能够运筹帷幄于“无可无不可”(《论语·微子》)之间，能够“毋意，毋必，毋固，毋我”(《论语·子罕》)地随心所欲的根本原因。

---

① 杨庆中：《论孔子中庸思想的内在逻辑》，《齐鲁学刊》2004年第1期。

② 〔唐〕孔颖达：《十三经注疏·礼记正义》，中华书局2009年版，第3528页上。

③ 〔宋〕朱熹：《四书章句集注》，中华书局1983年版，第19页。

④ 晁福林：《“时命”与“时中”：孔子天命观的重要命题》，《清华大学学报》(哲学社会科学版)2008年第5期。

当然，孔子对“时”的强调以及根据具体情况所做的调整，并非意味着他趋炎附势，是毫无原则的“乡原”。孔子本人对“乡原”十分厌恶，如他曾说：“乡原，德之贼也。”（《论语·阳货》）与批评“乡原”相比，孔子对能把握“中道”、躲避杀身之祸者给予高度赞誉，如他谓南容说：“邦有道，不废；邦无道，免于刑戮。”（《论语·公冶长》）他赞誉蘧伯玉说：“君子哉蘧伯玉！邦有道，则仕；邦无道，则可卷而怀之。”（《论语·卫灵公》）可见，孔子一方面执着地追求他的理想；另一方面，根据社会的实际情况，他对学说不断地进行调整。孔子说：“可与共学，未可与适道；可与适道，未可与立；可与立，未可与权。”（《论语·子罕》）由此可见，孔子不仅重视“学”与“道”，而且将“权”提到了无以复加的高度。在孔子的心目中，先王为政牧民之道亦是如此，他说：“谨权量，审法度，修废官，四方之政行焉。”（《论语·尧曰》）基于此，孔子在经历诸多的磨难之后，才全身而退。如在卫国，当得知“或谮孔子于卫灵公”时，孔子“恐获罪”而“去卫”（《史记·孔子世家》）；如当“齐大夫欲害孔子”时，他是“接淅而行”的；与此相反，离开鲁国时，不仅“迟迟吾行”（《孟子·万章下》），而且表现出“吾舍鲁何适”（《孔子家语·礼运》）的无奈叹息。在当时，鲁国虽然出现诸多违背礼义的事情，但是正如王肃注释《孔子家语·礼运》“吾舍鲁何适”条时，说：“鲁有圣人之风，犹胜诸国也。”[①]鲁国仍然让孔子不得不发出这样的慨叹。可以看出，孔子学说具有明显的重时遇、重权变的特点。

然而，孔子无论怎样权变，当出现违背其学说的核心价值理念时，他都丝毫不会让步。如子贡将孔子屡遭排挤、“莫能用”的原因归结于“夫子之道至大”，并请求孔子将其“道”“少贬焉”时，便遭到孔子“赐，而志不远矣”的严厉批评。从孔子“君子能修其道，纲而纪之，统而理之”（《史记·孔子世家》）的说法来看，孔子之道中应有“一以贯之”的纲纪。只是后世多依据

① 杨朝明、宋立林主编：《孔子家语通解》，齐鲁书社2013年版，第367页。

曾子“忠恕”的回答，把孔子思想的核心确定为“忠恕”，并为后世学者们所普遍接受。但是，纵观孔子学说“祖述尧舜，宪章文武”的特质，他从先王那里除承接“忠恕”之外，更重要的应是继承了“允执厥中”的观念。尽管宋明理学家对儒家的道学心法有详尽论述，如朱熹说：“盖自上古圣神继天立极，而道统之传有自来矣。其见于经，则‘允执厥中’者，尧之所以授舜也；‘人心惟危，道心惟微，惟精惟一，允执厥中’者，舜之所以授禹也。尧之一言，至矣，尽矣！而舜复益之以三言者，则所以明夫尧之一言，必如是而后可庶几也。”[①]只是疑古思潮盛行之后，将古文《尚书·大禹谟》定为“伪书”，也使儒家“道统”学说的根基彻底动摇。然而，清华大学藏战国简《保训》篇的公布，逐渐打破了人们的成见，其中周文王对“中”[②]的强调，则不得不使人们对“文武之道”进行重新审视。结合新出土文献资料，不仅为我们解开孔子何以对“中”如此的青睐，如“刑罚不中”(《论语·子路》)、“言必有中”“亿则屡中”(《论语·先进》)以及“言中伦，行中虑”“身中清，废中权”(《论语·微子》)等，而且使他“文王既没，文不在兹乎”(《论语·子罕》)的说法得到更为合理的解释。

孔子的“君子而时中”思想，除受到《尚书·大禹谟》等先王政典的启示外，也与他“晚而喜《易》”有关。按照司马迁的说法，孔子对《易》的研究，开创了后世《易》学的根基与框架。虽然在《易》经文和卦、爻、象中，有“‘蒙’，亨，以亨行，时中也”，但是在很大程度上，“时”“中”还只是两个不同的概念，前者表时间先后和过程，后者表示位置。尽管如此，它们在《易》经文中还是不能截然分开的。[③]正因孔子对“中”与“时”的钟爱，才逐渐将二者联系在一起，并形成儒家思想最重要的核心理念：“时中”。《易经》

---

① 〔宋〕朱熹：《四书章句集注》，中华书局1983年版，第14页。

② 清华大学出土文献研究与保护中心：《清华大学藏战国竹简〈保训〉释文》，《文物》2009年第6期。

③ 程建功：《〈周易〉与儒家“时中”观的渊源》，《甘肃社会科学》2005年第1期。

及《易传》的这一特点，后世学者已有深刻认识，如清代学者惠栋曾说："易道深矣！一言以蔽之曰：时中！"(《易汉学》(《四库全书》本))《艮卦·彖传》曰："时止则止，时行则行，动静不失其时，其道光明。"孟子则说："可以仕则仕，可以止则止，可以久则久，可以速则速，孔子也。"(《孟子·公孙丑上》)。

(三)"灾妖不胜善政"

传统上认为，"天反时为灾，地反物为妖，民反德为乱。乱则妖灾生"[1]。尽管并不能将"民乱"视为一切灾妖产生的根源，但是"民乱"一定会加重"灾妖"的程度。长期以来，海啸、水灾、地震等形式的"天灾地妖"频繁发生。对于此类由于自然、人为因素造成的种种灾难，人们应该怎么办，或者应该持有怎样的心态，就成为摆在历代思想家面前都必须做出回答的问题。当我们阅读《孔子家语》，其中《五仪解》里孔子的话令人振聋发聩。孔子坚定地说："灾妖不胜善政。"他说："天灾地妖，所以儆人主者也；寤梦征怪，所以儆人臣者也。灾妖不胜善政，寤梦不胜善行，能知此者，至治之极也，唯明王达此。"[2]在孔子看来，天降灾异、地生妖孽，贤明君主应当以此作为警诫，认真思考"善政"问题。只要能实施清明政治，将灾难降到最小限度，国家的命运就不会因此而改变。所以，《孔子家语·五仪解》记孔子说："存亡祸福皆己而已，天灾地妖不能加也。"

孔子对于"灾妖"与"善政"之间关系的认识，应是基于他对自然、天道以及人生社会规律的准确把握。虽然孔子也主张君子要敬畏"天命"，但是并不认为世间存有一个有意志的主宰，更不是宿命论者。如前面所述，孔子自道其"五十而知天命"，意味着他对天人关系的论述，是将其人生、学说与世

① 杨伯峻：《春秋左传注(修订本)》，中华书局1990年版，第763页。
② 杨朝明、宋立林主编：《孔子家语通解》，齐鲁书社2013年版，第68页。

人普遍遵循的天道观建立起必然的联系。由于孔子将主要精力放在关注人道，关注现实世界上，所以孔子一般不会主动地谈论与“怪，力，乱，神”(《论语·述而》)相关的问题。而《论语》中有关孔子对鬼神、事死命题的言论，也是回答弟子的问题。如当子路向其请教“事鬼神”时，孔子回答说：“未能事人，焉能事鬼”；当问及“死”时，他则答以“未知生，焉知死？”(《论语·先进》)又如当子贡向孔子请教死者是否有知的问题时，孔子说：“吾欲言死之有知，将恐孝子顺孙妨生以送死；吾欲言死之无知，将恐不孝之子弃其亲而不葬。”(《孔子家语·致思》)可见，孔子对于人事之外的事情避而不论，并“不表明否定了鬼的存在与死的必然，只是强调现实人生，也是比较现实的态度”[①]。而“非今之急，后自知之”(《孔子家语·致思》)一语，则表明孔子所关注的是当时现实社会的治理问题。

当然，“祭神如神在”(《论语·八佾》)、“慎终追远，民德归厚矣”(《论语·学而》)等言语，说明在日常生活中，祭祀鬼神之类的事情是有利于社会教化与稳定的，按照风俗进行祭祀也未尝不可。如郭店楚墓竹简《鲁邦大旱》一文中，孔子认为，在普通百姓看来，鲁邦大旱，乃是山川鬼神在作祟，所以心多存敬畏，故欲藉说祭以除灾。当然，这种祭祀并不会对解决鲁邦大旱有任何实质性的作用，如孔子说：“夫山，石以为肤，木以为民，如天不雨，石将焦，木将死，其欲雨或甚于我，又必待吾命乎？夫川，水以为肤，鱼以为民，如天不雨，水将涸，鱼将死，其欲雨又甚于我，又必待吾命乎？”因此，当哀公要孔子为其出谋划策时，他回答说：“邦大旱，毋乃失诸刑与德乎？”[②]在《左传》僖公二十一年亦有类似记载，当时鲁国出现大旱，鲁僖公要按照风俗烧死巫和尪以礼天，但鲁国大夫臧文仲劝阻说：“非旱备也。修城郭、贬食、省用、务穑、劝分，此其务也。”孔子的思想与臧文仲有相似之处，

---

① 陆玉林：《中国学术通史(先秦卷)》，人民出版社2004年版，第102页。

② 杨朝明、宋立林等：《新出简帛文献注释论说》，台湾书房2008年版，第155、153页。

他们都着眼于社会政治问题的解决。而《鲁邦大旱》不仅体现出孔子思想的权变特征，而且是面对“灾妖”，要求统治者由德、刑入手，做到“善政”，就能战胜逆天时的现象，得祸为福。

孔子的这一思想为后世儒家所继承，如子思说：“天命之谓性，率性之谓道，修道之谓教。”（《中庸》）在子思看来，只要推行社会教化就是在“修道”，就能“率性”，就可知“天命”。孟子则说：“尽其心者，知其性也。知其性，则知天矣。存其心，养其性，所以事天也。夭寿不贰，修身以俟之，所以立命也。”[①]而“尽心”“知性”“知天”“立命”等哲学概念的提出，也体现出孟子对“天命”内涵的认识。在他看来，只要充分发挥“心官”的作用，就能认识、体察人的善性。而“善端”是人的自然本性，保存心性、培养善性，因人性之自然，顺而循之，就能认识、掌握人性之善的发展规律，就能达到至善的目标。在孟子心目中“尽心”是善性萌芽、生长、开花并最终结出硕果的起点，更是其仁政蓝图的理论基石。因此，思孟学派作为孔子后学最重要的支脉之一，他们对“天命”的认识，同孔子一样，也将关注点放在现实社会的治理上。

如果说子思、孟子是从“知天命”角度继承并发扬孔子的性命学说，那么，荀子则是从“制天命”角度对孔子学说进行阐释。荀子响亮地提出“制天命而用之”口号，并在《荀子·天论》中系统地阐述了其“制天命”思想。近代以来，为了能从中国传统经典文献中找到与西方唯物主义相抗衡的思想，人们常将荀子“制天命”的“制”字理解为“制裁”“征服”之意，进而将荀子尊奉为中国先秦时期伟大的“唯物主义”思想家。这虽然给荀子带来了至高无上的荣誉，但是是对其天命观的最大误解。因为传统上“制”，只有利用、顺应、顺势，并无“与之对抗”之意，更无法推演出学者曾认定的“人定胜天”[②]思想。

---

① 〔宋〕朱熹：《四书章句集注》，中华书局1983年版，第349页。

② 吉林大学大批判组：《人定胜天是荀子的革命哲学》，《吉林大学学报》（自然科学版）1974年第2期。

荀子从“天行有常，不为尧存，不为桀亡”“列星随旋，日月递照，四时代御，阴阳大化，风雨博施”等自然现象中得到启发，并提出“天人相分”理论。在荀子看来，天道运行、斗转星移等自然现象都是客观的存在，不会因人的喜好而运行，也不会因人的厌恶而停息。正因荀子准确理解了自然界运行的客观规律，才对当时天有意志、治乱在天、天命可畏等观点，提出有力、有据地反驳。如针对“国人皆恐”的“星坠、木鸣”现象，荀子说这是“天地之变，阴阳之化”的结果，若因其出现的次数少而“怪之”是可以的，但是“畏之”就没有必要。另外，对于自然界的“日月之有蚀”“风雨之不时”“怪星之党见”等现象，荀子认识到是“无世而不常有”（《荀子·天论》）的现象，更不应该对它们有所畏惧。

荀子不但主张对自然界怪异现象不必“畏之”，而且对各种各样的人为之“祆”更应该如此。在迷信盛行的战国之世，能认识到“祆是生于乱”“其说甚尔，其灾甚惨”更是弥足珍贵。当然，作为以儒者自命的思想家，在天灾人祸面前，他始终未忘儒家的信条“君臣之义，父子之亲，夫妇之别”，并将其作为维护社会稳定“日切瑳而不舍”的第一要义。从司马迁的评价中也可以看出荀子对当时不修政治、迷信盛行现象的严厉批评，他说：“荀卿嫉浊世之政，亡国乱君相属，不遂大道而营于巫祝，信禨祥，鄙儒小拘，如庄周等又猾稽乱俗。”[①]可见，荀子思想中既有对现实的关怀，也有对“大道”“天命”等形而上问题的思考，而关注现实社会的治理问题就成为二者最佳的结合点。

总之，从孔子的“知天命”到荀子的“制天命”，构成了早期儒家“天命”观的完整思想体系。当然，他们并非单纯地为“天命”而谈论“天命”，而是在理解天道、地道、人道运行规律之后，对其学说的运用与实践。与重视“天命”相比，早期儒家“灾妖不胜善政”思想，表明他们更重视人事，更主张尽人事以待天命。在孔子儒家看来，国家的存亡与祸福，说到底均源自统

① 〔汉〕司马迁：《史记·孟子荀卿列传》，中华书局1959年版，第2348页。

治者是否施行“善政”。这也成为此后中国历代统治者处理自然灾害时的重要原则。直到今天，我们在面对地震、海啸、传染病等天灾人祸时，仍能从中得到诸多启示。虽然我们当前还不能完全消除“妖灾”给人类带来的苦难，但是只要正确把握其内在规律，积极采取应对措施，就能将灾难降低到最小限度。近年来，中国在特大洪水雪灾、“非典”肆虐以及特大地震灾害后的有序重建，都极好地诠释了早期儒家“灾妖不胜善政”的理念。

三、以人为本：从“人情”到“人义”

孔子格外重视“生命”的价值，如当马厩失火时，虽然马在当时社会中的作用非常重要，但是他最关心的仍然是是否伤人。在孔子心目中，尧、舜等都是尽力“修己以安人”“修己以安百姓”（《论语·宪问》）的圣王。在“礼坏乐崩”的春秋时期，谁能做到“安百姓”，谁就能给混乱的社会、灾难中的人们带来最大的福祉。这也是孔子努力的方向和极其希望看到的社会现状。同时，孔子继承周代“敬德保民”思想，在人文思潮的推动下，总结上古三代以来的治国经验，不仅强调“为政以德”，而且提倡“为国以礼”（《论语·先进》）。针对当时各国刑罚不断加重的现状，孔子提出以德、礼治国，认为唯有如此才能培养出“有耻且格”的社会风气，从而维持人与人之间的和睦与和谐。当然，孔子以人为本思想的构建，是以古代圣人为依托的。如孔子说：“故圣人耐以天下为一家，以中国为一人者，非意之也，必知其情，辟于其义，明于其利，达于其患，然后能为之。”（《礼记·礼运》）在孔子看来，圣王是以人为本的，其为政之策是探索从“人情”到“人义”的结晶，进而成为孔子构建与实践其学说的现实目标。

（一）博学于文，行己有耻

自孔子在世起，他在人们心目中的地位就是非常独特而复杂的。鲁国贵族臧孙纥“圣人有明德者，若不当世，其后必有达人”(《左传》昭公七年)的评价，应是春秋时期人们普遍的看法。基于孔子“博学”与“圣人之后”的身份，孟僖子临终前甚至预言孔子将成为“圣人”，并嘱托其子孟懿子与南宫敬叔跟随孔子学习周礼。在传世文献中，“丧家之狗”“择木之鸟”以及“天下之木铎”等，是时人心目中的孔子或者给予孔子的评价[①]。可见，在春秋当世，孔子就已成为人们普遍关注而又存在诸多分歧的焦点人物。孔子虽然对世人给予的“圣人”称誉予以否定，但是“博学”的君子则是他所认可的，也以“君子”的修为严格要求与引导自己的学生。据《史记·孔子世家》记载，孔子以诗书礼乐教，孔子弟子有近三千人，而“身通六艺”或者“受业身通”者有七十余人。尽管孔子弟子闻道有先后，甚至可用“先进”与“后进”来区分，但是将弟子培养成既具有君子品格又能为政之“士”，则是孔子“诲人不倦”的育人宗旨。“博学于文，行己有耻”[②]，成为孔子教育或者化育天下目标的高度概括。

“博学于文”见于《论语·雍也》与《颜渊》篇。孔子说：“君子博学于文，约之以礼，亦可以弗畔矣夫！”孔子将其“博学”与“多能”，归于“吾少也贱”，而“多能鄙事”(《论语·子罕》)。尽管如此，孔子的“博学”却并非种菜、收庄稼之类的鄙贱之事，而是学习蕴含“先王之道”的“六艺”之学。“文、行、忠、信”，作为孔子教学的四项内容，“文”应是他传授弟子学习“先王之道”的重要载体。尽管孔子说学《诗》可知“鸟兽草木之名”，但是他更看重的是能洞悉“迩之事父，远之事君”(《论语·阳货》)的道理。因此，当子夏向孔子询问和讲述“商闻易之生人及万物、鸟兽、昆虫，各有奇偶，气分不同”等内容时，孔子的“吾昔闻诸老聃亦如汝之言”[③]，虽然说明

① 魏衍华：《“丧家狗”“择木鸟”与“天下木铎”——孔子形象与人格关系略论》，《济南大学学报》(社会科学版)2009年第6期。

② 顾炎武在《与友人论学书》中说：“愚所谓圣人之道者如之何？曰‘博学于文’，曰‘行己有耻’。”

③ 杨朝明、宋立林主编：《孔子家语通解》，齐鲁书社2013年版，第301页。

他是了解此类知识的，但是弟子子贡的“微则微矣，然则非治世之待也”[①]一语，则体现孔子儒家对此类“小道”并不过多的关心与关注。这是由春秋社会及孔子学说的特质决定的。

虽然由“博学于文”能使弟子把握“先王之道”，具备治国之术，但是如何坚守“中道”而“拳拳服膺而弗失之矣”（《中庸》），应是孔子必须探讨的关键问题。如前所述，在孔子的心目中，上古三代圣王皆是以礼治天下的楷模。如《论语·学而》记孔子弟子有若说：“礼之用，和为贵。先王之道斯为美，小大由之。有所不行，知和而和，不以礼节之，亦不可行也。”此语尽管出自有若，但是有若“似圣人”（《孟子·滕文公上》）的特质，则决定这一思想也属于孔子。“以礼节之”一语，说明礼在“先王之道”的运行过程中至关重要。如“子路问成人”时，孔子的回答也证实了这一点。虽然孔子认为“若臧武仲之知，公绰之不欲，卞庄子之勇，冉求之艺”都十分可贵，但是只有以礼乐“文之”，才算是真正的“成人”（《论语·宪问》），才能有机会把握“中道”。作为孔子最得意的弟子，颜回对老师之意有深刻体认，他说：“夫子循循然善诱人，博我以文，约我以礼。”（《论语·子罕》）朱熹注解“君子博学于文”章时说：“君子学欲其博，故于文无不考；守欲其要，故其动必以礼。如此，则可以不背于道矣！”[②]尽管对“弗畔”一词的理解还有争议，但是朱熹的解释应大体不离孔夫子本旨。也就是说，“博学于文”与“约之以礼”，在成就君子人格方面是至关重要的环节。

虽然孔子“博学于文”，并未局限于“博学”的层面，但是“博学”是一切“为学”不可缺少的前提。如当子羔尚未身通学问，而子路使其“为费宰”时，就遭到孔子“贼夫人之子”（《论语·先进》）的严厉批评。与此相反，孔子“使漆雕开仕”，当漆雕开说“吾斯之未能信”时，孔子则由衷地感到

① 杨朝明、宋立林主编：《孔子家语通解》，齐鲁书社2013年版，第304页。

② 〔宋〕朱熹：《四书章句集注》，中华书局1983年版，第91页。

高兴。当然，孔子的“为学”，除“博学”外，还应包含“审问”“慎思”“明辨”等诸多方面。《中庸》中说：

> 有弗学，学之弗能弗措也；有弗问，问之弗知弗措也；有弗思，思之弗得弗措也；有弗辨，辨之弗明弗措也；有弗行，行之弗笃弗措也；人一能之己百之；人十能之己千之。果能此道矣，虽愚必明，虽柔必强。

由此可见，“博学”只是使“为学”有了眼光和胸襟，还必须有“审问”“慎思”“明辨”的功夫，以致具备“打破砂锅问到底”的精神，才是真正的“为学”。这也是孔子能拥有“毋意，毋必，毋固，毋我”（《论语·子罕》）高度的原因所在。孔子用“学而不厌，诲人不倦”态度以及“知其不可而为之”精神，诠释“博学”与“笃行”的内在统一与联体互动。这为中国传统士大夫的优秀品格奠定了基本的格调。

在春秋末期，为政者特别是弱小国家的使臣，很少能不辱君主使命。其实，这一点并不可怕，可怕的是他们没有羞耻之心。所以，孔子说他们仅仅是“斗筲之人”（《论语·子路》）。在孔子看来，君子立身行事，贵在“达于己”，至于采用“屈”还是“伸”的方式，只能视具体情况而定。无论屈还是伸，都应遵循“虽受屈而不毁其节，志达而不犯于义”（《孔子家语·屈节解》）的原则。当子贡向他请教何为“士”时，孔子明确提出“行己有耻”的行事原则。孔子说：“行己有耻，使于四方，不辱君命，可谓士矣。”（《论语·子路》）朱熹在注解此章时说：“子贡能言，故以使事告之。盖为使之难，不独贵于能言而已。”①朱熹的解释紧紧抓住孔子“因材施教”的特点来阐释，应该说是有道理的，而子贡的确也做到了“不辱君命”。如“田常将欲为乱，而惮鲍、晏，因欲移其兵以伐鲁”，孔子为救其父母之国，则使有“辩才”的

---

① 〔宋〕朱熹：《四书章句集注》，中华书局1983年版，第146页。

子贡游说于列国之间。子贡不辱使命，通过三寸不烂之舌，不仅达到“乱齐存鲁”（《孔子家语·屈节解》）的始愿，而且造成强晋、弊吴、越霸的“多米诺骨牌”效应。

在《论语》中，“耻”字共出现16次，按杨伯峻先生的理解，7次为名词，是“耻辱”的意思；9次为动词，是“以为耻辱”的意思。在教学及为政实践中，孔子培养弟子的荣辱观是其学说的重要组成部分。这不仅是对个体修为的重视，而且是培养良好社会风气的必然要求。在孔子看来，“知耻”“好学”与“力行”，都是“修身”的必须具备条件，他说：“好学近乎知，力行近乎仁，知耻近乎勇。知斯三者，则知所以修身；知所以修身，则知所以治人；知所以治人，则知所以治天下国家矣。”（《中庸》）当然，文献中记载孔子培养弟子“知耻”观念的具体措施并不详实。就《论语》所涉及的内容而言，一方面，是要用礼以约束人的行为，如“恭近于礼，远耻辱也”（《论语·学而》）、“道之以德，齐之以礼，有耻且格”（《论语·为政》）；另一方面，是加强个人修养，如孔子说：“巧言、令色、足恭，左丘明耻之，丘亦耻之。匿怨而友其人，左丘明耻之，丘亦耻之。”（《论语·公冶长》）他还说：“古者言之不出，耻躬之不逮也。”（《论语·里仁》）可见，培养社会有“羞耻”之心的关键，在于如何更充分地发挥礼与道德的约束力量，使人们能自觉地养成君子人格。

总之，在教授弟子的过程中，孔子先以“博学于文”，灌注给学生“先王之道”的内容，使他们具有“为学”的眼光与胸怀。在此基础上，培养他们能够逐渐树立“行己有耻”的立身行事标准，引导他们形成高标准的“耻辱”观。此后，“博学于文”“行己有耻”，一直成为中国传统人文教育的重要内容，并对传统士大夫的“为学”与“为人”都产生了深远的影响。只是随着西方教育体制的传入与确立，中国现代教育才摒弃了“传道”的功能。如何继承与发扬传统教育的有益资源，培养既精通“为学”之道，又懂得“为人”之道的治世贤才，成为摆在中国现代教育面前急需解决的重要课题。

（二）从容中道，择善固执

孔子曾说：“五十而知天命，六十而耳顺，七十而从心所欲，不逾矩。”（《论语・为政》）这是孔子在自道其人生的经历，应是晚年他对天道人情、社会人生运行规律的清醒认识与高度概括。同时，这是孔子对其学说不被春秋时代采用命运的体认。如《中庸》记孔子说：“道之不行也，我知之矣，知者过之，愚者不及也；道之不明也，我知之矣，贤者过之，不肖者不及也。人莫不饮食也，鲜能知味也。”尽管如此，孔子并未放弃他的理想，即使直至去世前夕，他都在努力使自己的行为方式符合“天道”“性命”以及“人情”与“人义”。“从容中道”与“择善固执”，则是孔子儒家为人处世原则的高度概括。

在《论语》中，尽管“诚”字并未出现，但是在孔子学说中，“诚”的内涵却至关重要。如“主忠信，无友不如己者”“言忠信，行笃敬”等，都说明“诚”在其学说中的地位。当然，“诚信”还只是“诚”道德层面的含义，而《孔子家语・哀公问政》所记孔子论“诚”，就已经进入哲学范畴了。孔子说：“诚者，天之至道也；诚之者，人之道也。夫诚，弗勉而中，不思而得，从容中道，圣人之所以体定也；诚之者，择善而固执之者也。”（《孔子家语・哀公问政》）只是后世学者多将《孔子家语》视为“伪书”，对今本《中庸》属于《子思子》的性质产生质疑，甚至将其视为孟、荀之后的产物。如李坎、刘娉二先生认为，最早从哲学意义上论“诚”的是孟子和荀子。他们说：“《中庸》论诚是对孟子和荀子关于诚的概念的总结和创新……就诚为天之道这一点而言，《中庸》继承孟子的思想，在诚为人之道上，《中庸》强调择善固执，和荀子所说的‘诚心守仁’‘诚心行义’的思想相通。”[①]在“诚”的内涵上，认识到《中庸》与孟子、荀子的思想有相通性应该没有问题，但问题出在对文献之

---

① 李坎、刘娉：《〈中庸〉论“诚”》，《中山大学学报论丛》2000年第1期。

间先后关系的认识上。

综合当前学者对于《中庸》结构的研究，杨朝明先生将今本《中庸》分为四部分。其中第一部分与第四部分都出自子思，应是子思《中庸》四十九篇或者是《子思子》三十三篇的内容。而第二、三部分，即“子路问强”至“择善而固执之者也”，则应属于古本《孔子家语》的内容。他说：“他们最初可能都是《孔子家语》的部分，原本都属于孔安国在《家语后序》中所说的‘公卿大夫及七十子弟子之所咨访交相对问言语’。”[①]也就是说，《中庸》“哀公问政”的内容应与《孔子家语》其他篇章一样，都属于孔门弟子所记孔子言语的“实录”。而今本《中庸》第四部分中对“诚”相关问题的论述，以及此后儒家的代表人物孟子和荀子对“诚”的阐述，都应是阐发孔子之道的产物，并共同推动了“诚者”“诚之者”成为成熟的东方哲学命题。也就是说，“诚”不仅与孔子哲学密切相关，而且是早期儒家论“诚之者”的逻辑起点。

既然“诚”是“天之道”，它就应是不以人的意志为转移的。然而，孔子并未陷入“天之道”的不可知论。在他看来，掌握“天之道”运行规律的“圣人”，可以做到“不勉而中，不思而得，从容中道”。孔子晚年对《易》的喜好与研读，也使其获得了对“天之道”运行规律的领悟。孔子从阴阳交感而万物化生中获得了灵感，认为天之于阴与阳，地之于柔与刚，二者的相互作用，就具备了化生万物的功能。如《周易·系辞上》说：“夫乾，其静也专，其动也直，是以大生焉。夫坤，其静也翕，其动也辟，是以广生焉。广大配天地，变通配四时，阴阳之义配日月，易简之善配至德。”[②]而“大哉乾元，万物资始，乃统天”[③]与“至哉坤‘元’，万物资生，乃顺承天”[④]，都体现出世界万物的生成，是天地“至诚无息”的结果。在生成万物的过程中，由于“天地之

① 杨朝明：《〈中庸〉成书问题新探》，《河南科技大学学报》（社会科学版）2006年第5期。
② 周振甫：《周易译注》，中华书局1991年版，第236页。
③ 周振甫：《周易译注》，中华书局1991年版，第2页。
④ 周振甫：《周易译注》，中华书局1991年版，第13页。

道”是“不见而章，不动而变，无为而成”的，并且其“为物”之道又有“不贰”(《中庸》)的特点，因此，它应是真正“不偏不倚”的“中行”之道。这也为孔子讲“中庸”之道提供了有益的参照系。

在孔子之前，尽管《易》主要还是卜筮之书，但是《易经》“中道”思想显然是系统的。据学者统计，《经》文部分，“中”字共有15处，除“林中”“在师中”“在中馈”“宜日中”等7处，是讲“具体事情，某一地方或某个时候”外，其余各处均为抽象的概念。尽管历代注家对《易经》中的5处“中行”训释不一，但是“中行”都应是“中道”和“无过无不及”的意思[①]。而帛书《要》篇“夫子老而喜《易》，居则在席，行则在橐”一语则表明，孔子已被《易》中蕴含的“古之遗言”“中行”之道所折服。在孔子之时，尽管《易》作为占筮之书的成分还占有很大的比重，但是经过周文王、周公和孔子的创造性阐释，它“不仅仅是卜筮之书，而寓有一定的哲理和社会政治思想”[②]。纠正世人行为的偏失、阐发周文王之德等使命感，也促使孔子对《周易》加工与整理，即进行“序《彖》《系》《象》《说卦》《文言》”的工作。尽管今本《周易》的传文及相关内容，并不一定都出自孔子之手，但是其核心思想来源于孔子应该是没有问题的。尤其在《易》从“占卜、迷信、信仰到人文思想的转变”[③]过程中，孔子应起着至关重要的作用。

孔子“晚而喜《易》”，对其中蕴含的“天地之道”有深刻理解，并将它与“诚”密切联系起来。如《乾·九二》：“见龙在田，利见大人。”孔子阐释说：“龙，德而正中者也。庸言之信，庸行之谨，闲邪存其诚，善世而不伐，德博而化。”《乾·九三》：“君子终日乾乾，夕惕若。厉，无咎。”孔子阐释说：“君子进德修业，忠信所以进德也，修辞立其诚，所以居业也。知至

---

① 喻博文:《论〈周易〉的中道思想》,《孔子研究》1989年第4期。

② 廖名春:《〈周易〉经传十五讲》，北京大学出版社2004年版，第198页。

③ 金春峰:《〈周易〉经传梳理与郭店楚简思想新释》，中国言实出版社2004年版，第47页。

至之，可与言几也。知终终之，可与存义也。是故居上位而不骄，在下位而不忧，故乾乾因其时而惕，虽危无咎矣。”（《乾·九三》）可见，孔子在“天地之道”中获得“诚”的同时，并体会出凡得“中正之道”的君子，就可以“善世而不伐，德博而化”[1]。这也是孔子说唯“圣人”能“不勉而中，不思而得，从容中道”的原因所在。

在洞悉“天之道”属性后，孔子顺理成章地亦将它转化为“圣人之道”。如《中庸》说：

> 大哉圣人之道！洋洋乎！发育万物，峻极于天。优优大哉！礼仪三百，威仪三千。待其人而后行。故曰苟不至德，至道不凝焉。故君子尊德性而道问学，致广大而尽精微，极高明而道中庸。温故而知新，敦厚以崇礼。

孔子儒家并未停留在对“诚”或者“天地之道”的把握层面，而是以此作为探索形而上问题的基础，进而将主要精力放在探究现实世界社会的治理上。在孔子看来，为政之本在于“得人”，“取人以身，修道以仁”。而“得人”关键在为政者的“修身”，“修身”的关键在树立仁爱之心。如孔子说：“故君子不可以不修身；思修身，不可以不事亲；思事亲，不可以不知人；思知人，不可以不知天。”（《中庸》）孔子这里将“修身”与“知天”联系起来，认为社会运行的“大道”有五种：君臣、父子、夫妇、昆弟、朋友。要洞悉此类“大道”，君子就应当培养自己的“三达德”（知、仁、勇）。而“知”“仁”德性的养成，可以促使人们向善；“勇”之品质的形成，则会引导人们对善的固执追求，即“择善固执”。

当然，基于对天之道及治国之道的探索，孔子总结出治理天下国家的

---

① 周振甫：《周易译注》，中华书局1991年版，第5页。

“九经”：修身、尊贤、亲亲、敬大臣、体群臣、子庶民、来百工、柔远人以及怀诸侯。孔子说：“修身则道立，尊贤则不惑，亲亲则诸父昆弟不怨，敬大臣则不眩，体群臣则士之报礼重，子庶民则百姓劝，来百工则财用足，柔远人则四方归之，怀诸侯则天下畏之。”（《中庸》）可见，在整个链条中，孔子治理天下国家的举措，均未脱离“人情”与“人义”，而“修身”就成为君子“诚之者”的起点。而君子通过“修身”，将“诚”（不必学习思考不待道德自律而自然合于社会人生准则的行为方式）和“诚之”（通过学习思考与道德的自律而求合于“善”的行为方式）[①]贯通在一起。这就为世人“修身”以及治理天下国家能行“中道”，寻找到了形而上的哲学依据。

（三）己所不欲，勿施于人

在孔子学说中，“推己及人”的伦理思想占有重要的位置。这主要体现在孔子与弟子的问对之中，如在《论语》《颜渊》和《卫灵公》篇中均有所体现。在人们心目中，“己所不欲，勿施于人”和“己欲立而立人，己欲达而达人”等，都成为常谈之经典话语，尤其是前者，经常被人们所提及。小到日常的聊天，大到国际事务的处理，人们常常征引此语作为论说的依据。德国著名神学家孔汉思（Hans Kung）在1989年的联合国教科文组织会议上提出“没有各宗教间的和平，便没有各民族间的和平”，而“全球责任”或者“世界伦理”被提上日程。1993年9月通过的《走向全球伦理宣言》通过耶稣的名言“你们愿意人怎样对待你们，你们也要怎样待人”和孔子的名言“己所不欲，勿施于人”从理论上进行支持。而“己所不欲，勿施于人”也逐渐成为全球提倡的“道德金规”[②]。其实，它应是孔子伦理思想的经典浓缩。在这样学说的影响下，

---

① 程宜山：《〈中庸〉“诚”说三题》，《孔子研究》1989年第4期。

② 〔德〕孔汉斯、库舍尔编：《全球伦理——世界宗教会议宣言》，何光沪译，四川人民出版社1997年版，第43、15页。

“伟大的中华民族比世界上别的民族更和睦和平地共同生活了几千年”[①]，而孔子也被称为“一个伟大民族的伟大导师”。

在传世文献中，与“己所不欲，勿施于人”相似的说法并不少，甚至在孔子之前就已经存在。如《管子·小问》记管仲与齐桓公对话，就曾引《语》曰：“‘泽命不渝’，信也。非其所欲，勿施于人，仁也。”[②]尽管此语在《论语》中出现两次，但是针对的却是不同的问题、面对的是不同的学生：一次是“仲弓问仁”，针对仲弓善于为政的特点，孔子提出处理政务时，要像会见宾客、洁诚祭祀一样严肃认真，自身的修为则要做到“己所不欲，勿施于人”，进而达到“在邦无怨，在家无怨”（《论语·颜渊》）的境界；另一次是回答子贡“有一言而可以终身行之者乎”（《论语·卫灵公》）的问题，孔子将“其恕乎！己所不欲，勿施于人”赠送给子贡，并且明确地将“己所不欲，勿施于人”与“恕”道联系在一起。其实，在孔子学说中，“忠恕”应是一个完整的体系，如孔子曾说：“忠恕违道不远，施诸己而不愿，亦勿施于人。”（《中庸》）孔子说：“吾道一以贯之。”曾子就将“夫子之道”概括为“忠恕”（《论语·里仁》）二字。只是子贡要“一言”，孔子在权衡“忠”“恕”之后，他选择“恕”道作为指导子贡“行之”的标准。显然，人之能“恕”，必须以“忠”为前提。

在古代文献中，“恕”的意思就是“仁”，而“仁”的基本的含义是“爱人”。虽然孔子强调“仁者人也，亲亲为大”（《中庸》），但是孔子之“爱”并未局限在只爱亲人的范畴，而“亲亲”只是为行“仁”提供一条切实可行的实施路径。即“亲民”“爱人”要从自身做起，从完善自我开始，通过“推己及人”的途径达到“仁道”的崇高目标。在《论语》中，孔子心目中真正的

① 〔英〕贡布里希：《写给大家的简明世界史——从远古到现代》，张荣昌译，广西师范大学出版社2003年版，第84页。

② 〔清〕黎翔凤撰，梁运华整理：《管子校注》中，中华书局2004年版，第959页。

“仁”者，所展现出的“爱人”都是“大爱”。如孔子说：“弟子入则孝，出则弟，谨而信，泛爱众而亲仁。行有余力，则以学文。”(《论语·学而》)如当子贡问能否将“博施于民而能济众”者称之为“仁”时，孔子赞誉说：“何事于仁，必也圣乎！尧舜其犹病诸！”(《论语·雍也》)又如孔子尽管批评管仲不知礼，但是由于他“不以兵车”相桓公而“九合诸侯”，正是管仲借助和平手段，才能“民到于今受其赐”(《论语·宪问》)。可见，在孔子看来，凡是能给最广大的百姓带来福祉者，都应是具有大爱的“仁者”，即凡是能行“恭、宽、信、敏、惠”五者于天下者，都可称其为“仁”者。

孔子“己所不欲”所“勿施”的范围，不仅涉及现实世界中的人类，而且包括自然界中的万事万物。如高柴深受孔子的影响，在拜见孔子后，他的“恕”道就体现在其行为方式中。《孔子家语·弟子行》中记高柴说：“自见孔子，出入于户，未尝越礼；往来过之，足不履影；启蛰不杀，方长不折；执亲之丧，未尝见齿。”孔子评价他说：“柴于丧亲，则难能也；启蛰不杀，则顺人道也；方长不折，则恕仁也。成汤恭而以恕，是以日跻。”在孔子心目中，除成汤外，黄帝的“恕”道也涵盖了现实世界中的万事万物，“播时百谷，尝味草木，仁厚及于鸟兽昆虫”(《孔子家语·五帝德》)；孔子还认为，“用水、火、金、木，饮食必时”(《孔子家语·礼运》)。而王肃的注解则更为清楚，说：“用水，渔人以时入泽梁，乃溉灌。用火，季春出火，季秋纳火也。用金，以时采铜铁。用木，斧斤以时入山林。饮食各随四时之宜者也。”[①]王肃的理解与孔子重视“时”“时遇”的思想相吻合，基本接近孔子思想的本真。

当然，孔子“己所不欲，勿施于人”一语，主要体现的是儒家“推己”或者“推恩”思想，还仅仅处于“行之”的层面。自孔子创立儒学开始，他就强调“行之”必须以“修己”为前提，这才是“仁”。如《大学》中说：“自天子以至于庶人，壹是皆以修身为本。”而“修己”或者“修身”应是孔子推行

① 杨朝明、宋立林主编：《孔子家语通解》，齐鲁书社2013年版，第383页。

"恕"道必不可少的前提。如唐代李翱曾说："参也鲁，是其忠也。参至孝，是其恕也。仲尼尝言忠必恕，恕必忠，阙一不可，故曾子闻道一以贯之，便晓忠恕而已。"[①]尤其朱熹的"尽己之谓忠，推己之谓恕"[②]一语，更将"忠""恕"浑然一体、不可分割的特点展现出来。如当"子路问君子"时，孔子提出其"修己以敬""修己以安人""修己以安百姓"（《论语·宪问》）的思想。如果说"修己"属于"忠"道的范畴，那么"安人""安百姓""安天下"就应属于"恕"道。孔子学说的"修己以安人"特点，则决定孔子既没有脱离"忠"而谈"恕"，也从未离开"恕"而论"忠"。因此，谈论孔子的"恕"道，或者"己所不欲，勿施于人"思想，就不应割裂孔子儒家思想的整体性。

孔子对于"忠恕"之道的理解，是建立在他对人性"相近"基础之上的。既然人性"相近"，那么人的基本需求也应"相近"，这是孔子实行"推己及人"的思想前提。而"己所不欲，勿施于人"中的"己"，也并非单纯的生命客体，而是具有仁爱之心的道德主体。在"修己"的基础上，将道德主体的内在爱心与善心向外推，通过社会成员的共同创造，仁爱之心就会充斥于全社会，最终实现孔子儒家心目中的"大同"理想。当然，由于孔子是"圣之时者"，所以他所构建的思想体系，并未脱离春秋时期的现实社会。孔子在强调"德""礼"的同时，并未忽视"刑法"的重要性。上海博物馆馆藏竹简《鲁邦大旱》中孔子"邦大旱，毋乃失诸刑与德"一语，正体现了孔子"德刑相参"的治国方针。正如杨朝明先生说："上博竹简《鲁邦大旱》中，孔子为哀公谋划应对旱灾的策略，始终着眼于社会政治问题，表现了他思想的时代进步性。"[③]所以，《鲁邦大旱》一文为我们研究孔子的政治思想，特别是"刑政相参"提供了新的思路和新的启示，同时可以佐证传世典籍中的相关记载，对孔

① 程树德撰，程俊英、蒋见元点校：《论语集释》第一册，中华书局1990年版，第265页。

② 〔宋〕朱熹：《四书章句集注》，中华书局1983年版，第72页。

③ 杨朝明、宋立林等：《新出简帛文献注释研究》，台湾书房2008年版，第160—161页。

子的政治思想做整体的把握。

总之，春秋时期“礼”学的内涵相当广泛，在治理天下国家中的作用也至关重要。如《左传》隐公十一年记：君子谓郑庄公“于是乎有礼。礼，经国家，定社稷，序民人，利后嗣者也。许，无刑而伐之，服而舍之，度德而处之，量力而行之。相时而动，无累后人，可谓知礼矣。”按照冯友兰先生的理解，如果此处的“君子”是指孔子，那么孔子不仅强调“非礼勿视，非礼勿听，非礼勿言，非礼勿动”（《论语·颜渊》），而且在“为政以德”的前提下，作为维护社会秩序的“礼”，也应是“量力而行，相时而动”的。当然，常常以“梦见周公”（《论语·述而》）自许的孔子，应充分汲取周公的为政智慧。而周公从商代灭亡的历史中，所获得的“天命靡常”以及“敬德保民”等思想，直至春秋时期仍为士人所尊崇。而《左传》隐公十一年记君子评论郑庄公说：“失政刑矣。政以治民，刑以正邪。既无德政，又无威刑，是以及邪。邪而诅之，将何益矣！”[①]因此，孔子的为政思想应是刑、政、礼、德四者相辅相成的共同体。

① 杨伯峻：《春秋左传注（修订本）》，中华书局1990年版，第76页。

下篇

战国时代对孔子学说的检验与发展

第五章　孔门后学对孔子学说的发展

孔子作为儒学及儒家学派的创始者，他的学说奠定了中国儒学的根基与规模。然而，原始儒学是由孔子及弟子、孔门后学共同组成的团体，二者缺一不可。如李启谦先生说："孔子是儒家学说和儒家学派的创始人，是儒家这个社会集团的最早总首领。但是只有孔子没有孔门弟子不可能组成学派和集团，也不可能得到大的传播和发展。所以要想研究儒家学说、学派的出现、发展，及其主要内容和社会性质，就必须在研究孔子的同时，对孔门弟子也要进行探讨。"[①]其实，在孔子去世后，孔门弟子及其后学为应对来自社会的、政治的、学术的挑战，对孔子学说做出了调整与发展，不仅打上了战国时代的烙印，而且为原始儒学的发展注入新的活力。问题的关键在于，先秦诸子皆"务为治""同归而殊途"(《史记・太史公自序》)，何以孔子及其创立的儒学唯独成为影响中国社会既深且远的学术集团。究其原因，一方面与孔子学说深深植根于中国先秦社会，能够把握社会深层的需求，欲从根本上解决社会问题有关；另一方面与孔门后学对孔子学说的"尊崇""弘扬""践履"密不可分。尤其是战国时期的孟子、荀子等儒者为应对其他学派的挑战，不断调整、充实、发展了孔子学说。经过三百多年的锤炼以及先秦儒家几代人的不断努力，原始

---

① 李启谦：《孔门弟子研究》，齐鲁书社1987年版，前言第2—3页。

儒学不仅成为战国时期的“显学”，而且奠定了此后儒学发展的基本范式，成为中国人的思维方式和行为的指南。

一、孔子弟子尊崇孔子学说

孔子在世时，就已经享誉于诸侯，不仅成为当时诸侯、士大夫垂询时政的重要对象，而且在他自卫归鲁后曾被鲁哀公尊为助宣德教的“国老”，成为鲁哀公施政方针的高级智囊。虽然这主要是由孔子“博学深谋”“针砭时弊”的学说特点所决定，但是孔子弟子对其学说的“尊崇”无疑起到了重要的推动作用。以子贡为例，在孔子去世后，子贡不仅“庐于冢上，凡六年”（《史记·孔子世家》），而且凭借“国君无不与之分庭抗礼”（《史记·货殖列传》）的才能与优势，在列国之间宣扬孔子学说，对不利于孔子学说的言行进行批判。子贡也成为继孔子之后，原始儒家学说在诸侯国间弘扬与传播的一位重要的形象大使。

（一）孔子庙堂：孔子弟子的“精神家园”

《论语》《孔子家语》等诸多与孔子相关的传世文献中，孔子的形象多是通过他与七十二弟子及当时公卿士大夫交相问对的言语展现出来的。班固《汉书·艺文志》中说：“《论语》者，孔子应答弟子时人及弟子相与言而接闻于夫子之语也。当时弟子各有所记。夫子既卒，门人相与辑而论纂，故谓之《论语》。”[①]而被学者誉为“孔子研究第一书”的《孔子家语》亦是如此。如孔安国说：“《孔子家语》者，皆当时公卿士大夫及七十二弟子之所谘访交相对问言语也。”[②]此书最初的成书应是与《论语》《孝经》等并世。从这些交相

---

① 〔汉〕班固：《汉书》，中华书局1962年版，第1717页。

② 杨朝明、宋立林主编：《孔子家语通解》，齐鲁书社2013年版，第578页。

问对的言语中，我们可以看出，孔门弟子在遇到学术、思想、生活及仕途等种种困惑时，孔夫子就成为他们解决心灵疑惑的“精神家园”。然而，孔子的去世，使他所创立的儒学团体，顿然失去了精神领袖。即是说，自孔子去世的那一刻起，如何缅怀夫子、寻求精神家园，就成为很长一段时间内孔门弟子必须思考和解决的问题。

虽然孔子为寻找实现自己政治理想之地，栖栖遑遑“干七十余君”，但是“莫能用”（《史记·十二诸侯年表》）的结果留给孔子终生的遗憾。尽管如此，孔子整理先王典籍、开办私学无疑是成功的。在他所创立的儒学团体中，孔子与弟子之间形成了一种亦师生，亦朋友，亦父子的拟血缘亲关系。孔子对待弟子是如此，可以从他欲为爱徒颜回、子路治丧的仪式中得到体现。在颜回死后，孔子不仅悲恸地发出“天丧予”的感慨，而且当门人欲厚葬颜回时，孔子坚决反对。无奈弟子厚葬颜回后，孔子悲愤地说：“回也视予犹父也，予不得视犹子也。非我也，夫二三子也。”（《论语·先进》）子路在卫国的战乱中被剁成肉酱，理应与他坚守孔子“君子死，不免冠”（《左传》哀公十五年）的训言有关。当闻子路之死，孔子“哭子路于中庭”，得知子路尸体被剁的像“醢”，“遂命覆醢”（《礼记·檀弓上》）。同样，孔子去世后，在殡葬仪式上，弟子遵循“尊师且备古”“行夫子之志”（《孔子家语·终记解》）的原则，按照父丧之礼对待孔子。孔子人格的魅力、学说的感召力，也使得弟子为其行三年“心丧之礼”。此后，不仅子贡继续守孝三年，而且群弟子及鲁人处墓如家者，有百余室。孔子的墓周围形成一个特别的聚集村落孔里村。这个村落是孔子弟子缅怀恩师、寻求“精神家园”下的特殊产物。

司马迁在《史记·孔子世家》中曾说：“鲁世世相传以岁时奉祠孔子冢，而诸儒亦讲礼乡饮大射于孔子冢。孔子冢大一顷。故所居堂弟子内，后世因庙藏孔子衣冠琴车书，至于汉二百余年不绝。”据学者考证，这里的三处“孔子冢”均应为“孔子家”。如清代学者阎若璩说：“‘诸儒讲礼乡饮大射于孔子家'，误写作'冢'，此'家'字与赞曰'以时习礼其家'合。"[1]此外，与阎若璩有相同或相似观点的著作，还有郭嵩焘的《史记札记》、王叔岷的《史记斠证》等。这些学者的看法，应该说都是有道理的，因为这也与司马迁"适鲁，观仲尼庙堂车服礼器，诸生以时习礼其家"的描述相对应。从文献记载来看，孔门弟子在与孔子交谈中，都有做笔记的习惯，不仅"小子识之""弟子敢不记之"等成为孔门常用的口头语，而且在《孔子家语·七十二弟子解》中还有叔仲会与孔琁年相比，"每孺子之执笔记事于夫子，二人迭侍左右"的记述。在孔子居堂中，除按时举行祭祀孔子的礼仪外，作为对夫子的怀念，很有可能将各自手中所记录的"孔子言语"汇集在一起，这也是孔子弟子义不容辞的责任。可以想象，随着孔子的逝世，孔门后学失去了恩师，也失去了他们的精神寄托。为使孔子"循循然善诱人"的言语时时响于耳边，弟子们整理老师遗言则成为缅怀先师的最佳方式之一。在此基础上，形成"孔子家语"最原始的集结，亦是研究孔子思想学说的首批珍贵资料。

除为孔子服三年心丧、整理孔子遗说外，为增强孔门后学的凝聚力，并寻求孔子的接班人，以事孔子的方式"师之"。这应是暂时缓解失师之痛，以获得临时的"精神家园"的有效途径。在诸多弟子中，他们选中了有若。在传世文献中，推选有若有不同的说法：一是"有若似圣人"(《孟子·滕文公上》)；另一是"有若状似圣人"(《史记·孔子世家》)。二者也是学术界长期以来争论不休的热点问题。对此，李启谦先生广泛搜集相关材料，从有若的勤奋好学、重视孝悌道德、主张"和为贵"和"礼"为本、以义为尚、藏富于民、"无为而治"、尊敬孔子和颂扬孔子以及深刻了解孔子的言论等八个方面进行了论证。他说："他之所以被推举为新首领，绝不是司马迁说的那样，仅仅是因为有子长

① 〔汉〕司马迁撰，〔日〕泷川资言考证：《史记会注考证》，上海古籍出版社2016年版，第2482页。

的相貌像孔子，而是因为他在儒家学说的钻研方面，有较高的造诣。”[①]

尽管如此，推有若为新首领一事，还是遭到同门其他师兄弟的反对与责难。如当子夏、子张、子游等征求曾参的意见，即“强曾子”，曾子曰：“不可。”(《孟子·滕文公上》)《史记》还记述了孔子弟子借与孔子有关的两件事来非难有若。一是弟子借“昔夫子当行，使弟子持雨具，已而果雨”，向有若请教“夫子何以知之”？有若只是拘泥于《诗》“月离于毕，俾滂沱矣”来回答，但是，他日，“月毕宿，竟不雨”，也使得有若“似夫子”的形象大失；另一是有弟子问有若，孔子何以知“瞿年四十后当有五丈夫子”？然而，有若“默然无以应”的态度，则表明有若并非他们心目中的孔夫子。因此，弟子们得出“有子避之，此非子之座也”[②]的结论。应该说，这样的结局，一方面是由有若真的不如孔子而决定的；另一方面与孔门其他弟子的刻意非难密不可分。无论如何，儒家再造偶像的努力最终以失败而告终。当然，这一方面避免了儒家走向如墨家不断有新巨子产生的格局。同时，这使“弟子人人异端，各安其意”(《史记·十二诸侯年表》)来阐释孔子学说，并最终导致战国时期“儒分为八”局面的形成。当然，从孔子去世开始，儒家内部不同派别的争辩，也避免了孔子儒学的僵化，能根据不同儒者的认知和不同时代的需要进行不断地阐释与创新。

总之，在孔子去世后，孔子弟子及其后学通过不同的方式来释典先师，如为孔子守孝三年、在故居每年按时举行祭祀仪式、整理孔子遗言以及推选有若作为新的首领，等等。其中，以孔子故居所设庙堂的释典礼最为重要，它以鲁哀公为孔子写的悼词为开端，奠定了此后历代统治者释典先师的雏形。正因孔子故居中存有孔子生前所用“衣冠琴车书”，这些遗物对于长期跟随他的弟子来说是亲切而温馨的，对其膜拜与祭奠，就如同再次感受到

---

① 李启谦：《孔门弟子研究》，齐鲁书社1987年版，第201—205页。

② 〔汉〕司马迁：《史记·仲尼弟子列传》，中华书局1959年版，第2216页。

"循循善诱"的夫子又回到自己的身边。这对于永久失去其"精神家园"的弟子来说，也算是暂时找到了一点精神的寄托。自此之后，孔子庙堂不仅是孔门弟子的精神家园，而且成为不少王朝的国庙、文庙，进而成为承载中国传统文化最集中的圣域，成为解读中华文化的最重要载体。

（二）无得而逾：孔子弟子对孔子的尊崇

从孔子在世的时间起，他就是一个存在诸多争议的热点人物。赞誉者将他称为"圣之时者""天下之木铎"；批评者将其称之为"丧家之狗"，甚至批评他"不识时务"。虽然孔子欣然地接受郑人所给予的"丧家之狗"的比喻，但是他始终以"择木之鸟"自许。正如周先民先生评论的"虽然在那个弱肉强食的时代，更容易成功的是野心勃勃的狼，而不是忠心耿耿的狗"，但是孔子却选择做"热心救世却反而丧失了国家"的"丧家之狗"[①]，而且达到"发愤忘食，乐以忘忧，不知老之将至云尔"（《论语·述而》）的境界。在孔子去世后，他则受到亿万人的关注，李启谦、姜林祥二位先生说："'从膜拜、尊崇，到评论、指责，乃至谩骂、揶揄，竟从未中断过。'这的确是中国文化史上的一大景观。"[②]应该说，每个时代、每个人都在阐释着其心目中的孔子。在中国传统社会中，虽然尊崇、赞誉孔子成为社会的主流，但是诋毁、谩骂也并未中断。孔子去世不久，鲁国士大夫叔孙武叔就曾欲毁孔子，子贡则对此进行了批评。子贡说："无以为也，仲尼不可毁也。他人之贤者，丘陵也，犹可逾也；仲尼，日月也，无得而逾焉。人虽欲自绝，其何伤于日月乎？多见其不知量也！"（《论语·子张》）作为孔子的弟子，子贡对老师的赞誉虽然有"圣化"的倾向，但是更多的是了解孔子其人、其学说之后所作出的判断。

---

① 周先民：《高山仰止　景行行止——读〈史记·孔子世家〉》，《齐鲁学刊》1993年第3期。

② 李启谦、姜林祥主编：《孔子思想与当代社会》，天津社会科学院出版社1992年版，第35页。

孔子开办的是私学教育，采用的是“因材施教”。此种教学方式，应是以对每个学生的了解为基础的。从《论语》相关记载来看，虽然孔子未必对所谓的“三千弟子”都有所了解，但是至少对那些登堂入室的贤能弟子都如数家珍。孔子根据每个学生的特点，有意识地加以引导，并逐渐形成“德行”“政事”“言语”及“文学”四科。在教学过程中，孔子如自己的孩子般对待每位弟子。如陈亢曾问伯鱼：“子亦有异闻乎？”当伯鱼回答只闻“不学《诗》，无以言”“不学《礼》，无以立”时，陈亢退而喜曰：“问一得三，闻《诗》，闻《礼》，又闻君子之远其子也。”（《论语·季氏》）孔子会因弟子的进步而喜悦，也会训斥不思进取的弟子，更会及时纠正弟子的失误。基于此，孔子对曾朝夕相处的弟子们应该是了如指掌的。当然，这其中不仅包括弟子们的优点，如子路之勇、子贡之辩，而且包括他们的缺点，如“柴也愚，参也鲁，师也辟，由也喭”“师也过，商也不及”（《论语·先进》）。在与弟子的相处中，孔子真切体会到“有朋自远方来”的乐趣，而孟子“得天下英才而教育之”（《孟子·尽心上》）的快乐，同样可以用来描绘孔子内心的感触。

应该说，这些登堂入室的弟子与孔子朝夕相处，一定对老师有着深刻的认识。假如抛开前文所说的“圣化”倾向，与通过文献记载解读孔子的学者相比，亲临师说的弟子们应该更懂得孔子及其学说，他们心目中的孔子也更接近于真实的形象。当然，一方面诸多弟子与孔子交往的深度不同，他们对孔子的了解不尽相同；另一方面在古籍流传过程中，大量文献的失传，使得诸多弟子对孔子尊崇的有关描述不知所终。尽管如此，在《论语》《孔子家语》等传世文献中，还是保留了不少弟子尊崇孔子的记录。我们从中可以窥见孔门弟子对孔子尊崇的情形。

在孔门弟子中，颜回是最能深刻把握孔子学说者，他对孔子的推崇也最为典型。在颜回看来，孔子之道是可望而不可即的，如他曾喟然叹曰：“仰之弥高，钻之弥坚；瞻之在前，忽焉在后。夫子循循然善诱人，博我以文，约我以礼。”（《论语·子罕》）在注解此语时，皇侃引用孙绰之语曰：“夫有限之高，虽嵩岱可陵。有形之坚，虽金石可钻。若乃弥高弥坚，钻仰不逮。故知绝域之高坚，未可以力至也。驰而不及，待而不至，不行不动，孰焉测其妙所哉？”[①]朱熹亦说：“仰弥高，不可及。钻弥坚，不可入。在前在后，恍惚不可为象。此颜渊深知夫子之道，无穷尽、无方体，而叹之也。”[②]其实，他们对于颜渊此语的解释，应该基本符合颜回的思想。而颜回对孔子的推崇，可以从“陈蔡绝粮”事件中得到验证。当孔子向颜回问及其学说何以不为世所用时，颜回说：“夫子之道至大，故天下莫能容。”颜回还认为，君子的主要任务是“修道”，至于能否为世所用，那是“有国者”（《史记・孔子世家》）的事情。如《庄子・田子方》记颜回说：“夫子步亦步，夫子趋亦趋，夫子驰亦驰；夫子奔逸绝尘，而回瞠若乎后矣！”[③]这则体现颜回对孔子的推崇已达到了无以复加的境界。

子贡应是推崇孔子、传播儒学最为得力的孔门弟子。他不仅对叔孙武叔欲毁孔子的言行进行批评，而且赋予孔子“圣人”的桂冠。在子贡与齐景公问对中，他认为仲尼是“圣人”，而非“贤人”。在子贡看来，孔子及其学说是无法用语言来表达的，他说：“臣终身戴天，不知天之高也。终身践地，不知地之厚也。若臣之事仲尼，譬犹渴操壶杓，就江海而饮之，腹满而去，又安知江海之深乎？”当景公认为子贡之誉“太甚”时，子贡说：“臣赐何敢甚言，尚虑不及耳。臣誉仲尼，譬犹两手捧土而附泰山，其无益亦明矣。使臣不誉仲尼，譬犹两手杷泰山，无损亦明矣。”[④]应该说，子贡对孔子的推崇达到极致，甚至可能掺有宗教的情怀。此外，子贡还将“述”孔子之言作为己任，如孔子说：“予欲无言。”子贡曰：“子如不言，则小子何述焉？”（《论语・阳货》）又，《孔子家语・终记解》记孔子临终前说：“泰山其颓乎！梁木其坏乎！哲

① 程树德撰，程俊英、蒋见元点校：《论语集释》第二册，中华书局1990年版，第594页。
② 〔宋〕朱熹：《四书章句集注》，中华书局1983年版，第111页。
③ 陈鼓应：《庄子今注今译》，中华书局1983年版，第534页。
④ 〔汉〕韩婴撰，许维遹校释：《韩诗外传集释》，中华书局1980年版，第286页。

人其萎乎！”子贡闻之曰：“泰山其颓，则吾将安仰？梁木其坏，吾将安杖？哲人其萎，吾将安放？”[①]可见，子贡不仅在财力上支持孔子，而且借助诸侯与之“分庭抗礼”优势，将孔子学说推广到所到之处。

除颜回与子贡外，对孔子尊崇有加的是“似圣人”或“状似孔子”的有若。虽然曾子对子夏、子张、子游等人欲以所事孔子之礼而事有若的主张予以否定，但是有若对孔子学说的理解，则有超越曾子的独到之处。如当有若听曾子闻诸夫子“丧欲速贫，死欲速朽”时，有若认为这应是孔子的“有为之言”，并非孔子对“丧”的真实态度。曾子求证于子游，而有若的观点也得到子游的赞誉。子游说：“甚哉，有子之言似夫子也！”（《礼记・檀弓上》）正因如此，有若对孔子学说的理解更深刻，其推崇也更形象。如有若曾赞誉孔子，说：“麒麟之于走兽，凤凰之于飞鸟，太山之于丘垤，河海之于行潦，类也。圣人之于民，亦类也。出于其类，拔乎其萃，自生民以来，未有盛于孔子也。”（《孟子・公孙丑上》）在有若看来，孔子是前无古人，后无来者的圣人。这不仅是对孔子“祖述尧舜，宪章文武”学说的总结，而且成为此后两千多年赞誉孔子者最常用的案语。

在与孔子的交往中，孔门弟子尽管出现过一些与孔子相左的意见，如子路常和孔子顶嘴，宰我常与孔子辩论，子张常常由于不能实现他的诺言而遭到批判，等等。[②]然而，作为早期儒家最重要的成员，孔门弟子在尊崇孔子的态度上则是一致的。他们对孔子学说的理解有所不同，应是由弟子的出身、学识、智力、才气等造成的。总之，无论颜回的“仰之弥高，钻之弥坚”、子贡的“无得而逾”，还是有若的“生民未有”，均是弟子推崇孔子背景下的“圣化”运动[③]。虽然孔子所创立的原始儒学未必是西方意义上的宗教，孔子弟子也

---

① 杨朝明、宋立林主编：《孔子家语通解》，齐鲁书社2013年版，第462页。

② 李启谦：《孔门弟子研究》，齐鲁书社1987年版，第139页。

③ 李冬君：《儒家分化与孔子圣化》，《南开学报》（哲学社会科学版）1998年第3期。

未必真的将孔子视为宗教式的教主，但是弟子门人的尊崇，无疑增加了原始儒学神秘的宗教色彩。

（三）宫墙万仞：孔子弟子对师说的把握

孔子弟子特别是子贡对孔子的“推崇”，虽然赋予早期儒学更多的宗教色彩，但是这种推崇并非宗教徒式的狂热，更多的是在准确把握孔子学说之后，进行理性思考所得出的结论。孔子去世后，尽管孔子弟子都尊崇师说，但是由于孔子学说失去了具有绝对话语权的权威诠释者和评判者，早期儒学团体在群龙无首情况下，那些本来不具有根本意义分歧的话题，也可能在同门间造成不同的思想和不同的走向。所以，孔子作为现实的客体已经消失，这不仅增加了弥合孔门弟子分歧的难度，而且使纠正世人在认识上的错误显得困难重重。正如李零教授说，孔子死后，五大弟子闹矛盾，道德高尚派，曾参与有若争正统；多才多艺派，卜商、言偃、颛孙师比高下，也反映了孔门内部的矛盾。[①]如何消解孔门弟子之间的误解与矛盾，如何让世人更准确地理解孔子学说，则是孔子弟子首先要担负起的历史使命。

子贡作为当时年龄较长、威望最高的孔子弟子，应是厘清诸多疑问的最佳人选。一方面，在弥合同门的分歧上，他首先发动了一场树孔子为圣人的运动[②]，并支持卜商、言偃、颛孙师等推有若代孔子；另一方面，在解决世人的误解上更是不遗余力，以叔孙武叔赞“子贡贤于仲尼”为例，子贡反驳说：“譬之宫墙，赐之墙也及肩，窥见室家之好。夫子之墙数仞，不得其门而入，不见宗庙之美，百官之富。得其门者或寡矣。”（《论语·子张》）“宫墙数仞”“宫墙万仞”等说法，成为早期儒家对孔子学说深刻理解的代表，并为后世社会所认同。

子贡与颜回应是最能理解孔子学说的弟子，因为他们与孔子交谈往往涉

① 参见李零：《丧家狗——我读〈论语〉》，山西人民出版社2007年版，第23页。
② 李零：《丧家狗——我读〈论语〉》，山西人民出版社2007年版，第21页。

及早期儒学最核心的问题。在孔子心目中，颜回是最能理解孔子学说的，但从传世文献记载来看，不仅二人在“孔门之相伯仲”①，而且子贡与孔子的关系可能也更为密切。以《论语》为例，从字频上看，与子贡相关者35章，其名字出现57次；而与颜回相关者有20章，其名字出现32次②。在师徒交谈中，尽管颜回能做到“退而省其私，亦足以发”（《论语·为政》），但是“言终日，不违”，却给孔子及后世留下“愚”的印象，这也决定颜回只能成为道德与修行极高而又自得其乐的“复圣”。然而，“好辩”、头脑灵活的子贡，却能紧紧抓住与政治、社会、学术等相关的核心问题“君子”“仁”“礼”“为政”等，时时向孔子请教。如子贡问孔子：“如有博施于民而能济众，何如？可谓仁乎？”孔子回答说：“何事于仁，必也圣乎！尧舜岂其犹病诸！夫仁者，己欲立而立人，己欲达而达人。能近取譬，可谓仁之方也已。”（《论语·雍也》）又如，当子贡能够引用《诗》句“如切如磋，如琢如磨”来寓意孔子的“贫而乐，富而好礼”时，孔子大加赞赏，并认为子贡已达到“告诸往而知来者”（《论语·学而》）的境界。

其实，子贡经常与孔子讨论早期儒家核心而深奥的问题，也为近年来新出土文献所证实。孔子晚年喜《易》，从德义的角度对它进行阐发，并达到“居则在席，行则在橐”的程度。子贡则对此感到不解，如马王堆帛书《要》篇记载子贡回到孔子身边，与其讨论《易》的问题。子贡说：“夫子它日教此弟子曰：‘惪（德）之行耂（者），神霝（灵）之趋；知（智）谋远耂（者），卜筮之蘩（繁）。’赐以为然矣。以此言取（诹）之，赐缗（惛）行之为也。夫子何以老而好之乎？”③又如上博简《鲁邦大旱》一文，则主要涉及鲁国出现大旱后，子贡与孔子谈论应如何应对的问题。尽管子贡对孔子向鲁哀公所献之策“毋乃失诸

① 钱穆：《先秦诸子系年》，商务印书馆2005年版，第81页。

② 杨朝明：《子贡在孔门中的特殊地位》，《孔子与孔门弟子研究》，齐鲁书社2004年版，第442页。

③ 刘彬：《帛书〈要〉篇校释》，光明日报出版社2009年版，第29页。

刑与德”并不是很赞同，但是经过争论后，加深了他对孔子学说的理解以及对师说的把握。换句话说，传世文献与出土文献的记载都显示，孔子与子贡有一种特殊的感情。如孔子生病时，他希望子贡在跟前；他的看家狗死了，甚至嘱咐子贡帮助埋掉[①]，事见《孔子家语·曲礼子夏问》。尤其是孔子临终前，“赐，汝来何迟”（《孔子家语·终记解》）一语，已表明在“从我于陈蔡者，皆不及门”（《论语·先进》）的情况下，子贡已成为他生命中最重要或者说是最后的精神寄托。

子贡与孔子私人关系的密切程度以及子贡对师说的把握，使他成为孔子学说的重要代言人。如冉求想要知道孔子是否会在卫国出仕，就试图由子贡通过伯夷、叔齐等“古之贤人”是否有“怨”来试探，当孔子说“求仁而得仁，又何怨”时，子贡就已得出“夫子不为”（《论语·述而》）的结论。如子禽向子贡请教：“夫子至于是邦也，必闻其政，求之与？抑与之与？”子贡回答说：“夫子温、良、恭、俭、让以得之。夫子之求之也，其诸异乎人之求之与？”（《论语·学而》）又如，卫公孙朝问于子贡，曰：“仲尼焉学？”子贡回答说：“文武之道，未坠于地，在人。贤者识其大者，不贤者识其小者，莫不有文武之道焉。夫子焉不学？而亦何常师之有？”（《论语·子张》）尤其后者，深得孔子“祖述尧舜，宪章文武”以及“为政在于人”思想的本质。当然，子贡作为孔子的代言人，并非仅仅涉及与第三者的对话，有时孔子也参与问题的讨论，并欲借子贡之口来表达自己的思想。如《孔子家语·执辔》记子夏论《山书》，子贡向孔子请教，说：“商之论也何如？”而孔子反问：“汝谓何也？”也正属于此类。子贡“微则微矣，然则非治世之待也”的回答，其实就是孔子的真实感受，所以得到孔子的极力赞许。

当然，子贡对孔子学说的认知与把握也有一个过程。如《论衡·讲瑞》曰：“子贡事孔子，一年自谓过孔子，二年自谓与孔子同，三年自知不及孔

---

① 杨朝明：《儒家文献与早期儒学研究》，齐鲁书社2002年版，第260页。

子。当一年二年之时，未知孔子圣也，三年之后，然乃知之。”无独有偶，性情暴躁的子路遵崇师说过程亦大体如此。《史记·仲尼弟子列传》云：“子路性鄙，好勇力，志伉直，冠雄鸡，佩豭豚，陵暴孔子。”孔子在“设礼稍诱”之后，子路才“儒服委质，因门人请为弟子”。可见，孔子学说的精深及其人格魅力深刻地影响着身边的弟子门人。自此，尽管子路时常与孔子作对，或者是一种善意劝诫，但是子路甘愿“乘桴浮于海”地追随孔子，已体现其由不了解到膺服孔子的过程。如果说“子夏、子游、子张皆有圣人之一体，冉牛、闵子、颜渊则具体而微”（《孟子·公孙丑上》）的话，那么，子贡与子路则是孔子推行学说过程中最得力的副手。而将子路称为孔子鲁国为政以及列国游说中的“贴身侍卫”，也许并不为过。即在孔子人生的大舞台上，唱主角的除孔子之外，至少还应有颜回、子路、子贡三人。他们对孔子的追随与尊崇，除有感于师生情谊外，更多的是对师说的深刻理解与尊崇。

总之，孔子的“循循善诱”，笼络了一大批贤能之士膺服他的学说。在这些弟子遇到政治、学术以及人生困惑时，孔子则成为他们垂询对策的理想人选。同时，他们以孔子弟子自居，将孔子及其学说作为符号和信仰带到所到之处。正因如此，在孔子去世后，孔门弟子才会有顿然失去精神家园的感觉。此时，孔子学说不仅面临内部的分化，而且必须应对来自外部的冲击。一方面，弟子门人为缅怀夫子，皆为其守孝三年，并在孔子故居堂内设庙而岁时祭祀；另一方面，针对其他诸子及社会对儒学集团的冲击，孔门弟子有义务用自己理解的师说来消除外部的误解。虽然他们对师说的尊崇与把握，因“圣化”孔子而带有宗教色彩，但是孔子高足毕竟是“得其门者”，与徘徊于孔门之外而尊崇、批判孔子的士人相比，应该更为接近真实的孔子学说。

二、孔子弟子弘扬孔子学说

孔子作为原始儒学的开创者，其人格魅力及学说的博大与精深，也得到诸多志同道合的弟子膺服，共同奠定先秦儒学的根基与规模。在孔子生前，虽然孔子学说的弘扬与传播就已经开始，但是那时主要是由孔子及弟子共同来完成的，在地域上则受到孔子及弟子活动范围的影响，仅局限于鲁、齐、宋、卫、陈、蔡等周游列国之地。虽然由孔子及弟子所组成的儒学团体，由于孔子的去世而松散，并在阐扬孔子学说中出现重大分歧，但是此时儒家学派的四分五裂，并非意味着孔门后学的彻底决裂，“只是原来的集体解散，人们各奔东西而已”。在思想主张上，他们“仍然保持着相当的一致性”，特别是儒学的基本特征没有“因为组织上的分裂而丧失”，仍然有“共同的思想、志趣、宗旨，乃至于共同的事业”[①]。作为早期儒家团体的重要成员，除“隐而不见”者外，孔子弟子在各地的活动，无论是“为师傅卿相”“友教士大夫”，还是弘道、践履与传经，他们“咸遵夫子之业而润色之，以学显于当世”(《史记·儒林列传》)，而孔子仍然是他们所共同尊奉的“精神导师”。

(一)为师傅卿相、友教士大夫

孔子去世后，尽管孔子弟子之间很可能还保持着相当频繁的联系，如“子夏丧其子而丧其明”，曾子前往“吊之，哭”(《论衡·祸虚》)；“原宪居鲁”，子贡曾“往见原宪”(《庄子·让王》)。然而，从总体上说，孔子弟子已经分散于当时的各诸侯国。正如司马迁说：“自孔子卒后，七十子之徒散游诸侯，大者为师傅卿相，小者友教士大夫，或隐而不见。”(《史记·儒林列传》)在传世文献中，此时孔子弟子在诸侯国的活动，主要是通过政治路线，结交各国诸侯国君和士大夫，以扩大孔子学说在政治层面的影响。此外，有的弟子通过著书立说、招收学徒等方式，宣扬孔子学说。这也是继孔子周游列国之后，孔子学说的又一次大规模的传播运动，并使孔子学说由鲁、齐等地向四周扩散，为它在战国时期成为“显学”奠定了重要的社会基础。

---

① 王钧林：《中国儒学史(先秦卷)》，广东教育出版社1998年版，第168页。

尽管司马迁最早提出孔子弟子的三种倾向，但是这里也只是涉及子路居卫、子张居陈、澹台子羽居楚、子夏居西河、子贡终于齐等五位弟子。其中，子路“居卫”，还是孔子生前的事情，后班固将其删掉。唐代学者司马贞在《史记索隐》的按语中说：“子夏为魏文侯师。子贡为齐、鲁聘吴、越，盖亦卿也。而宰予亦仕齐为卿。余未闻也。”[①]在传世文献中，有关孔子弟子相关活动的记载较少，或者说，自孔子至孟子、荀子之间，早期儒学似乎还存在一个较为薄弱或被简化的环节，这是中国学术史上久已存在的客观现实。此种情况的出现，并非是说孔门弟子在儒学史上的地位不重要，而是由诸多因素造成的：一方面，有可能是因为附在孔子身上的光环尚未完全消退，这种光环将弟子的才能与智慧都遮蔽了；另一方面，极有可能是因为相关传世文献在流传过程中的阙如，导致七十子儒学缺位局面的恶化。当然，通过梳理传世文献的记载，孔门弟子结交诸侯士大夫、弘扬孔子学说，仍然可以勾勒出一个大体轮廓。

在孔门弟子中，弘扬孔子学说最为得力的应属子贡。子贡虽然既未著书立说，可能也未做过任何诸侯国的卿相，但是他凭借善于经商的优势，奔走于列国之间。作为孔子高足，子贡的学识不同于一般商人。正因如此，诸侯需要他的货物，更尊重他的学识。因此，他得到“结驷连骑，束帛之币以聘享诸侯，所至，国君无不分庭与之抗礼”（《史记·货殖列传》）的殊遇。诸侯国君在与他做生意时，都能以平等的礼节来接见他。在转运货物、结交诸侯过程中，子贡并未忘记他是孔子弟子。他积极宣扬着孔子的学说，同时对世人对孔子的误解给予有力的回应，甚至与抨击者激烈辩论。如他曾对叔孙武叔的“子贡贤于仲尼”“毁仲尼”等行为给予批判，还针对陈子禽“子为恭也，仲尼岂贤于子乎”（《论语·子张》）的言论进行反驳。由于子贡在弘扬孔子学说中所作的贡献，司马迁曾赞誉说：“夫使孔子名布扬于天下者，子贡先后之也。”（《史记·货殖列传》）即是说，子贡是孔门弟子中弘扬孔子学说中最重要的

① 〔汉〕司马迁：《史记》，中华书局1959年版，第3116页。

一人。而有“亚圣之德”（《三国志·吴书·诸葛腾二孙濮阳传》）一语，则是对包括子贡在内所有弘扬孔子学说的弟子所作贡献的最好评介。

与子贡通过经商结交诸侯、士大夫的方式不同，子夏则是通过在西河魏国“设帐讲学”，并在诸侯、士大夫间弘扬孔子学说。由于子夏继承孔子“学而优则仕”的原则，他的三百名弟子中，有不少都是参与政治、建功立业的著名人物。据《史记·儒林列传》《礼书》记载，田子方、段干木、吴起、禽滑鳌等人，皆曾“受业于子夏之伦，为王者师”，魏文侯也膺服于子夏所宣扬的孔子学说。正因如此，子夏在西河的名声大震，甚至河西人将他称为当地的孔夫子。如《礼记·檀弓上》中记曾参陈述子夏的三条罪状，其中第一条就是“吾与女事夫子于洙、泗之间，退而老于西河之上，使西河之民疑女于夫子”[①]。当然，虽然子夏宣扬孔子学说，侧重于政治路线，但是坚守“好于贤己者处”（《孔子家语·六本》）、“可者与之，其不可者拒之”（《论语·子张》）原则，决定了子夏具有“不畏惧大国君主和不受其侮辱的精神”[②]。尽管子夏曾将自己的过失归结于“离群而索居”（《礼记·檀弓上》），但是子夏在与诸侯、士大夫的交往中，同样未忘记孔子弟子的身份，如《尸子》记子夏说：“君子渐于饥寒而志不僻，侉于五兵而辞不慑，临大事不忘昔席之言。”[③]“不忘昔席之言”一语，表明子夏在处理重大问题时，他所遵循的仍然是孔子的教诲。

除子贡、子夏外，积极弘扬孔子儒学的弟子还有很多，如前引司马贞之语，就提到澹台灭明、子张、宰予等人，其中以澹台灭明的贡献最大。虽然传世文献对他南方之行中结交诸侯士大夫的情况记载有限，但是通过招收弟子的方式传播儒学应该是没有问题的。如《史记·仲尼弟子列传》云：“状貌甚恶。欲事孔子，孔子以为材薄。既已受业，退而修行，行不由径，非公事不

① 〔清〕孙希旦撰，沈啸寰、王星贤点校：《礼记集解》，中华书局1989年版，第191页。

② 李启谦：《孔门弟子研究》，齐鲁书社1987年版，第111页。

③ 李守奎、李轶：《尸子译注》，黑龙江人民出版社2003年版，第113页。

见卿大夫。南游至江，从弟子三百人，设取予去就，名施乎诸侯。”[①]而“非公事不见卿大夫”一语，尽管说明他不太愿意与政治人物接触，但是“弟子三百人”以及“设取予去就，名施乎诸侯”，则表明他在当时诸侯、士大夫心目中有着显赫的地位。当然，由于传世文献有关澹台灭明弟子的记载很少，每个授业弟子也未必能把握孔子学说的精华，但是弟子如水中涟漪般以他独特的方式将孔子儒学扩散开来。其中，“为师傅卿相”“友教士大夫”者，更是提高了儒学在政治领域的影响力。澹台灭明将儒学南传与子夏的北进遥相呼应，不仅使孔子学说在更大范围内传布，而且使孔子儒学有机会与其他地域的文化相碰撞，为孔子学说在新时期的大发展埋下了伏笔。

儒学在南传与北进的同时，曾子及子思等孔门后学在鲁、齐、卫等地，也扩大了儒学在诸侯、士大夫之间的影响。在《孟子》《礼记》《孔丛子》等文献中，有不少子思结交诸侯、士大夫的记载，如费惠公曾以子思为师，特别是鲁穆公与子思之间的问对屡见于册，有可能结下亦师亦友的亲密君臣关系。如鲁穆公向子思求教“庞糤氏之子不孝”(《韩非子・难三》)，如《孔丛子・公仪》记鲁穆公欲以公仪僭为相而求诸子思，而且后来欲任用子思为相，甚至诸如“吾国可兴乎”的问题，屡次向子思求教。二人的亲密关系也得到新出土文献的证实，如前引郭店楚墓竹简《鲁穆公问子思》一文记鲁穆公问子思曰：“何如而可谓忠臣？”子思回答说：“恒称其君之恶者，可谓忠臣矣。”[②]

据传世文献记载，子思的生活可能并不是很宽裕，如《孔丛子・公仪》中说：“子思居贫，其友有馈之粟者，受二车焉。”鲁穆公对子思亦是“亟问，亟馈鼎肉”，但终因子思以感知鲁穆公以“君之犬马畜伋”(《孟子・万章下》)拒之门外而结束。当然，二人之间的关系还是以穆公向子思请教治国之

---

① 〔汉〕司马迁：《史记》，中华书局1959年版，第2206页。

② 李零：《郭店楚简校读记(增订本)》，中国人民大学2007年版，第109页。

道为主，而子思常以“闻之曰”的语气给予答复，引起了鲁穆公的质疑。鲁穆公说：“子之书所记夫子之言，或者以谓子之辞也。”子思回答说：“臣所记臣祖之言，或亲闻之者，有闻之于人者，虽非其正辞，然犹不失其意焉。”[①]可见，子思与穆公之间的关系，亦类似于孔子与鲁哀公。他不仅成为穆公之师，而且在献计献策之余，亦时刻不忘弘扬孔子学说。

总之，孔子在世时，儒学的传播与弘扬是由孔子带领弟子或者由孔子弟子单独进行的，传播范围仅限于孔子师徒所到之处。尽管孔子在世时，他已经是当时人们心目中的“圣者”，但是总体来说，儒学仍然是以孔子的活动区域齐、鲁等地为中心的地域文化。在孔子去世后，孔子弟子散游于全国各地，儒学也在更大范围内得以传播。尤其是孔门后学通过招收弟子、友教诸侯士大夫等方式，对孔子学说进行弘扬与践履，不仅为它成为战国时期的“显学”奠定基础，而且与其他地域文化的碰撞和应接诸子的挑战，都为孔子儒学在新时期的发展带来诸多的机遇。

（二）“遵夫子之业而润色之”

如果说春秋时期诸侯间还主要是“争霸”战争，那么战国时期则应是“兼并”战争，即兼并土地、争夺城邑，直至吞并其他国家，甚至出现了“争地以战，杀人盈野；争城以战，杀人盈城”（《孟子·离娄上》）的空前惨况。在战争、冲突成为时代主题背景下，强调“正名”“修己以安人”的孔子学说受到“既绌”的结局，应是在情理之中的事情。尽管如此，孟子和荀子等人，仍将遵循、润色以及发展孔子学说作为其根本任务。如司马迁说：“于威、宣之际，孟子、荀卿之列，咸遵夫子之业而润色之，以学显于当世。”（《史记·儒林列传》）其实，不仅是孟轲、荀子等“遵夫子之业而润色之”，成为中国儒学史上最具代表性的大儒，而且这应是孔子之后早期儒家所共同遵循的原则。

① 傅亚庶：《孔丛子校释》，中华书局2011年版，第164页。

他们在研读孔子书、传播孔子学的同时，将孔子思想作为批判现实的有力武器，把社会秩序的重建作为最终目标。而在孔门后学的推动下，至战国时期，儒学同墨学共同成为当时的“显学”。

在《论语》中，孔子曾两次提到“吾道一以贯之”，应该说，作为政治思想家，孔子一生所关注的始终都未离开过社会秩序的重建问题。然而，如孔子说：“吾十有五而志于学，三十而立，四十而不惑，五十而知天命，六十而耳顺，七十而从心所欲，不逾矩。”（《论语·为政》）随着他对社会、人生规律的认识逐渐深化，其关注的侧重点也随之做出调整。同时，孔子自三十岁左右开坛授学，直至晚年最后一批弟子学有所成，前后长达四十余年，特别是以周游列国归鲁为分界点，前后传授给学生的内容是有所变化的，这也是孔子将其分为“先进”与“后进”的原因。如卫将军文子向子贡请教孔子七十余弟子中“孰为贤”时，子贡对以不知。此后，子贡解释说：“夫子之门人，盖有三千就焉。赐有逮及焉，未逮及焉，故不得遍知以告也。”（《孔子家语·弟子行》）此外，孔子“因材施教”，并形成“德行”“言语”“政事”与“文学”等四科，这使得孔子弟子所“遵孔子之业”应有所差别。当然，这不仅为孔子学说的发展带来新的契机，而且使孔子学说分化的危机潜藏其中。

在传世文献中，《论语》《孔子家语》《孔丛子》等作为研究孔子及其弟子思想的重要典籍，都主要是以“谘访交相问对”的形式呈现的。以《论语》为例，《汉书·艺文志》中说：“《论语》者，孔子应答弟子时人及弟子相与言而接闻于夫子之语也。”这些材料在反映孔子思想的同时，代表着弟子所思考、所关注的重要问题。只因弟子在向孔子请教问题时，缺少具体而特定的场景，给人们以随机、分散的感觉。其实，从记载七十子的相关内容来看，他们所关注的主要问题，在很大程度上也决定着“遵夫子之业而润色之”的基本范畴。在孔子去世后，虽然传世文献中与弟子相关的言行、活动的记载并不多，但是《孔子家语·弟子行》中子贡评价的十二位“亲睹者”的言行，应具有代表性。如冉雍的“在贫如客，使其臣如借，不迁怒，不深怨，不录旧罪”；如冉求的

“恭老恤幼，不忘宾旅，好学博艺，省物而勤也”；公西赤的“齐庄而能肃，志通而好礼，摈相两君之事，笃雅有节”，等等。在孔子听说后，赞誉他说：“赐，汝次为人矣。”由此可见，子贡对同门师兄弟的评价得到老师的认可。从中也可窥见孔子弟子“遵夫子之业而润色”的大概。

在孔子去世后，虽然有的弟子选择了“隐而不见”，但是大多数弟子仍然坚持积极入仕并推行孔子学说。如《韩非子·显学》所列居“儒分为八”之首的“子张之儒”，虽然荀子在其《非十二子》篇中将子张视为“贱儒”，但是从子张的言行来看，他终身都在实践孔子的“言忠信，行笃敬。”子张不仅将孔子此言“书诸绅”(《论语·卫灵公》)，而且在付诸实践层面亦卓有成效，进而得出“执德不弘，信道不笃，焉能为有？焉能为亡”(《论语·子张》)的结论。又如子游，尽管被荀子视为“贱儒”，但是他在遵循孔子学说上同样是极力实践的。如子游为武城宰，与冉求、子路以强权的办法处理公务不同，他主张用礼乐来化育社会，这一点与孔子的为政思想相通。如《论语·阳货》云：“子之武城，闻弦歌之声。夫子莞尔而笑，曰：‘割鸡焉用牛刀？’”当子游听说后，他生气地说：“昔者偃也闻诸夫子曰：‘君子学道则爱人，小人学道则易使也。’”子游遵循孔子以礼治国之道，也可从其整理的《礼运》篇所展现的“大同”社会理想中得到体现。子张和子游以具体行动来实践孔子学说，这也是孟子说子游、子张等人皆“有圣人之一体”(《孟子·公孙丑上》)的原因所在。

与其他弟子寥若晨星的“遵夫子之业而润色之”的材料相比，曾子留给后世的资料则相对丰富，且其对孔子思想的把握也更准确、全面。首先，曾子继承并发展了孔子的“忠信”之道。在孔子的言语中，“文，行，忠，信”“言忠信，行笃敬”等，都是常常被提及的重要内容。曾子按照“忠信”的原则时常反省：“吾日三省吾身，为人谋而不忠乎？与朋友交而不信乎？传不习乎？”(《论语·学而》)同时，他极力实践，如曾子之妻曾对儿子戏言：“女还，顾反为女杀彘。”(《韩非子·外储说左上》)为对儿子讲诚信、兑现妻子的诺言，曾子最终将猪给杀了。其次，“孝”亦是孔子学说的重要组成部分，如孔子曾说："父母在，不远游，游必有方。"曾子则发展了这一思想，并尽力能做到"义不离亲一夕宿于外"（《战国策》卷二九《燕一》）；如孔子曾说："三年无改于父之道，可谓孝矣。"（《论语·学而》）曾子则润色为"其不改父之臣与父之政，是难能也"（《论语·子张》）。大量文献记载表明，在遵循与润色孔子学说方面，曾子是其中的佼佼者。然而，曾子的仁德精神却被孔子、颜回所淹没；其勇的精神自孟子之后，就被融入孔子的"杀身成仁"和孟子的"浩然正气"中；其慎独的修养方式，也融合在《大学》之中。[①]最后，曾子给人们留下深刻印象的就剩"孝"的内容了。

尽管七十子从孔子那里继承的学说不尽相同，如《孟子·公孙丑上》云："子夏、子游、子张皆有圣人之一体，冉牛、闵子、颜渊则具体而微。"之所以如此，应与每位弟子的学识、出身及社会经历密切相关。如李启谦先生说："孔子的弟子，都尊崇孔子，都是儒家学说的信奉者，这是他们的共性。在此前提下具体到每个人，也还有自己的特点和个性。这些特点和个性，又丰富了他们的共性。"[②]然而，由于记载七十子"遵夫子之业"的文献缺失，而《荀子·非十二子》《韩非子·显学》等文献中对儒学分化现象的主观性评判，在一定程度上扩大了孔子弟子在尊奉、润色孔子学说之间的距离。郭沫若先生对此有清醒的认识，在评论《荀子·非十二子》时说："荀子骂人每每不揭出别人的宗旨，而只是在枝节上作人身攻击。"[③]当然，传世文献中所见七十子所记孔子的言语，一定经过了润色和加工，其中既有七十子自身的润色和附议，也有文献流传过程中减少与增加。尽管如此，子思的"虽非正其辞，然犹不失其意焉"一语，应是接近历史本真的。总之，孔子后学在孔子去世后，勇于承担孔子遗志，高举孔子"修己以安人""安百姓""安天下"的旗帜，无论是

① 参见李启谦：《孔门弟子研究》，齐鲁书社1987年版，第147页。

② 李启谦：《孔门弟子研究》，齐鲁书社1987年版，第84—85页。

③ 郭沫若：《儒家八派的批判》，《中国古代社会研究（外二种）》下，河北教育出版社2000年版，第716页。

积极进取、冷静退守，还是“隐而不见”，都在以不同的方式承担救世的责任与阐扬孔子学说的义务。

（三）弘道、践履与传经

孔子去世后，树有若为新领袖运动的失败，意味着因孔子而凝聚起来的儒学集团不得不走向分化。而《韩非子·显学》篇的“儒分为八”则是对战国时期儒学分化基本概况的总结。然而，韩非子的概括不仅“语焉不详”，而且并不能涵盖孔子七十子的基本状况。尤其是郭店楚简及上博简的问世，引起学术界对孔门弟子分化的状况研究的热潮。如梁涛先生据战国后期儒学分化“高级”阶段的状况进行反推，将儒学分为孟子重视仁（心）的内在派、荀子重视礼的外在派和《易传》的天道派[①]；姜广辉先生则以七十子之徒成就的高低为标准，选出子游、子夏、曾子三人，并将子游、子思、孟子一系称为“弘道派”，子夏一系称为“传经派”，曾子、曾申、乐正子春一系称为“践履派”[②]。反观七十子对孔子学说的弘扬，其总体并未超出姜先生所归结的三派。当然，由于文献不足征，全面系统地研究孔门弟子分化状况的条件尚不成熟，在前人研究成果基础上，姑且借用弘道、践履与传经等三个路径，简要分析孔门弟子弘扬孔子学说的基本情况。

在孔子学说体系中，“道”应处于至高的位置。如孔子说：“朝闻道，夕死可矣。”（《论语·里仁》）孔子和弟子也将“志于道”作为儒家学说的根本任务，甚至其学说可以称为“道学”。虽然孔子常常谈及“吾道”、弟子也常说“夫子之道”，但是早期儒家所谈之“道”究竟指何？历代学者的解释并不明

---

① 梁涛：《郭店竹简与思孟学派》，中国人民大学2008年版，第86页。

② 姜广辉：《郭店楚简与道统攸系——儒学传统重新诠释论纲》，《中国哲学》第二十一辑，辽宁教育出版社2000年版，第14页。

朗，有的直接将其释为“君子之道”[①]，有的简单地解释为“学说”[②]，甚至有学者对此避而不谈，直接称“孔子之道”。其中，“学说”“思想”等词语，逐渐为主流学者所接受。然而，尽管孔子说“言忠信，行笃敬”，并提到“忠恕违道不远”(《中庸》)，但是“忠恕”“忠信”“孝弟”等，似乎是“道”的践履，而非“朝闻道”之“道”本身。

其实，孔子之道不仅包含诸如此类的“人之道”的内容，而且晚年喜《易》，也使孔子从《周易》中所蕴含的天、地、人之道中得到启发。天地之道则逐渐走进孔子的视域。如《周易·系辞下》说：“《易》之为书也，广大悉备。有人道焉，有天道焉，有地道焉。”又如《说卦》中说：“昔者圣人之作《易》也，将以顺性命之理，是以立天之道曰阴与阳，立地之道曰柔与刚，立人之道曰仁与义。兼三才而两之，故《易》六爻而成卦。”由于晚年孔子对三才之道的领悟与把握，才使得他更容易感悟到“五十而知天命，六十而耳顺，七十而从心所欲，不逾矩”的人生真谛。当然，以“观德义”与“道不远人”为指导，不仅决定他与史、巫“同途而殊归”，而且决定他对“人之道”的坚守。在孔子心目中，古代圣王，尤其三代明王以礼治国，皆是闻道、践道的万世之楷模。孔子对“明王之道”的尊崇，不仅是孔子儒学的特质，而且是孔门弟子弘道的重要特征。而尊崇、弘扬“明王之道”的孔门后学，都应归属于“弘道”者的范畴。

孔子去世后，对“明王之道”理解深刻且有著作传世的孔门弟子应首推子游。孔子所说的“四科十哲”，子游是以文学见长，但在孔子看来，他应是一位对礼有独到见解的弟子。如《尸子》记孔子“礼不习，子游侍；辞不辨，宰我侍”。此外，由于《礼记·礼运》开篇有“言偃在侧”一语，因此，《礼运》作为儒家论礼的经典，属于子游之儒的著作，学术界也未有太大的分歧。如康有为《孟子微·序》说：“子游受孔子大同之道，传之子思，而孟子受业

---

① 程树德撰，程俊英、蒋见云点校：《论语集释》第一册，中华书局1990年版，第263页。

② 杨伯峻：《论语译注》，中华书局1980年版，第39页。

于子思之门。”如郭沫若说：“《礼记·礼运》一篇，毫无疑问，便是子游氏之儒的主要经典。”[①]此篇记述了儒家心目中圣王时期的社会状况：“大道之行也，天下为公，选贤与能，讲信修睦”的“大同”世界。在儒家看来，三代时期的圣王：禹、汤、文、武、成王、周公，都应是谨礼著义、刑仁讲让、示民有常的治世楷模。

除子游外，孔门弟子中致力于宣扬“先王之道”者，还有有若、子贡等人。如有若曾说：“礼之用，和为贵。先王之道斯为美，小大由之。有所不行，知和而和，不以礼节之，亦不可行也。”（《论语·学而》）如子贡曾说：“文武之道，未坠于地，在人。贤者识其大者，不贤者识其小者，莫不有文武之道焉。”（《论语·子张》）然而，在历代圣王中，“先王之道”或者孔子之“道”是怎样传承的？在传统社会此问题是不需要争论的，历代学者都坚信《论语·尧曰》中尧传舜的遗言“允执其中”的真实性。而“允执其中”或者“中”则是儒家传“道”的逻辑起点。

孔子之道的弘扬，子思、孟子及朱熹应起到关键性作用。如子思所作《中庸》，将“中”提到“天下之大本”的高度；孟子又“受业子思之门人”（《史记·孟子荀卿列传》），以“五百年必有王者兴”“当今之世，舍我其谁也”（《孟子·公孙丑上》）的气度，接续“文武之道”；朱熹则将古文《尚书·大禹谟》中的“人心惟危，道心惟微，惟精惟一，允执厥中”纳入其中，形成儒家完整的“道统”体系。尽管孔门后学很少能够把握“孔子之道”的本质内容，但是他们对“中”“中庸”以及“先王之道”的尊崇，也应属于弘道的范畴。

对“天命”的准确认识与把握，应是早期儒家“闻道”的重要前提。孔子直到五十岁才“知”，所以“知天命”是一件非常艰难的事情。从传世文献的

① 郭沫若：《儒家八派的批判》，《中国古代社会研究（外二种）》下，河北教育出版社2000年版，第723页。

记载来看，孔子弟子中能够真正“得其门”，并领会先王之道者，应是比较罕见的。孔子认为，颜回可能属于仅有的一个。基于此，孔子说：“中人以上，可以语上也；中人以下，不可以语上也。”（《论语·雍也》）因此，他与弟子谈话时，很少涉及天道、性命等形而上问题，这也是子贡深感“夫子之言性与天道，不可得而闻也”（《论语·公冶长》）的原因所在。当然，孔子作为政治思想家，其学说不会脱离现实社会与人生。所以他发出“道不远人。人之为道而远人，不可以为道”（《中庸》）的时代强音。在两难的困境下，孔子将“人道”或者“先王之道”作为教育教学的起点与重点。他希望弟子在“修己”基础上，能够实现“安人”“安百姓”“安天下”的崇高目标。应该说，无论是坚守孔子的“忠信”，还是实践曾参的“忠恕”，都应属于孔门弟子践履“夫子之道”或“先王之道”的范畴。

在孔门弟子中，曾参领悟到了“忠恕”原则，主张“慎独”，并实践“孝弟”之道。因此，曾子及其后学在孔子的旗帜下所创建的“洙泗学派”，成为践履“孔子之道”的重要阵地。而姜先生将其称为“践履”派，所看重的似乎也正是这一点。如曾参曾说：“士不可以不弘毅，任重而道远。仁以为己任，不亦重乎？死而后已，不亦远乎？”（《论语·泰伯》）此外，践履孔子之道者，还应包括有若、子张等孔门高足，如有若曾说：“君子务本，本立而道生。孝弟也者，其为仁之本与！”（《论语·学而》）如子张“问行”，孔子赠以“言忠信，行笃敬”六字。子张不仅将其“书诸绅”，而且在践履过程中，还进行了阐发，说：“执德不弘，信道不笃，焉能为有？焉能为亡？”（《论语·子张》）。其实，子张不但在思想上遵循先王之道，而且在言行举止上模仿圣人。如《荀子·非十二子》批评子张说：“弟佗其冠，神禫其辞，禹行而舜趋，是子张氏之贱儒也。”[①]当然，由于孔子弟子各有

---

① 〔清〕王先谦撰，沈啸寰、王星贤点校：《荀子集解》，中华书局1988年版，第104—105页。

“圣人之一体”，他们对师说的遵循，本质上均是以其独特的方式践履夫子之道。

除弘道与践履外，传经亦是孔子弟子阐扬孔子学说的重要途径。所谓“传经”，应有狭义与广义之分。广义“传经”，是指阐发孔子之道的所有著作，如《孝经》《曾子》《子思子》《论语》《孔子家语》等。这些著作，尽管掺杂着孔门后学的思想，但是都属于子思“虽非其正辞，然犹不失其意焉”的孔子遗言。在与孔子交流时，弟子都有随时记录和整理孔子言语的习惯，而且遇到重要问题，孔子还提醒弟子注意、记住[①]。《论语》《孔子家语》等文献中的“记”“志”“识”等，也多有“记录”的意思。而狭义的“传经”，主要是指对孔子所整理的《诗》《书》《礼》《乐》《易》《春秋》等先王政典进行传授，进而将孔子之意蕴阐发出来。

儒家经典传承，子夏作出了最重要和最杰出的贡献，历来学者也都给予了充分肯定。如东汉徐防说：“臣闻《诗》《书》《礼》《乐》，定自孔子；发明章句，始于子夏。其后诸家分析，各有异说。”[②]在汉代世人看来，至少“六经”中的四部都与子夏有关。如南宋洪迈在《容斋随笔》中说：“孔子弟子惟子夏于诸经独有书，虽传记杂言未可尽信，然要为与它人不同矣。于《易》则有传，于《诗》则有序……于《礼》则有《仪礼丧服》一篇……于《春秋》，所云：‘不能赞一辞’，盖亦尝从事于斯矣。公羊高实受之于子夏，谷梁赤者，《风俗通》亦云子夏门人。于《论语》，则郑康成以为仲弓、子夏等所撰定也。”[③]当然，随着传世文献的整理及新出土文献的面世，子夏是否传“六经”的问题，仍需要进一步细致论证，但他在经学史上的贡献是无庸置疑的。如王钧林先生说：“从经学史的角度看，子夏及其西河学派在释经和传经上的贡献

---

① 杨朝明、宋立林主编：《孔子家语通解》，齐鲁书社2013年版，代前言第2页。

② 〔汉〕范晔撰，〔唐〕李贤等注：《后汉书·徐防传》，中华书局1965年版，第1500页。

③ 〔宋〕洪迈撰，孔凡礼点校：《容斋随笔》，中华书局2005年版，第397—398页。

是值得特别予以表彰的。”[①] 此外，子游、曾参及商瞿[②] 等人对“传经”也有着重要的贡献。经过孔门弟子及其后学的努力，“六经”不仅成为此后中国文化阐释与传承的根基，而且为后世了解、解开中华上古文明之谜提供一把必备的钥匙。

孔门弟子对师说的阐扬，尽管被人为地划分为“弘道”“践履”与“传经”三派，但是三者之间并不存在本质的差异。每位弟子并非单纯地属于一类，他们都是以独特的方式将其心目中的孔子展现出来。在此过程中，子贡的“贤者识其大者，不贤者识其小者，莫不有文武之道”一语，同样可以说明孔门弟子之间的差异。意思是，“弘道”者用言语来宣扬孔子，“践履”者用行动来展现孔子，而“传经”者是由注释或者章句“六经”入手，无一不是将师说中蕴含的微言大义及先王之道揭示出来。如杨朝明先生说：“因为孔子‘述而不作’，是孔门弟子记录并阐发了孔子学说，从而形成为中国传统思想观念的内核。孔子学说赖其弟子而传，没有孔子弟子，我们几乎无从了解孔子；没有孔子弟子，我们也无从了解原始儒学。”[③] 正因弟子们的宣扬，孔子学说不仅“未坠于地”，而且为儒学成为战国时期的“显学”，进而成为此后传统中国的主导思想奠定了基石。

三、孔子后学发展孔子学说

孔门弟子极力尊崇与弘扬孔子学说，不仅使孔子儒学在全国范围内传播，而且为孔子学说的发展带来前所未有的机遇与挑战。战国时期学术氛围相当浓厚，诸子学间的相互辩论、责难就成为常见现象。因此，如何应对其他诸子的

---

① 王钧林：《中国儒学史（先秦卷）》，广东教育出版社1998年版，第171页。

② 据《史记·仲尼弟子列传》：“孔子传《易》于瞿，瞿传楚人馯臂子弘。”

③ 杨朝明：《孔门师徒与原始儒家学派的构成》，《出土文献与儒家学术研究》，台湾古籍出版有限公司2007年版，第177页。

责难，如何弘扬孔子学说，就成为摆在战国时期儒家面前重要而艰巨的历史使命。在“百家争鸣”的学术氛围中，子思、孟子、荀子脱颖而出，成为此时儒家学派最具代表性的人物。在与诸子的辩论中，他们不仅弘扬孔子学说而维护师道尊严，而且从不同的侧面深化、发展了孔子学说，使孔子儒学成为当时名副其实的“显学”。

（一）子思：整理孔子遗说，成就一代宗师

子思，名孔伋，字子思，孔子裔孙。子思作为春秋战国之际最著名的思想家之一，曾为师傅卿相，友教士大夫，积极地弘扬孔子学说，“子思之儒”（《韩非子·显学》）是早期儒家最重要的支派。子思自幼就受到孔子思想的深刻影响，在孔子去世后，又以孔子高徒曾参为师，整个链条是由孔子、曾子、子思、子思门人以及孟子组成的。而子思、孟子则成为整个链条中最关键的环节。即子思上承孔子的“中庸”之道，下启孟子的“心性”之学，在“孔孟之道”的传承过程中，起到至关重要的作用。当然，子思不仅著书立说继承孔子学说，而且曾专门辑录、整理孔子遗说，为孔子遗说的传世作出了重要贡献。基于此，子思也成为中国儒学史上的一代宗师，后世尊封其为“述圣”。

据传世文献记载，除习礼、乡饮酒礼等集体活动外，孔子的教学主要以弟子侍坐、师徒问对等谈话方式进行，如“颜渊、季路侍”（《论语·公冶长》）、“子夏侍坐于孔子”（《孔子家语·论礼》）、“宾牟贾侍坐于孔子”（《礼记·乐记》）。在交谈中，孔子弟子将重要的内容记录下来，如子张“书诸绅”（《论语·卫灵公》）、“弟子敢不志之”（《孔子家语·论礼》）及“退而记之”（《孔子家语·五刑解》）等。当遇到特别重要的问题时，孔子时常也会提醒弟子记下来，如“小子识之”“弟子志之”（《孔子家语·正论解》）等。此外，如《孔子家语·七十二弟子解》云：“叔仲会，鲁人，字子期，少孔子五十岁。与孔琁年相比。每孺子之执笔记事于夫子，二人迭侍左右。”意思是，

在诸多弟子中，可能有专门负责记录孔子言语的弟子门人。可见，孔子弟子有记录、整理、保存笔记的习惯，应该是真实可信的。

由于孔子坚持“述而不作”(《论语·述而》)原则，所以孔门弟子的笔记也成为后世了解孔子及其学说的重要途径。《论语》《史记》《孔子家语》等所载孔子的言论，极有可能是孔门弟子笔记辑录后的产物。然而，何时辑录？怎样辑录？由谁辑录？诸如此类的问题，两千多年来一直困扰着欲探求真相的学者们。当然，问题的关键还在于对《论语》《孔子家语》等成书问题的探讨，前引班固《汉书·汉文志》中对《论语》的材料来源、最初编成册的时间等问题都做了明确的说明。而“夫子既卒”则意味着应在孔子去世后不久。孔子弟子在顿然失去精神寄托时，辑录孔子的遗言，应是最好的时机。弟子服三年丧之后，尽管“相诀而去”，但是“弟子及鲁人往从冢而家者”有百余室，并组成新的“孔子家”。孔子言语的原始集结极有可能是在此时的“家”中完成的。这也是将整理的孔子遗说称之为“孔子家语”的原因。

当然，《论语》具体成书于何时？最早集结是由谁来完成？此类问题学术界还存在很大的分歧。尽管如此，孔安国《孔子家语后序》的说法还是值得注意的。他说：“《孔子家语》者，皆当时公卿士大夫及七十二弟子之所谘访交相对问言语也。既而诸弟子各自记其所问焉，与《论语》《孝经》并时。弟子取其正实而切事者，别出为《论语》，其余则都集录之，名之曰《孔子家语》。”[①]在古代汉语中，《论语》中的“论”，应是“选择”“别择”的意思。如《国语·齐语》中曰：“权节其用，论比协材。”如《荀子·王霸》云：“君者，论一相，陈一法，明一指，以兼覆之，兼照之，以观其盛者也。”而“语”是众弟子“接闻于夫子之语”；“正实而切事”，则是《论语》的编纂者取舍的标准。也就是说，《孔子家语》应有“属文下辞，往往颇有浮说、烦而不要”的特点。而《汉书·艺文志》将《孔子家语》列入《论语》类文献，也

① 杨朝明、宋立林主编：《孔子家语通解》，齐鲁书社2013年版，代前言第578页。

为孔安国的说法提供了有力的旁证。即《论语》《孔子家语》，都应是辑录孔子遗说的产物。

《论语》最初成书于何人之手？这也是学术界长期争而未有定论的问题。由于《论语》中记有曾子临终之言，所以它结集的上限应在曾子去世之后。学者关注或者争论的焦点是其下限。由于《礼记·坊记》曾出现"《论语》"书名，并征引"三年无改于父之道，可谓孝矣"的语句。再加上《坊记》是《子思》中的一篇，由此可以推定《论语》在子思生活的年代或者《坊记》成书之前就已经成书。然而，由于《礼记》并非先秦典籍原貌，而是西汉时期的戴圣整理、汇集早期文献的典籍，因此使此条材料的价值大打折扣。如果说此处所引《论语》之言还有汉代添加的嫌疑，那么郭店楚墓竹简与《论语》相类的言语①，至少证明《论语》成书应在郭店楚墓竹简下葬的公元前三百年之前。此外，由于《论语》所记曾子言语十分厚重，其最初编纂成书者则极有可能是曾子弟子。由此推论，《论语》应是曾子后，孟子前曾子的某位弟子，而子思应是最合适的人选。如杨朝明先生说："说《论语》出于子思，不仅与以前学界的论证相合之处较多，更重要的是符合《论语》内容所反映出来的信息，与孔子之后儒学传承的实际十分吻合。"②而将"正实而切事"的孔子遗言选编成《论语》后，其余材料很自然就应是《孔子家语》的最初版本。当然，《论语》《孔子家语》成书后，经过长时间的传抄，形成了后来齐《论语》、鲁《论语》和古《论语》等不同的版本。而传抄中出现的差异，则与《论语》类文献的晚出、后世学者有意造伪等情况，应有本质的区别。

---

① 郭店简《语丛三》中有两处与《论语》中的句子基本一致：一处是第五〇、五一的简文可隶定为"志于道，据于德，依于仁，游于艺"，此语又见于《论语·述而》；另一处是第六四、六五简文可隶定为"亡（毋）意亡（毋）古，亡（毋）物不物；亡（毋）义（我）亡（毋）必，皆至焉"，也与《论语·子罕》"毋意、毋必、毋固、毋我"基本一致。

② 杨朝明主编：《论语诠解》，山东友谊出版社2012年版，第7页。

通过对孔子遗说的整理，子思掌握了更多孔子言论。正因如此，子思才能娴熟地征引孔子之言作为其论说的依据。当然，对子思所引孔子言论，社会中也曾出现质疑之声，前引鲁穆公谓子思之语“子之书所记夫子之言，或者以谓子之辞也”即是如此。虽然二人的对话并不复杂，但是透露出不少信息。一方面，它体现了子思作为孔子裔孙的优势；另一方面，表明此时子思已经有著作传世。尽管由于传世文献的缺失，子思有哪些著作现在已无法详知，但是子思有著录之书应该是没有问题的。如《圣门十六子书》中说：“子思从曾子受业，诚明道德，有心传焉。乃述父师之意，穷性命之原，极天人之奥，作《中庸》书，以昭来世。”又如《孔丛子·居卫》说：“‘文王囚于牖里，作《周易》；祖君屈于陈、蔡，作《春秋》，吾困于宋，可无作乎？’于是，撰《中庸》之书四十九篇。”[①]《汉书·艺文志》亦有“《子思》二十三篇”的记载。虽然《子思》与《中庸》名称不同，但是都应是指子思的著作。按照古书的命名习惯，《中庸》极有可能作为《子思》首篇，或者是其代表作。可见，子思不仅领撰孔子遗言，而且以著书立说方式弘扬孔子学说。这些贡献足以使其成为当之无愧的儒学大师。

当然，子思被称为一代儒学宗师，不只是因为“传经”的贡献，更重要的是他全面继承与发展了孔子学说。以天道、性命为例，子思上接孔子所开创的性与天道的儒家理论方向，向内挖掘人性内涵，把握人性发展的内在规律，进而使儒家“仁学”有了牢固的人性论基础。如《中庸》开篇说：“天命之谓性，率性之谓道，修道之谓教。”子思有关天命、人性的论述，也得到了新出土文献的证实。如郭店楚墓竹简《性自命出》中说：“性自命出，命自天降。道始于情，情生于性。”可见，人性是连接天道与人道的重要桥梁，是统治者教化民众的理论基石。而《中庸》中“诚者”与“诚之者”的阐述，则集中展现了子思的智慧，他说：

---

① 傅亚庶：《孔丛子校释》，中华书局2011年版，第133页。

自诚明，谓之性，自明诚，谓之教……唯天下至诚，为能尽其性；能尽其性，则能尽人之性；能尽人之性，则能尽物之性；能尽物之性，则可以赞天地之化育；可以赞天地之化育，则可以与天地参矣。

而孟子的“尽心”说，应是对子思性命学说的继承与发展，如孟子说：“尽其心者，知其性也。知其性，则知天矣。存其心，养其性，所以事天也。夭寿不贰，修身以俟之，所以立命也。”（《孟子·尽心上》）可见，天道、性命问题，是原始儒家普遍关注的哲学命题，并且存在着内在的一致性。

由于子思曾领撰整理孔子遗说，所以他对孔子学说的把握也更加细致全面。一方面，由“诚”“诚之者”入手，将儒家“内圣外王”之学提高到哲学的高度；另一方面，子思可能受到《尚书·洪范》五行“金木水火土”的影响，将此五行与儒家的“仁义礼智圣”结合起来，作为构建儒家“五行”学说的基础。这也为孟子的“四端”“仁政”学说奠定了基础。而郭店楚墓竹简《五行》篇的问世，则使荀子所批评的“子思唱之，孟子和之”（《荀子·非十二子》）的“五行”有了切实的依据。当然，只是由于与子思相关文献的缺失，在很长一段时间里，孔孟之间儒学的样貌几乎空白。然而，随着地下新出文献的不断面世，不仅先秦时期的中国儒学史有望重写，而且由于文献缺失而造成子思地位被忽视的局面也被逐渐打破，子思一代宗师的地位将会逐渐得到后世的认同。

（二）孟子：“私淑”孔子，描画“仁政”蓝图

孟子是继孔子之后，战国时期儒家最重要的代表人物和儒学宗师。尽管孟子出生时，孔子已经去世一百余年，但是这并不影响孟子“祖述尧舜”“宗师仲尼”的儒家特色。与同时代的其他儒者相比，孟子是以“私淑”孔子自居的。孟子说：“君子之泽五世而斩，小人之泽五世而斩。予未得为孔子徒也，予私淑诸人也。”（《孟子·离娄下》）当然，孟子对孔子学说的继承，并非像

颜回“夫子步亦步，夫子趋亦趋”(《庄子·天子方》)那样的虔诚，而是吸收孔子学说的精髓，积极地回应时代给予的挑战。孟子所处的时代，无论从战争规模，还是文化发展的动态，与春秋时代都有明显的不同。一方面，战争规模与惨烈程度都是空前的，为了遏制诸侯国君战争的欲望，他提出“义战”理念；另一方面，为回应诸子对儒学的抨击与责难，孟子以他的机智与好辩，不仅赢得对手的尊重，而且展现出儒学内涵的深邃与理论的高度。其中，孟子对“仁政”蓝图的构建，是他学说的核心，并发出“不以仁政，不能平治天下”(《孟子·离娄上》)的时代最强音。

所谓“私淑”孔子，即虽然未亲聆孔子的教诲，但是亦膺服与宗仰其学。如朱熹解释说：“私，窃也。淑，善也。……人或不能及门受业，但闻君子之道于人，而窃以善治其身，是亦君子教诲之所及。”①可以说，孟子一生都在效法孔子，正如孟子所说：“可以仕则仕，可以止则止，可以久则久，可以速则速，孔子也。……乃所愿，则学孔子也。”(《孟子·公孙丑上》)当然，孟子所处的时代，战争是异常的惨烈，正如司马迁所说：“当是之时，秦用商君，富国强兵；楚、魏用吴起，战胜弱敌；齐威王、宣王用孙子、田忌之徒，而诸侯东面朝齐。天下方务于合从连衡，以攻伐为贤，而孟轲乃述唐、虞、三代之德，是以所如者不合。”(《史记·孟子荀卿列传》)尽管如此，孟子“私淑”孔子的立场非常坚定。无论是青少年时期的立志向学，中年时期的列国游说、开坛授学，还是晚年时期的著书立说，似乎在孟子身上又看到了另一个鲜活生命体的孔夫子。

据传世文献记载，孟子所到的诸侯国主要有齐、宋、滕、薛、梁、鲁等。与孔子的栖栖遑遑不同，孟子动辄“后车数十乘，从者数百人，以传食于诸侯”(《孟子·滕文公下》)。尽管孟子所到之处，都得到了诸侯国君的重视，如梁惠王向他请教为政，齐宣王向他请教“霸政”，滕文公向其请教如何事

---

① 〔宋〕朱熹:《四书章句集注》，中华书局1983年版，第362页。

楚、齐等，但是他的“仁政”学说始终未得到诸侯国君真正的践行。当然，孟子的“仁政”与孔子“正名”的命运相似，尽管二者都是社会正常运作必不可少的要素，但是在战争成为时代主题的情况下，也决定了儒家学说的历史命运。直至孟子去世，他的治世努力也并未得到世人的理解，甚至有人讥讽其“迂远而阔于事情”。孟子晚年已深知他的学说不会被时代采用，因此，他仿效孔子著书立说，“退而与万章之徒序《诗》《书》，述仲尼之意，作《孟子》七篇”（《史记·孟子荀卿列传》）。孟子一生，不仅与孔子有相似的遭遇和命运，而且在行动与言语上极力模仿孔子。如卫灵公问“陈”，孔子答以“俎豆”（《论语·卫灵公》）；梁惠王问“利国”，孟子对以“仁义”（《孟子·梁惠王上》）。如宋桓魋欲害孔子，孔子称“天生德于予”（《论语·述而》）；鲁臧仓诋毁孟子，孟子曰“臧氏之子，焉能使予不遇”（《孟子·梁惠王下》）。可见，孟子是孔门后学中最真诚的“私淑”弟子。

孟子不但在行动上类似于孔子，而且根据战国时期社会的特点发展了孔子学说。如谢祥皓、刘宗贤二先生说：“孟子伦理思想与政治思想的哲学基础，就是性善论。由本性所具之‘善端’，故而引出‘四德’；由‘不忍人之心’故而引出‘仁政’。它既是孟子思想体系之根基所在，也是贯串于中国儒学发展的全部历程的根本性论题。”[①]孟子所总结和发展的孔子心性学说，引发了此后两千余年学者人性本善还是本恶的争论。与孔子“性相近，习相远”相比，孟子“性善论”是其心性论的理论基石。此外，孟子还提出实现性善的途径：“尽心”。即从尽心、知性、知天到立命等哲学概念，体现出孟子对人之本性的认识。而“尽心”是指竭尽心力，充分发挥人心的思考作用。“知”既具有认识、知道之意，也有自身的考察、反思之意。孟子认为，只要充分发挥“心官”的作用，就能认识、体察人的善性。此外，“善端”是人的自然本性；保存心思，培养善性，从人性之自然，顺而循之，就能认识、掌握人性之

① 谢祥皓、刘宗贤：《中国儒学》，四川人民出版社1998年版，第90页。

善的发展规律，就能达到至善的目标。因此，孟子“尽心”，是善性萌芽、生长、开花的基点，也是“仁政”学说的理论基石。

在孔子“仁”学的基础上，孟子发展并完善了“仁政”理论，也为实现“仁政”的方式进行了有益的探索。首先，孟子仿效孔子从上古三代的文化传统中寻找理论依据，提出“法先王”的政治口号；其次，他认识到普通百姓在现实社会中的决定性作用，提出“不违农时”及“制民之产”的时代强音。基于此两点，孟子勾勒出影响中国两千余年的“仁政”蓝图。

“法先王”应是先秦儒家共同遵循的原则，甚至“孔子之道”与“先王之道”都可以划等号。但是从孔子及其弟子问对的言语来看，他们更重视“先王”之礼，这可能与其欲纠正当时“礼坏乐崩”的社会秩序有关。孟子则侧重于阐发“先王之道”的“安人”“安百姓”“安天下”内容，并将三代明王视为“与民同乐”的楷模。如梁惠王曾立于沼上，问“贤者亦乐此乎”的问题时，孟子回答说：“文王以民力为台为沼。而民欢乐之，谓其台曰灵台，谓其沼曰灵沼，乐其有麋鹿鱼鳖。古之人与民偕乐，故能乐也。”（《孟子·梁惠王上》）又如虽然齐宣王所好之“乐”并非“先王之乐”，但是孟子认为只要做到“与民同乐”，就可以使天下归服了。如孟子说：“乐民之乐者，民亦乐其乐；忧民之忧者，民亦忧其忧。乐以天下，忧以天下，然而不王者，未之有也。”（《孟子·梁惠王下》）可见，孟子“法先王”，并未拘泥于“先王之道”的具体内容，而是远接王道之“敬德保民”思想，从统治者“道德修行和以得民心为政事处理的中心”①两个方面，对“保民而王”思想进行阐发。

当然，如何“保民”？如何达到“与民同乐”？这是孟子“仁政”学说所关注的核心问题。首先，孟子提出民众应有“恒产”的理念，说：“民之为道也，有恒产者有恒心，无恒产者无恒心。苟无恒心，放辟邪侈，无不为已。”

① 陆玉林：《中国学术通史（先秦卷）》，人民出版社2004年版，第136页。

在孟子看来，要避免"罔民"的出现，最根本的办法就是贤君"恭俭礼下，取于民有制"(《孟子·滕文公上》)。而"取于民有制"，即对人民征收赋税要有节制。孟子认为，三代明王所实行的国中"什一"税与乡野"九一而助"的赋税制是合理的。他说："昔者文王之治岐也，耕者九一，仕者世禄，关市讥而不征，泽梁无禁，罪人不孥。"(《孟子·梁惠王下》)又说："夏后氏五十而贡，殷人七十而助，周人百亩而彻，其实，皆什一也。"此外，孟子"仁政"主张从正"经界"开始，说："经界不正，井地不钧，谷禄不平。是故暴君污吏必慢其经界。经界既正，分田制禄可坐而定也。"(《孟子·滕文公上》)虽然孟子托古改制的办法显得有些迂阔，但是他对土地问题的重视，抓住了几千年来中国社会民生问题的核心。

此外，孟子还提出"制民之产"与"使民以时"的主张。在孟子心目中，先王的"制民之产"更为合理，他说："是故明君制民之产，必使仰足以事父母，俯足以畜妻子，乐岁终身饱，凶年免于死亡。然后驱而之善，故民之从之也轻。"(《孟子·梁惠王上》)应该说，孟子的"制民之产"主张，尽管只是解决民众的温饱问题，并非儒家理想的"大同"社会那样美好，但是战国时期的诸侯如果能效法古代"明君"尽力实施"制民之产"，就已经是难能可贵的了。当然，要实现孟子所提出的"老者衣帛食肉，黎民不饥不寒"的理想状态，君主们首先要保证民众劳动的时间，即"无失其时""勿夺其时"(《孟子·梁惠王上》)。这也是孟子针对诸侯为满足自己私欲，肆意疯狂地发动战争的一种讽谏。

总之，作为孔子的"私淑"弟子，他不仅仿效孔子，继承孔子学说的精髓，而且根据战国时代的特点，对孔子学说进行调整与发展，构筑起完整的"仁政"理论体系，成为中国政治思想史上宝贵的财富。如谢祥皓、刘宗贤二先生说："民本，仁政，王道，三位一体，构成孟子相当系统完整的政治观：以民本为理论基础，以仁政为治政方针，从而实现王道之治的政治目标。作为政治思想学说，它对于孔子的'德政''礼治'，有了重大的发展；特别是

'民本''仁政'的理论阐述，实大大补益了孔子思想学说的不足。"[①]同时，孟子安邦济民的精神，不仅体现了原始儒家的淑世情怀，而且上承孔子的弘道传统，下启以天下为己任的经世思想。[②]虽然他的"仁政"学说，并未得到当时社会统治者的采纳和运用，但是成为此后中国知识分子批评现实社会、追寻梦想的有力武器，无疑为后世留下了一笔宝贵的精神财富。

（三）荀子：深刻批判现实，主张师法"后王"

近年来，学术界掀起一股荀学的热潮，荀子的"儒家别宗""儒家异端"等传统形象已经逐渐淡出人们的视域，重估荀子及其学说的价值，"先秦时期最后的儒学大师"的说法逐渐得到人们的认同。如王钧林先生说："荀子是继孔子、孟子之后的又一代儒学大师，也是先秦时代最后一位儒学大师。"[③]然而，与孟子欲用"仁政"学说化育天下不同，荀子则对当时的政治、诸子思潮等展开了深刻的批判。当然，荀子的批判性是与当时的社会现实密不可分的，正如司马迁说："荀卿嫉浊世之政，亡国乱君相属，不遂大道而营于巫祝，信机祥，鄙儒小拘，如庄周等又猾稽乱俗，于是推儒、墨、道德之行事兴坏，序列著数万言而卒。因葬兰陵。"（《史记·孟子荀卿列传》）可见，荀子批判的对象不仅包括对儒学攻击的诸子，而且涉及将儒学引向歧途的"鄙儒"。从荀子对诸子批判的言语中，不难看出他同孔、孟一样均为关注社会现实的政治思想家，即在思想传承上，荀子以孔子为"宗师"，言性恶，尚礼治，批判与吸收诸子学说，开创了先秦儒学发展史上的新局面。

至荀子之时，战国诸子之间的争鸣将先秦思想文化推入空前的繁荣期。而稷下学宫作为文化学术交流的中心，不仅是百家争鸣的产物，而且为诸子论辩

---

① 谢祥皓、刘宗贤：《中国儒学》，四川人民出版社1998年版，第85页。

② 杨国荣：《孟子评传——走向内圣之境》，广西教育出版社1994年版，第11页。

③ 王钧林：《中国儒学史（先秦卷）》，广东教育出版社1998年版，第222页。

提供了广阔的平台。尽管此时诸子著书立说都以“务为治”为旨归，但是鉴于要“用世”，所以这些学说之“道”中都加入了“术”的内容。而诸子对自己学说的兜售，同样加剧着社会舆论的混乱，如《荀子·非十二子》开篇说：“假今之世，饰邪说，交奸言，以枭乱天下，矞宇嵬琐，使天下混然不知是非治乱之所存者有人矣。”为正本清源，荀子对当时最具影响力的诸子各家：它嚣、魏牟、陈仲、史鳝、墨翟、宋钘、慎到、田骈、惠施、邓析、子思、孟子等都进行了批判。荀子认为，它嚣、魏牟之学“纵情性，安恣睢，禽兽行，不足以合文通治”；陈仲、史鳝之学“忍情性，綦谿利跂，苟以分异人为高，不足以合大众，明大分”；墨翟、宋钘之学则是“不知壹天下、建国家之权称，上功用、大俭约而僈差等，曾不足以容辨异、县君臣”的缺陷等。尽管这些学说都存在这样那样的弊端或者缺陷，但是它们“持之有故，其言之成理”的特点，也足以能“欺惑愚众”。荀子批判诸子，并非为私己，而是欲将社会复归到“总方略，齐言行，壹统类”“一天下，财万物，长养人民，兼利天下”①的理想状态。当然，如周山先生所说：“荀况既是子学思潮总结期的儒家领袖、子学思潮的主流学者，又是扼制子学思潮继续前行的主要障碍。”②

不良的政治现象也是荀子批判的对象。如当有人说“孙卿不及孔子”时，荀子后学则道出荀子“不得已”的初衷。如《荀子·尧问》中说：“孙卿迫于乱世，鳝于严刑，上无贤主，下遇暴秦，礼义不行，教化不成，仁者绌约，天下冥冥，行全刺之，诸侯大倾。当是时也，知者不得虑，能者不得治，贤者不得使。”正因如此，整个社会才出现“君上蔽而无睹，贤人距而不受”的无道局面。如针对齐襄王“后”主政而带来的政治黑暗，荀子批评说：“相国舍是而不为，案直为是世俗之所以为，则女主乱之宫，诈臣乱之朝，贪吏乱之官，众庶百姓皆以贪利争夺为俗，曷若是而可以持国乎？”（《荀子·强国》）

---

① 〔清〕王先谦撰，沈啸寰、王星贤点校：《荀子集解》，中华书局1988年版，第97页。

② 周山：《中国学术思潮史·子学思潮》，上海社会科学院出版社2006年版，第481页。

杨朝明先生评论说："作为稷下学宫祭酒的荀子不满于齐国的政治，就会进行批评，可能由于这个原因，他遭到齐人的谗害，不得已又去了楚国。"[①]此外，荀子还提出任用"圣臣"的主张，将人臣分为态臣、篡臣、功臣以及圣臣，说："用圣臣者王，用功臣者强，用篡臣者危，用态臣者亡。"荀子将当时社会最具影响、显赫一时的张仪、苏秦等都划归到"态臣"的行列，说："故齐之苏秦，楚之州侯，秦之张仪，可谓态臣者也。"(《荀子·臣道》)

尽管"批判"贯穿于荀子的一生，但是并非其好辨说，而是不得已而为之。正如《荀子·正名》中说：

> 夫民易一以道而不可与共故，故明君临之以势，道之以道，申之以命，章之以论，禁之以刑。故其民之化道也如神，辨势恶用矣哉！今圣王没，天下乱，奸言起，君子无势以临之，无刑以禁之，故辨说也。实不喻然后命，命不喻然后期，期不喻然后说，说不喻然后辨。

可见，荀子已经认识到"势""刑"比"辨""说"，更能务息奸言与奸行。如陆玉林先生说："权势与刑罚，比辨说更能'息奸言'；学术与思想归于'正道'，不能靠说理，而要靠极权。这是荀子的洞见，更是所有极权主义者的不二法门。"[②]然而，此处的"势""刑"，并非后世君主集权下的"权势"与"刑法"，而是"圣王"所制用的礼法。如荀子说："礼者，治辨之极也，强固之本也，威行之道也，功名之总也。王公由之，所以得天下也；不由，所以陨社稷也。"(《荀子·议兵》)而荀子对"礼""德""刑"的重视，正是孔子、冉雍为政思想的应用与发展。

在批评先秦时期的诸子之后，荀子将先王之"礼义"作为拯救社会的重

---

① 杨朝明注说：《荀子》，河南大学出版社2008年版，第4页。

② 陆玉林：《中国学术通史（先秦卷）》，人民出版社2004年版，第185页。

要方案。他认为，“礼义”的产生并非与生俱来，而是“生于圣人之伪”。他说：“圣人积思虑，习伪故，以生礼义而起法度，然则礼义法度者，是生于圣人之伪，非故生于人之性也。若夫目好色，耳好声，口好味，心好利，骨体肤理好愉佚，是皆生于人之情性者也；感而自然，不待事而后生之者也。夫感而不能然，必且待事而后然者，谓之生于伪。”（《荀子·性恶》）荀子严格区分了人性中的“天性”与“人为”，而“性恶”则是“从人之性，顺人之情”的产物。可见，荀子将人的自然欲望、自然属性视为人性，与孟子的“性善”之“性”并不相同。即荀子“性恶”与孟子“性善”，并不存在天然而不可逾越的鸿沟，这可以从荀子的“涂之人可以为禹”与孟子“人皆可以为尧舜”中获得有益的启示。二者的“殊途而同归”，也逐渐得到学术界的认同。如杨朝明先生说：“孟子言‘性善’所注重的是人生而固有的各种‘善端’，所以性必须继续扩充；荀子所言性乃指自然而生就的本能，顺性则走向恶，故而性必须加以改造，‘善’生于人为的礼义教化。”[①]储昭华先生将孟子“性善”归结于“朝向未来与人的超越能在性”，将荀子“性恶”归于“立足当前与人的现成性”[②]，其归结点都是欲用圣人的“仁义道德”来纠正由于人性贪欲而造成的社会无序状态。

先秦儒家均主张“法先王”，荀子自然也不例外。荀子将人分为俗人、俗儒、雅儒、大儒等四类。而“大儒”则是“法先王，统礼义，一制度；以浅持博，以古持今”的典范。如果这样的人能得到重用，就能实现“百里之地久而后三年，天下为一，诸侯为臣，用万乘之国，则举错而定，一朝而伯”（《荀子·儒效》）。尽管子思、孟子等也主张“法先王”，但是荀子认为他们“略法先王而不知其统，犹然而材剧志大，闻见杂博。案往旧造说，谓之五行，甚

① 杨朝明注说：《荀子》，河南大学出版社2008年版，第21页。

② 储昭华：《朝向未来与立足当前——孟子与荀子人性论及其效应的比较考察》，《哲学研究》2006年第10期。

僻违而无类，幽隐而无说，闭约而无解。”(《荀子·非十二子》)此外，先王并非“无传政”“无善政”“传者久”的缘故。由于“文武之道同伏羲”(《荀子·成相》)、“百王之无变，足以为道贯”(《荀子·天论》)，因此，荀子主张的“法后王”与思孟的“法先王”，并没有本质的差别。如荀子所说：“欲观千岁，则数今日；欲知亿万，则审一二；欲知上世，则审周道；欲知周道，则审其人所贵君子。”(《荀子·非相》)可见，与孟子“尊先王”以托古而改制相比，荀子“法后王”意味着将主要精力投向“周王”与仿效“周道”。

尽管荀子提出“法后王”的概念，但是他并未作明确的界定，这也给后世学者留下了非常广阔的诠释空间。其实，了解荀子“后王”何指至关重要，这不仅影响到对荀子思想的认识，而且影响到对荀子整个思想体系的评价。然而，后世学者对它的认识分歧很大，如杨倞、王先谦认为是“近时之王”；刘师培认为是“守成之主”；梁启超认为是“总汇‘百王’‘圣王政教’之迹的君师”；章太炎认为是指“素王”孔子；任继愈则认为是包括文、武、周公和孔子在内的圣哲。[①]杨朝明先生认为，“法后王”乃“法周公”，说：“既然循‘道’应不过夏、商、周三代，而周道又继承了夏道、殷商之道，那么，所‘法’的‘后王’应是周道中人，而最能代表周道，奠定了周代礼乐文明基础的乃是周公。”[②]而荀子将周公称为“后王”，也可在《荀子·解蔽》篇中得到相应的启示。在荀子的心目中，孔子是“德与周公齐，名与三王并”的，认为“周公”是与夏商周“先王”相对应的“后王”。而荀子“法周公”与孔子“梦见周公”，应有着相同或者相通之处。

总之，作为稷下学宫“祭酒”和“最为老师”的荀子，为纠正当时思想领域的混乱状况，展开了对先秦其他诸子及社会的深刻批判。尽管荀子的“性恶”论、“后王”论，都与子思、孟子的“性善”“法先王”存在差异，但

① 陆玉林:《中国学术通史(先秦卷)》，人民出版社2004年版，第179页。

② 杨朝明注说:《荀子》，河南大学出版社2008年版，第28—33页。

是这并不影响荀子的儒家本色。而“孟子、荀卿之列，咸遵夫子之业而润色之”(《史记·儒林列传》)、“唯孟轲、孙卿为能尊仲尼”(《孙卿新书·叙录》)、“孟轲阐其前，荀卿振其后”[①]等语，都是对荀子发展孔子学说所作贡献的充分肯定。上海博物馆馆藏战国竹简《中弓》的问世，也使荀子的师承受到学界的高度关注。如杨朝明先生说：“孟子注重内心求索，其学源自曾子；荀子看重外在约束，其学推重仲弓。这是上博竹书《中弓》篇给我们带来的一个十分清晰的认识。”[②]这为荀子数次将仲尼、子弓连称及“宗师仲尼”，提供了新的文献资料依据。

---

① 〔战国〕荀况撰，〔唐〕杨倞注，耿芸标校：《荀子》，上海古籍出版社1996年版，第324页。

② 杨朝明：《从孔子弟子到孟、荀异途——由上博竹书〈中弓〉思考孔门学术分别》，《齐鲁学刊》2005年第3期；人大报刊复印数据《中国哲学》2005年第9期。

第六章　六国之世孔子学说影响的扩大

在“天下并争”的六国之世，儒学“难与进取，可与守成”（《史记·刘敬叔孙通列传》）的特点，已经决定了它将受到“既绌”的命运。虽然战国时期的孟子、荀卿等儒家“咸遵夫子之业而润色之”，使儒学成为享誉诸侯的“显学”，但是也仅仅“以学显于当世”，或者说是学者之间的“不治而议论”（《史记·田敬仲完世家》）。尽管如此，在战国之世，儒学在社会上还是产生了广泛而深刻的影响。以鲁国为例，如杨朝明先生所说：“黜则黜矣，儒黜于上却自行于下。在鲁国，由于孔门弟子的宣传，‘鲁人皆以儒教’，他们‘服儒者之礼，行孔子之术’，使得‘举鲁国而儒服’，儒学可谓盛极一时。”[①]可见，虽然孔子学说在他的有生之年并未被鲁国上层所采纳，但是儒学却对当时鲁国的下层民众产生了既深且远的影响。至于其他地域儒学传播的境况，由于传世文献记载的阙如，以往学术界对此问题的关注并不多。近年来大量新出土文献、器物的问世，使孔子学说在战国、秦汉时期传播的大体状况也逐渐突显出来。在争于气力的战国之世，儒学何以冲破战国时期“既绌”的困境，在其他区域文化中得以广泛的传播，进而在汉代由董仲舒提出“罢黜百家，独尊儒术”的主张？欲对此问题作出近真的回答，就有必要结合战国时期的社会

① 杨朝明：《鲁国礼乐传统研究》，《历史研究》1995年第3期。

状况，对原始儒学的经世品格进行深入研究。

一、从出土文献材料看儒学的传布

孔子在世之时，儒学就开始以鲁国为中心向四周传播。如果说可以将孔子列国游说视为儒学的第一次“南传”，那么，战国时期儒家通过与诸子论辩、开坛授学、著书立说等形式，不仅融合了其他诸子的思想与智慧，为儒学的发展注入了新鲜血液，而且促使儒学在当时更大的范围内传布开来。只是由于传世文献的阙如，给研究此时儒学是怎样的“显学”带来诸多的困难。所幸近年来新出土文献大量问世，为研究战国时期儒学传播的状况以及儒学与社会的关系问题带来新的契机。从新出土文献材料的分布地域来看，不仅涉及北狄的中山国，而且包括曾被视为“蛮夷”的南方楚地。儒学在各地的传播与影响力的扩大，既使它成为战国时期的“显学”，又逐渐成为支配人们思维方式的重要理念。同时，孔子儒学影响力的提高，是在汉代董仲舒提出“罢黜百家，独尊儒术”后，儒学顺利地成为中国传统社会思想文化主干的社会基础。

（一）从汉墓文献看儒学传播

秦代的“焚书坑儒”及《挟书律》的颁布，不仅使儒者的生命安全受到严重的威胁，而且使战国时期儒学所形成的“显学”地位遭到前所未有的重创。如刘歆在《移太常博士书》中说：“陵夷至于暴秦，燔经书，杀儒士，设挟书之法，行是古之罪，道术由是遂灭。”唐代学者孔颖达亦说：“及秦始皇灭先代典籍，焚书坑儒，天下学士逃难解散。”[①]尽管汉朝建立之后，汉高祖曾以“太牢”祭祀孔子，汉惠帝四年又废除《挟书律》，但是汉承秦制，孔子儒

① 〔汉〕孔安国传，〔唐〕孔颖达疏：《十三经注疏·尚书正义·尚书序》，北京大学出版社1957年版，第11页。

学“既绌”的困境并未得到根本的扭转。如《史记·儒林列传》中说：“孝惠、吕后时，公卿皆武力有功之臣。孝文时颇征用，然孝文本好刑名之言。及至孝景，不任儒者，而窦太后又好黄老之术，故诸博士具官待问，未有进者。”可见，尽管汉初设立了儒学博士，但是儒术并未得到最高统治者的充分重视。

应该说，汉代初期儒学的发展与传播都受到了极大的牵制。如刘歆曾说：“汉兴，去圣帝明王遐远，仲尼之道又绝，法度无所因袭。时独有一叔孙通略定礼仪，天下唯有《易》卜，未有它书。至孝惠之世，乃除挟书之律，然公卿大臣绛、灌之属咸介胄武夫，莫以为意。”（《汉书·楚元王传》）由于传世文献记载的缺失，以往学术界很少探讨汉初儒学发展的真实面貌，所以此时的儒学史相当模糊。然而，部分新出土汉墓儒家文献，正好弥补了学术史的这一缺憾。如河北定州八角廊汉墓出土的《儒家者言》《哀公问五义》《保傅传》《论语》残本；湖南长沙马王堆墓中的帛书《周易》《春秋事语》；安徽阜阳双古堆墓中出土的《诗经》《周易》等。此类地下文献的出土，对重新认识汉初儒学发展及儒家文献的流传状况都至关重要。如朱渊清先生说：“出土文献的整理研究促使我们对文献的真伪、成书、传承、版本等诸多问题的思考不断深入，也因此不断改变着我们对古代历史、思想、文化的看法。”[①]

当然，与传世文献相比，此时新出土的儒家文献，并未超出先秦儒家经典的范畴，本质上都应属于先秦儒家文献的传抄本。如果将它们与同时期其他汉墓文献相比，这一特点尤为明显。如临沂银雀山汉墓以《孙子兵法》《吴兵法》《孙膑兵法》《齐兵法》《六韬》等兵家文献为主；除《周易》《春秋事语》外，湖南长沙马王堆作为楚国故地，多为《老子》《黄帝书》《式法》以及星占术等文献；安徽阜阳双古堆，除《周易》《诗经》外，则以《庄子》《年表》《日书》《杂方》等文献为主。河北八角廊是姬姓燕国的故地，可能受到儒家文

① 朱渊清：《再现的文明：中国出土文献与传统学术》，华东师范大学出版社2001年版，第154页。

化的影响较重。这也是《儒家者言》《哀公问五义》等出土文献带给我们的启示。当然，至于何种文献能被作为殉葬品而埋入地下，既与墓主人的爱好有关，又带有明显的地方特色。如李学勤先生说："汉初的竹简帛书种种佚籍，大多是自先秦幸存下来的书籍的抄本，所以它们不仅反映了当时学术的面貌，而且可以由之上溯先秦学术，关系到学术史上的好多重大问题。"①

尽管有"天下学士逃难解散""儒绌于上却自行于下"等说法，但是表明孔子儒学顽强的生命力并非短时段的人为因素所能覆灭，它还可以在诸侯国甚至民间得到广泛的传播。就目前所出土的汉墓儒家文献而言，尽管数量并不多，但是它涉及的地域却相当广阔，既有与北狄相邻的燕国故地，又有深入楚国腹地的两湖地区。这应是春秋战国时期孔子儒学"南传"与"北进"的延续，也可作为儒学深入人心的重要标志。如高炜先生说："古人视死如生，墓中随葬的东西正是墓主生前有权享用的东西。"②无论是淮南王刘安、中山王刘修，还是汝阴侯夏侯灶，之所以将儒家经典作为随葬品，虽然并不排除宗教因素的影响，但是极有可能是墓主人认为此类文献非常重要，至少是他生前非常喜爱的东西。可见，儒家思想在经过孔子周游、孔子弟子以及孔门后学的传播后，已植入世人的心灵深处。

应该说，秦末汉初的文化政策，是儒家或者传统文化的一次劫难。这场劫难不仅终结了战国时期百家争鸣的文化繁荣期，而且使得诸子思想文化的相互交流与融合被迫中断。正因如此，汉代早期墓葬中所出土的儒家文献，应成书于先秦或者是先秦典籍的抄本。儒学经过先秦时期二百多年的传播以及几代人努力传承，至汉代初期已成为影响中国社会举足轻重的文化传统。汉初诸侯大墓、河北定州八角廊、安徽阜阳双古堆、湖南长沙马王堆以及湖北张家山等

---

① 李学勤：《简帛佚籍与学术史》，江西教育出版社2001年版，第7页。

② 高炜：《龙山时代的礼制》，《中国考古人类学百年文选》，知识产权出版社2009年版，第287页。

出土的儒家文献，既是儒学在汉初传播状况的真实反映，也是儒学在战国之世已突破“邹鲁及邻国的范围”的最好说明，它在中国社会广泛地传播开来，为汉代中期汉武帝能够接受董仲舒“罢黜百家，独尊儒术”，进而使孔子儒学上升为传统社会的主导思想奠定了社会基础。

（二）从平山三器看儒学北传

孔子去世后，子夏居西河开坛授学，弟子曾有300余人。在子夏及其后学的影响下，儒学在北方得到了广泛的传播。作为先秦时期最后一位儒学大师的荀子，就诞生于此，这也是儒学传播最好的明证。但因文献记载的阙如，以往学术界对战国时期儒学在北方的传播状况知之不多。所幸的是，20世纪70年代，河北平山中山王墓的发掘，使久已被人们淡忘的中山文化重新回到人们的视野。李学勤先生评价说：“中山王墓及所蕴含丰富遗物的发现，使人们重睹湮没已久的中山国文化面貌，其绚丽辉煌引起了普遍惊异，也唤起大家对两千多年前这个中山国的浓厚兴趣。”[①]中山王墓中的“平山三器”（中山王方壶、中山王鼎、中山胤嗣𧊒壶），由于刻有关涉先秦学术史问题的长篇铭文而受到学术界的重视。如李学勤、李零二先生说：“平山青铜器铭文较长，字体秀丽，文句典雅，有些部分还有韵可寻，这就为战国‘古文’的研究提供了一批极其难得的珍贵材料。从器铭文字出发，触类旁通，不难解决一些战国文字中久悬未决的疑难问题。”[②]

在不足1200字的平山三器铭文中，引用《诗经》或与《诗经》相类的词句竟有12处之多。如《中山王方壶》的“不敢怠荒”“以施及子孙”“不贰其心”；《中山王鼎》的“夫悟”“克顺克卑”“知天若否”；《中山胤嗣𧊒壶》的

---

① 〔清〕王先谦撰，吕苏生补释：《鲜虞中山国事表、疆域图说补释》，上海古籍出版社1993年版，序第1页。

② 李学勤、李零：《平山三器与中山国史的若干问题》，《考古学报》1979年第2期。

“其会如林”“四牧汸汸”以及“潸潸流涕”；等等。中山国是北方少数民族白狄所建立的国家，其青铜器铭文反复征引《诗经》，并以此作为“子之子，孙之孙，其永保用”的训诫，说明《诗经》在此时的中山国已经广泛流传。李学勤先生认为，《诗经》的流传归结于魏国曾统治该地区，应该是有道理的。他说：“当时魏君是魏文侯，他师事孔子弟子子夏，使魏国成为儒学的重要中心。魏人李克曾传《诗经》之学，在魏统治中山时任中山相，所以平山铭文反映《诗经》在中山风行，并不是偶然的。”[①]在传世文献中，李克应是一位地道的儒家，如《汉书·艺文志》将“《李克》七篇”列于儒家类；陆玑《毛诗草木虫鱼鸟兽疏》云：“卜商为之序，以授鲁人申公，申公授魏人李克。”又如陆德明《经典释文·诗序录》云：“子夏传曾申，申传魏人李克。”其实，无论李克与子夏是否有师承关系，都不会影响到此时儒学北传的历史事实。

除反复征引《诗经》中的语句外，“平山三器”铭文还体现出中山王譻以“儒家正统自居”。在参与伐燕时，他是以“周室制度卫道士”面目出现的，进而实现“定君臣之位，上下之体”[②]的目标。如《中山王方壶》铭文云：

> 适遭郾（燕）君子哙，不分大宜（义），不告诸侯，而臣宗（主）易立（位），以内绝邵（召）公之业，乏（废）其先王之祭祀，外之则将使堂（上）勤（觐）于天子之庙，而退与诸侯齿长于会同，则堂（上）逆于天，下不顺于人旃，寡人非之。

可见，中山国君攻打燕国的借口与孔子儒家所提倡的“正名”学说基本一致。其实，自中山国复国以来就已形成重视孔子儒学的传统，如该铭文中说：“惟朕皇祖文、武，桓祖成考，是有軘（纯）德遗训，以施及子孙，用惟朕所放

① 李学勤：《东周与秦代文明》，文物出版社1984年版，第84页。
② 王勇：《平山三器若干问题研究》，《宁夏大学学报》（社会科学版）1991年第1期。

（仿）。慈考宣惠，举贤使能。”[①]尤其铭文中的“举贤使能”“进贤措能”“务在得贤”等词语，应与早期儒家“天下为公，选贤与能，讲信修睦”等观念有着内在的联系。

此外，《中山王鼎》铭文中还有“寡人闻之：‘与其宁溺于渊’”一语，由于与《大戴礼记·武王践阼》中的语句相同，引起了学者的热切关注。《武王践阼》中说：“盥盘之铭曰：‘与其溺于人也，宁溺于渊。溺于渊犹可游也，溺于人不可救也。’”[②]杨朝明先生注解说：“《中山王鼎》所出土的墓葬的年代，据研究在西元前三〇九年或者西元前三〇八年之后不久，其中所引用的武王‘盥盘之铭’，应当来自那时已经广泛流行的《武王践阼》。”[③]如果说《中山王鼎》还有可能是征引《武王践阼》的语句，那么，上海博物馆馆藏竹简《武王践阼》篇的问世，则意味着此类文献不仅受到北方儒家的重视，而且在战国时期的南方楚地也受到人们的青睐。平山三器与上博简相呼应，共同展现出战国中后期孔子儒学“北进”与“南传”的大体概况。

当然，平山三器铭文中所体现的儒学影响，应是中山国的执政理念在思想文化领域里的反映。其实，从此时中山王墓发掘的器物来看，平山墓葬中“胡服骑射”已没什么反映，墓葬中发现的人像、服饰、车马坑等，都与华夏没有太大的差别。特别是在战争频仍、各国举行军事政治改革时，中山国在被赵国灭亡前仍遵循儒家的治国理念，并遭到时人“迂远而阔于事情”的评价。如《战国策·中山》记赵武灵王欲伐中山，使李疵探中山国的虚实。当其看到“中山之君所倾盖与车而朝穷闾隘巷之士者七十余家”时，他则主张立即攻中山，以“恐后天下”。在他看来，中山国“举士，则民务名不存本；朝贤，则耕者惰而战士懦。若此不亡，未之有也”。李学勤先生评价说：“中山该时

① 〔清〕王先谦撰，吕苏生补释：《鲜虞中山国事表、疆域图说补释》，上海古籍出版社1993年版，第93页。

② 〔清〕王聘珍：《大戴礼记解诂》，中华书局1983年版，第105页。

③ 杨朝明：《出土文献与儒家学术研究》，台湾古籍出版有限公司2007年版，第364页。

贵儒学而忽略了武备，恰与赵武灵王的政策相反。华夏的赵国学习胡服骑射而终于吞灭中山，白狄的中山则以举士朝贤而归于衰亡，不能不说是东周历史上饶有意味的事迹。”[①]中山是否真的是因为学习儒术而亡国的问题，还可以进一步讨论，但此时的中山国已经受到孔子儒学的深刻影响应是没有问题的。

（三）从战国楚简看儒学南传

自孔子在世时，他的列国游说就已使儒学超越了齐鲁区域，而“天将以夫子为木铎”（《论语·八佾》）的说法，说明他担当着儒学南传最初的形象使者。孔子去世后，孔门弟子“散游诸侯”，尤其是澹台灭明“居楚”“南游至江，从弟子三百人，设取予去就，名施乎诸侯”（《史记·仲尼弟子列传》），更推动了儒学在南方楚地的传播。但由于传世文献的阙如，儒学南传的线索一直晦暗不明。20世纪90年代以来，郭店简、上博简以及清华简的陆续面世，为这一研究带来新的契机。郭店简公布后，曾一度被视为“孔孟之间的驿站”[②]，而受到学者的高度关注，并掀起简帛研究的热潮。如庞朴先生说：“郭店楚简解决了在中国儒家思想发展上遗留的重要问题，填补了孔子到孟子之间的思想理论空白。”[③]郭店简、上博简等透露出孔子儒学在南方传播的概况。

经过学者的整理与释读，郭店楚简共804枚，其中有字竹简726枚，全部为先秦时期儒家与道家的经典文献。根据墓葬、器物的特征，学术界认为它应属于战国中期偏晚的墓葬。但此类文献最终形成应在此之前，即应属于战国中期偏晚以前制作或者传抄而成的儒、道著作。学术界对墓主人的身份、职业以及个性特征，也进行了深入的探讨研究。由于墓葬出土的漆耳环

---

① 李学勤：《东周与秦代文明》，文物出版社1984年版，第83页。
② 庞朴：《孔孟之间的驿站》，《新华文摘》2000年第2期。
③ 庞朴：《古墓新知——郭店楚简的价值》，《荆门职业技术学院学报》2003年第2期。

中有铭文“东宫之币”的字样，尽管由此推定墓主人为“东宫之师”还显得比较单薄，但是墓主人为一位“兼习儒道”的“博通学者”[①]的认识应是对的。如丁四新先生说：“根据墓葬竹书的性质与数量，却可以说墓主生前是一位儒道兼习的学者，且全部墓葬竹书很可能只是其生前藏书的一部分。”[②]尽管郭店简的学派属性还存在不小的争议，但是除《老子》和《太一生水》外，其他文献都与儒家有关，也逐渐成为学者的共识。尤其是《老子》同一批儒家著作传抄在一起，说明北方的儒学已传到南方，并进行相互间的交流与融合。

与郭店简自湖北荆门的实地发掘不同，上博简则是由香港文物市场购得的一批出土时间和地点均不明确的楚简。正因如此，也使得学者对其真实性产生质疑，刘蔚华先生称其“重重迷雾上博简”[③]。然而，经专家对竹简质地、墨迹进行测定，上博简是距今约2557±65年的战国中晚期竹简[④]的判断，应没有问题。它共有1200多枚，字数在35000左右，共80多种文献，学派属性涉及儒、道、兵、杂等先秦诸子。在儒家文献中，虽然《易经》《缁衣》《孔子闲居》《武王践阼》等有传世文献相对照，但是其他文献如《诗论》《子羔》《乐记》《曾子》《颜回》《子路》《乐书》等均为先秦佚籍。至此，在曾被春秋时人视为“蛮夷”之地的南方楚国，战国时期就有数量如此众多的儒家典籍流传，这在过去似乎是不可想象的。上博简、郭店简以实物证实了战国时期楚地儒学传布的大体概况，促使学者对先秦学术史进行重新梳理。

儒学南传的过程非常复杂，既有孔门后学将儒学带到南方楚地，也有南

---

① 李学勤：《荆门郭店楚简中的〈子思子〉》，《文物天地》1998年第2期。

② 丁四新：《郭店楚墓竹简思想研究》，东方出版社2000年版，第2页。

③ 刘蔚华：《重重迷雾上博简》，《山东社会科学》2006年第12期。

④ 朱渊清：《马承源先生谈上博简》，《上博馆藏战国楚竹书研究》，上海古籍出版社2002年版，第1—8页。

方学者主动到邹、鲁等地学习儒学。据《孟子·滕文公上》记载，由于仰慕滕文公的仁政，南方学者许行、陈良及陈良之徒陈相兄弟，都曾到滕国。其中，陈良对儒学还有着精确的研究。如孟子说："陈良，楚产也，悦周公、仲尼之道，北学于中国。北方之学者，未能或之先也。"可见，此时儒学的影响已波及南方楚地。当然，儒学之所以在南方能够迅速传播，也应与楚国欲改变其社会文化落后的现状、主动学习儒家思想文化有关。如刘冬颖先生说："春秋时期，中原诸国把不尊礼仪、不从仁德的国家称为'蛮夷'。楚人称霸中原后，为了与中原诸国融为一体，得到他们的承认，开始大规模地吸收华夏文化。儒学是当时列国教育、政治的核心内容，楚国也不例外。"[①]而上博简、郭店简中所发现的儒家文献，极有可能是当时流传典籍的很少一部分。因此，它既是儒学南传的"明证"，又是战国儒学传播的一个"缩影"[②]。

总之，经过孔子及其后学的宣扬，至战国时期儒学已超越了齐鲁地域。北到深入戎狄的中山国，南到曾被中原各国视为"蛮夷"的楚国，都受到儒学的深刻影响。"平山三器"所透露的儒家理念，郭店简、上博简中后世未曾见到的大量先秦佚籍，都表明儒学早已成为战国时期各诸侯演习传统、教育子弟的共同资源。尤其是南方楚地儒家典籍的出土，不仅使人们看到先秦佚籍的原貌，而且打开了先秦时期中国思想史的宝库，成为孔、孟之间原始儒学的重要链条。虽然自秦代"焚书坑儒"到汉惠帝四年《挟书律》的废除，儒学遭到了前所未有的打击，然而儒学并未因此而消亡殆尽，河北定州八角廊、湖南长沙马王堆以及安徽阜阳等地汉简的发现，证明儒学在此时仍受到人们的重视。

---

① 刘冬颖：《上博简〈中弓〉与早期儒学传承的再评价》，《社会科学战线》2005年第3期。

② 刘光胜：《出土文献与早期儒学传播》，《平顶山学院学报》2008年第3期。

二、从秦人与儒学的关系看战国儒学

战国中期，儒学不仅已经在东方六国广为传播，而且成为支配当时社会思想文化的重要内容。那么，此时儒学在秦国社会的传播状况怎样？或者说秦人是如何看待儒学的？过去因受到“儒者不入秦”及汉初反思秦暴政言论的影响，秦朝是“人间地狱”，未有“儒家仁义之道”的传播等观点，也就成为学术界的主流看法。近年来，出土的秦代竹简文献，以《秦律》《日书》《为吏之道》等为主，似乎也佐证了这一观点。然而，秦人并非不关注儒学，而是相当重视。如当荀子将儒学带到秦国时，秦昭王及国相范睢先后亲自礼遇荀子，并向其请教“儒术”。自此之后，儒学在秦地逐渐传播开来，而吕不韦所编撰的《吕氏春秋》以儒家思想为指导，是最好的明证。此外，秦始皇之所以采取“焚书坑儒”的举措，从某个角度上讲，应看作是儒学已严重威胁到秦人立国之本的结果。

（一）昭王“问儒术”与秦国儒学

孔安国在其《孔子家语后序》中说：“当秦昭王时，孙卿入秦，昭王从之问儒术。孙卿以孔子之语及诸国事、七十二弟子之言凡百余篇与之，由此秦悉有焉。”[①]可见，荀子不仅打破“儒者不入秦”的惯例，而且将儒家经典带到秦国。尤为引人注目的是“昭王从之而问儒术”一语，它有可能是关涉到战国时期儒学在秦国传播的关键点。只因过去学术界将“孔安国后序”视为后人“伪托”，致使学者多不相信孔安国的说法。但随着新出土文献的面世，“孔安国后序”的重要价值也逐渐得到学术界的认可，甚至可以称其为“了解《孔子家语》的钥匙”[②]。《荀子·儒效》中所记秦昭王与荀子的问对，不仅证明孔安国

① 杨朝明、宋立林主编：《孔子家语通解》，齐鲁书社2013年版，第578页。
② 魏玮：《〈孔子家语〉“三序”研究》，曲阜师范大学硕士论文2009年。

说法不诬，而且说明秦昭王等人并不排斥儒学，这则为儒学在此后秦国的传播打开了方便之门。

与梁惠王问孟子“将有利于吾国乎”（《孟子·梁惠王上》）的情境十分相似，秦昭王最关注的仍然是儒学是否有益于秦国统治的问题。他问荀子：“儒无益于人之国？”荀子回答说：“儒者法先王，隆礼义，谨乎臣子而致贵其上者也。人主用之，则势在本朝而宜；不用，则退编百姓而悫，必为顺下矣。”在荀子看来，“大儒”应是“在本朝则美政，在下位则美俗”的典范。作为国君，秦昭王还关注人君的行为，如他问荀子曰：“然则其为人上者何如？”其实，自儒学创立之日起，儒家就特别关注统治者“率以正”的作用，荀子自然也不例外。他说：“志意定乎内，礼节修乎朝，法则度量正乎官，忠信爱利行乎下，行一不义、杀一无罪而得天下，不为也。”在荀子看来，为君之道的关键在于“信乎人”，只要做到这一点，天下国家就能出现“近者歌讴而乐之，远者竭蹶而趋之，四海之内若一家，通达之属莫不从服”的局面，进而人君亦成为真正的“人师”（《荀子·儒效》）。由于儒学是关注社会秩序的学说，它与君主欲使其统治长治久安的目标是一致的，这也应是秦昭王称“儒术”为“善”的原因所在。

当然，在战争成为主题的战国之世，秦昭王与其他诸侯一样，虽然并不排斥儒学，但是并未真正将儒术付诸实施。如梁涛先生说：“（荀子）深感秦统治者过于强调霸道，因此他建议秦昭王重用儒士，实行‘王道’，‘力术止，义术行’，以达到‘天下应之如欢’的境界。秦昭王虽称善，但对荀子的意见并没有真正采用，荀子不久离开秦国前往赵国。”[①]可见，荀子游说秦国用“儒术”来挽救社会秩序的努力最终仍以失败而告终。尽管如此，与商鞅单纯地以“帝道”“王道”（《史记·商君列传》）的言语游说秦孝公相比，荀子的

① 梁涛、刘宝才：《中国学术思想史编年·先秦卷》，陕西师范大学出版社2005年版，第492—493页。

优势应是其将儒家经典带到了秦国。正因荀子此举，儒学在秦国的传播就有了重要载体。孔安国的“悉有焉”一语，虽然并未说明儒学在秦国传播的状况，但是毕竟使秦国士人摆脱了“载之空言”的尴尬局面。至此，儒学在秦国社会的影响因有了文献载体而传播更广。

只因传世文献记载的阙如，此后儒学在秦国传播的状况缺少材料的佐证，但与孝公闻“帝道”“时时睡，弗听”的态度相比，昭王“问儒术”、秦相范雎“问孙卿子”(《荀子·强国》)等举动，说明秦国上层社会单纯强调“霸道”的国策有所松动，而荀子游秦可以称之为儒学传播的“破冰”之旅。在秦统一六国的过程中，儒家“孝亲”观念也成为秦王与东方六国博弈的重要筹码。如清除掉政敌嫪毐、吕不韦等人后，齐人茅焦曾劝秦王嬴政说：“秦方以天下为事，而大王有迁母太后之名，恐诸侯闻之，由此倍秦也。”在权衡利弊后，秦王嬴政接受了茅焦的建议，乃“迎太后于雍而入咸阳，复居甘泉宫”①。当然，嬴政之所以能接受儒家的“孝亲”观念，并非一蹴而就，应是秦昭王“问儒术”后，儒学在秦国逐渐传播的结果。

(二)从《吕氏春秋》看战国儒学

《吕氏春秋》亦称《吕览》，是战国末期秦相吕不韦组织食客编纂而成的一部“旷世奇书”②，由“十二纪”“八览”“六论”等三部分组成。尽管编著者中还有吕不韦的“客人”“智略士”以及“儒书”等不同说法，但是基本上是吕门食客整理其“所闻”，以“备天地万物古今之事”(《史记·吕不韦列传》)的文献。《吕氏春秋》以“百科全书”的内容，服务于吕氏的治国主旨。然而，在研读《吕氏春秋》时，后世学者常忽视贯穿其中的思想主体，将目光聚焦于其内容的“驳杂”上。最早将其列入“杂家”类文献的应

---

① 〔汉〕司马迁：《史记》，中华书局1959年版，第227页。

② 钱荣贵：《旷世奇书〈吕氏春秋〉的编辑思想》，《出版发行研究》2008年第5期。

是《汉书·艺文志》。尽管《吕氏春秋》出自众人之手，但是其中贯穿着吕不韦的思想应是没问题的，这也是吕不韦能将《吕氏春秋》“布咸阳市门，悬千金其上”求“增损一字”的原因所在。如果《吕氏春秋·序意》中吕氏“尝得学黄帝之所以诲颛顼”的说法“不诬”，那么，它就应是一部形散而神聚的政治“教科书”。

由于吕氏编著《吕氏春秋》是要“诲”秦王的，实现“王治”就自然成为他的目的所在。对编、著分离的《吕氏春秋》来说，虽然决定该书价值的关键因素是主编的思想与立意，但是参编宾客的知识储备、思想倾向等因素，也不应被轻易忽视。只是文献记载的阙如，编撰《吕氏春秋》的人员组成并不清楚，这既为诠释《吕氏春秋》带来诸多不便，也为后世学者的解读留下更大的空间。如孟天运先生说：“自东汉高诱为之作注以来，就有学者试图找出它另外的学派倾向来，甚至想把它归于另外某家学派。”①历代学者对《吕氏春秋》学术倾向的分析主要有道家、新道家、墨家、阴阳家、儒家等观点。然而，与《庄子》《孟子》《荀子》等诸子不同，《吕氏春秋》的主编吕不韦并不主一家之言，没有什么学术偏见；此外，著书的吕门食客，也不可能是“纯道、纯墨抑或纯儒的人物”②。因此，《吕氏春秋》的属性似乎只能定位于猎取各家思想精华的“杂家”著作。

尽管学术界对《吕氏春秋》的主体思想还存在很大分歧，但是书中透露出的厚重的先秦儒家观念日益引起学者的注意。据不完全统计，《吕氏春秋》共160篇，其中涉及孔子言论的有33篇，“孔子”二字亦出现了76次。如李峻之先生说：“《四库全书总目提要》：‘《吕氏春秋》大抵以儒家为主，而参以道

---

① 孟天运：《〈吕氏春秋〉的思想主旨是“王治”》，《暨南学报》（哲学社会科学）1999年第6期。

② 修建军：《博采众长独倾儒——从〈吕氏春秋〉的孔子观谈起》，《齐鲁学刊》1991年第4期。

家、墨家。’故儒家议论几于书中俯拾皆是。”[①]在《吕氏春秋》中，不仅孔子的言论被大量征引，甚至有托孔子以自重情况的出现。如赵襄子攻翟应是孔子去世后的事情，但《慎大》竟有“孔子闻之曰：‘赵氏其昌乎’”的预言。尽管这里有“公然作伪”嫌疑，但是将其理解为假托孔子之言以自重达到“尊礼”目的[②]，也未尝不可。可见，在时人心目中，孔子应是具有很重要分量的人物。其实，自清代开始就有人将《吕氏春秋》的主体思想视为儒家，如《四库全书总目提要》中说：“不韦固小人，而是书较诸子之言独为醇正。大抵以儒家为主，而参以道家、墨家。故多引六籍之文与孔子、曾子之言。”在今天看来，这也应是较为公允的看法。

从《吕氏春秋》的内容看，其作者并非是由单纯儒者组成的。但高诱在其《吕氏春秋序》却说：“不韦乃集儒书，使著其所闻。”他评价此书说：“然此书所尚，以道德为标的，以无为为纲纪，以忠义为品式，以公方为检格，与孟轲、孙卿、淮南、扬雄相表里也。”(《吕氏春秋序》)然而，后世学者则根据“道德”“无为”等语，以贴标签式的研究思路，将《吕氏春秋》思想的主体定为“道家”。然而，如前所述，“道德”“无为”等并非先秦道家的专利。孔子学说不仅可称为“道学”，而且“垂衣裳而天下治”“内修七教，外行三至”以及“无为而治”等，都应是早期儒家所尊奉“明王之道”的重要内容。此外，早期儒家最核心的理念，如正名、孝行、时遇、尚贤等，在《吕氏春秋》中都有明显的体现。如《正名》中的“名正则治，名丧则乱”，《贵因》中的“三代所宝莫如因，因则无敌”，《劝学》中的“先王之教，莫荣于孝，莫显于终”及《上德》中的“为天下及国，莫如以德，莫若行义”等。总之，将《吕

---

① 李峻之：《〈吕氏春秋〉中古书辑佚》，《古史辨》第六册，上海古籍出版社1982年版，第325页。

② 修建军：《博采众长独倾儒——从〈吕氏春秋〉的孔子观谈起》，《齐鲁学刊》1991年第4期。

氏春秋》的主体思想视为儒家[1]，应是有道理的。

当拨开笼罩在《吕氏春秋》上的层层迷雾，它所蕴含的厚重儒家智慧也逐渐恢复其本有面貌。以法治为传统的秦国，有如此众多尊奉孔子学说的儒生，在以往学者看来似乎是不可思议的。吕不韦所养之士，虽然是招募而来，但是这表明此时秦国儒学的状况已与东方六国没有根本的差别。由“爰有大圜在上，大矩在下，汝能法之，为民父母”（《吕氏春秋·序意》）以及“王者执一，而为万物正”（《吕氏春秋·执一》），说明吕氏编著《吕氏春秋》有一种为新“天子”创制立法的强烈愿望。如《执一》中说：“为国之本在于为身，身为而家为，家为而国为，国为而天下为。故曰：以身为家，以家为国，以国为天下。”可见，“修身”是“执一”的重要前提，这与儒家经典《大学》中的“修身、齐家、治国、平天下”的纲领如出一辙。总之，或许《吕氏春秋》中吕不韦的政治主张可能还“多半只是一个纸上的蓝图”，甚至有“口头上用以邀名买誉之号召”[2]的嫌疑，但从《吕氏春秋》折射出的信息来看，儒学应与当时秦国社会结下不解之缘。

（三）从“焚书坑儒”看秦朝儒学

在中国儒学史上，秦始皇“焚书坑儒”是十分重要的事件，因其给儒学的发展与传播带来前所未有的灾难，亦成为历代士人诟病的话题。就秦始皇焚书坑儒的动机、性质以及后果等而言，学者的见解则存在着巨大的分歧。郭沫若先生将“焚书坑儒”视为秦始皇尚法精神的代表[3]；朱绍侯先生则将其视

---

① 修建军：《〈吕氏春秋〉与中国文化》，《孔子研究》2001年第4期；又见于修建军：《〈吕氏春秋〉是一部以儒家思想为主体的“杂家”著作》，《中国哲学史研究》1989年第4期。

② 庞慧：《吕不韦与〈吕氏春秋〉》，《河北大学学报》（哲学社会科学版）2007年第1期。

③ 郭沫若：《十批判书》，《中国古代社会研究（外二种）》下，河北教育出版社2000年版，第1021页。

为秦代社会"'师古'与'师今'两种政治思想斗争激化的表现"[①]；欧阳祯人先生说："'焚书坑儒'只是冰山的一角，在它的下面还有源远流长的汹涌波涛。它的发生是当时思想较量、政治斗争的必然结果，是历史发展的必然选择。"[②]然而，透过"焚书坑儒"过激行为的表象，究竟是何种原因致使秦始皇作出这样的决策呢？欲对此问题作出近真回答，有必要将其放在当时社会环境之中，探索儒学与秦代社会的关系问题。

面对社会的空前大统一，无论主张分封制，还是主张郡县制，都是以借鉴历史为出发点的。如丞相王绾说："诸侯初破，燕、齐、荆地远，不为置王，毋以填之。请立诸子，唯上幸许。"此主张也得到群臣"皆以为便"的响应。然而，李斯却说："周文武所封子弟同姓甚众，然后属疏远，相攻击如仇雠，诸侯更相诛伐，周天子弗能禁止。"基于此，他主张由"诸子功臣以公赋税重赏赐之"的政策来"易"周代分封制。诸生的此次"师古"是以社会稳定为由向秦郡县制发出的挑战，如果说秦始皇还能忍受的话，那么，博士淳于越等人凭借"殷周之王千余岁，封子弟功臣，自为枝辅"，得出"事不师古而能长久者，非所闻"的谏言，则触动了秦始皇欲"传之无穷"的敏感神经。李斯"非愚儒所知""三代之事，何足法""诸生不师今而学古"（《史记·秦始皇本纪》）等言辞，遂将矛头指向以读书为业的"儒生"，并建议下令"焚书"，而这一建议也正中秦始皇的下怀[③]。秦始皇焚烧《诗》、《书》、"百家语"等典籍，是对战国时期以来士人蓬勃自由思索精神的沉重打击，并结束了秦王朝与儒家和睦相处的"蜜月期"。

其实，"焚书"是博士儒生未走出列国游说的心态，妄图欲以"道统"干涉"政统"失败后付出的代价；而"坑儒"是秦始皇对以言论诽谤时政的方

---

① 朱绍侯：《中国古代史》，福建人民出版社1982年版，第258页。

② 欧阳祯人：《也论"焚书坑儒"》，《求索》2008年第10期。

③ 林剑鸣：《秦史稿》，上海人民出版社1981年版，第384页。

士、儒生生命的一次摧残。秦始皇的“坑儒”是由徐市、卢生、侯生、韩众等人对他的欺骗引起的。秦始皇沉迷于“兼有天下”的功业以及献媚大臣的称颂之中，并异想天开地欲寻求长生不老之方。以方士称奇的鄙儒诸生则投其所好，先有徐市等人的“入海求仙人”，后有卢生等人游说秦始皇“真人至”就能得“不死之药”。起初，秦始皇对此是深信不疑的，不仅遣徐市等人“发童男童女数千人，入海求仙人”，而且因“慕真人”不再称“朕”。但骗局终究是骗局，是根本无法实现的。此外，更让秦始皇帝无法容忍的是侯生、卢生的“相与谋”“诽谤”“妖言”“亡去”等背叛行为。于是秦始皇令御史“悉案问诸生，诸生传相告引，乃自除”，将犯禁者四百六十余人皆“阬之咸阳”(《史记·秦始皇本纪》)。

“坑儒”应是由“方士”欺骗秦始皇以及触犯秦朝的法律引起的，似乎与“儒”并没有多少必然的关系，因此历代学者在评论功过是非时，往往强调的是“焚书”的影响，对“坑儒”却持保留态度。如汉代以仗义执言闻名于世的大儒贾谊、董仲舒并未见论及“坑儒”的内容；班固《汉书·儒林传》强调的是“杀术士”；韩愈、司马光等以“坑杀学士”或“屠术士”名之。其实，细读《秦始皇本纪》原文，就会发现为秦始皇辩护的言论值得商榷。在“坑儒”前，则有秦始皇的“诸生在咸阳者，吾使人廉问”，后有扶苏的“诸生皆颂法孔子，今上则重法绳之”。李殿元先生说：“儒生也可能兼事方术，方士更可能兼事儒术。以侯生、卢生而言，他们为秦始皇求仙药，当然是方士，但他们‘诽谤’秦始皇的那段话，却是十足的儒生口吻。”[①]可见，此时“坑”的应是响应侯生、卢生等“妖言”而惑众的“儒生”。这些成为欺骗秦始皇“方士”的“替死鬼”的诸生，应是不折不扣的孔子之徒。

秦始皇“焚书坑儒”并未消除儒学的影响，从胡亥的言行来看，儒学已深深植根于其心灵。当赵高劝胡亥篡位时，他还曾不无忧虑地说：“废兄而立

① 李殿元：《关于“焚书坑儒”研究的几个问题》，《文史杂志》2007年第6期。

弟，是不义也；不奉父诏而畏死，是不孝也；能薄而材谫，强因人之功，是不能也。”（《史记·李斯列传》）又，当二世下诏“令群臣议尊始皇庙”时，群臣仍遵循儒家倡导的“天子七庙”古制（《史记·秦始皇本纪》）。然而，秦始皇置博士，“悉召文学方士”，“欲以兴太平”的时代已经过去。因此，儒生博士纷纷离开秦朝朝堂，如当陈涉称王时，鲁诸儒持孔氏之礼器往归陈王，连孔子嫡孙孔甲也成为陈涉的博士（《史记·儒林列传》）。新出土文献也证实了儒学在秦朝受“绌”的命运，与战国楚简以及西汉初年的汉简相比，除《周易》外，并未有明显的儒家文献出土。当然，“焚书坑儒”的出现，其原因除秦代的法治传统及秦始皇本人的专制外，在某种程度上也与此时儒生的迂腐不化有关。在大一统的时代背景下，儒生尽管还有孔子“知其不可而为之”的执着以及孟子的“浩然正气”的气魄，但是现实世界中则缺少了“择木之鸟”的空间。而“焚书坑儒”以血的代价给后世儒家以切身的启示。

三、战国的社会离乱与儒学的经世品格

孟子“争地以战，杀人盈野；争城以战，杀人盈城”（《孟子·离娄下》）的描述，应是他对当时“兼并”战争剧烈程度的切身感受。可以说此时战争的残酷程度已到了惨绝人寰的境地。当然，战争给社会带来的破坏，并非只有百姓的生命安全，三代以来形成的礼乐文化也在所难免。顾炎武的“不待始皇之并天下，而文、武之道尽矣”[①]一语，应是对此时传统文化所遭受命运的形象描述。由于儒学有着“难与进取，可与守成”的特点，在战国时期社会离乱的背景下，不可能满足君主眼前的所有需要，未能被时代所采用。此外，因先秦诸子学说多是“务为治”的，儒学近乎“迂远而阔于

---

① 〔清〕顾炎武著，黄汝成集释：《日知录集释（全校本）》，上海古籍出版社2006年版，第750页。

事情”的特征，自然也受到此时其他诸子的批判。然而，在夹缝中艰难寻求“为人可知”的原始儒学，不仅与墨学共同成为当时的“显学”，而且在不同的区域文化内迅速传播。这在新出土文献问世之前，似乎是令人难以置信的。儒学在战国之世的传播与发展，不仅与此时儒者的推动有关，而且是由儒学的经世品格决定的。

（一）区域文化与儒学的互动

随着中国考古工作的深入，先秦时期存在着既相互联系，又有一定差异的几个文化区域的观点，为当前多数学者所认同。区域文化（area cultural），应是由地域界定而出现的文化类型（cultural type），是某一地区囿于地理环境和民族发展所呈现的文化形貌（cultural configuration）。由于所依据的标准不同，学术界对中国区域文化划分的意见并不一致。如李勤德先生根据空间方位，将中国区域文化分为中原区系、南方区系、草原区系以及青藏高原区系等四大块；[①]李学勤先生则以近年来考古学的成果为依托，将中国区域文化分为中原文化圈、北方文化圈、齐鲁文化圈、楚文化圈、吴越文化圈、蜀滇文化圈以及秦文化圈。[②]从目前新出土文献透露的信息来说，战国时期儒学与其他区域文化的互动关系主要涉及北方、楚以及秦等几个区域。这既是儒学由鲁地向外传播的过程，也是其他地域文化对儒学产生反作用的过程。

在诸多的区域文化中，具有“礼仪之邦”称谓的邹鲁之地由于存有三代之礼，遂成为诸侯士大夫观礼、学习礼乐文化的最佳场域。自幼受此文化熏染的孔子，因其“好学”而获得“博学”的美誉，并构建起“祖述尧舜，宪章文武”的学说体系。正因如此，使得孔子可以站在历史制高点上思考社会问题。这也是儒学在离乱的战国之世能广为传播的原因所在。如前所述，出土文献已

① 李勤德：《中国区域文化简论》，《宁波大学学报》（人文科学版）1995年第1期。

② 李学勤：《东周与秦代文明》，文物出版社1984年版，第11—12页。

证实了传世文献记载的儒学在战国时期有更大空间的传播，其范围涉及南方的楚地，深入北狄的中山国以及西部深受法家文化影响的秦国。以楚文化为例，李学勤先生说："儒学的源头在齐鲁，儒学的创始人孔子是鲁国人，儒学的主要承传者孟子的主要活动地点在齐国，而他们相关的著作内容在楚国的墓葬中发现了，从中正可了解齐鲁学术文化的传播与影响。"[①]而孔子学说的高度，也决定了儒学传播在某种程度上是它对其他区域文化侵染的过程。

当然，在传播过程中，儒者在将孔子学说带到其他区域的同时，也受到其他区域文化的影响。在20世纪初期，傅斯年先生就已注意到区域文化对儒学的影响。他以"堂堂乎"的子张、"不仕而侠"的漆雕开以及"接近老学的嫌疑"的子游等为例，来说明"儒学一由鲁国散到别处便马上变样子"。尽管傅先生对子游近乎道家的说法值得商榷，但是"地方环境之限制人"[②]的看法，应是颇有见地的。战国时期儒学内部的分化，是由诸多因素共同作用的结果。其中，既有孔子因材施教的因素，又与孔子弟子自身的兴趣、性格、出身、生活阅历等有关；此外，区域文化（地理环境）的影响也应是不容忽视的重要因素[③]。在孔子去世后，孔门后学散游诸侯，无论是"为师傅卿相""友教士大夫"，还是"隐而不见"，他们所传授的儒学都应受到当地文化的深刻影响。

其实，后世"六经"不同版本的流传，是区域文化对儒学反作用的结果。以《诗经》为例，据学者研究，汉代毛、鲁、韩、齐四家《诗》的出现，与区域文化的影响有关。如蒙培元先生将先秦至汉代学术分为鲁、晋、燕、齐四学，认为《毛诗》是晋学，《鲁诗》是鲁学，《齐诗》是齐学，《韩诗》是燕学，

① 李学勤：《从新出楚简看齐鲁文化的影响》，《文物中的古文明》，商务印书馆2008年版，第367页。

② 傅斯年：《民族与古代中国史》，河北教育出版社2002年版，第210页。

③ 刘德增主编：《儒学传播研究》，中华书局2003年版，导言第10—11页。

并且燕学与齐学“接近”；[①]如英国学者崔瑞德等认为：“关于《诗经》，已经有了并行的齐、鲁、韩三派，它们与早期的地域性学习中心相当。”[②]应该说，它们都有其主要特点：《毛诗》“以史证《诗》”，《韩诗》有“引《诗》证史”以及“取《春秋》，采杂说”的特点，《齐诗》“好言阴阳灾异”，相对而言，《鲁诗》可能更为纯正，即《汉书·艺文志》中所说的“最为近之”。[③]此外，《论语》流传的情况同样很复杂，至少有古、齐、鲁等多种版本。儒家经典复杂情况的出现，在一定程度上也受区域文化的影响，它们应是反映区域文化与儒学互动的一个窗口。当然，孟子、荀子等先后与其他各家在稷下学宫相互交流，也不可能不受到其他学派的影响。

新出土文献在印证儒学南传的同时，其他区域文化给儒学也带来更多的影响。如帛书《易传》的发现，曾引起学者们的关注，如张岱年先生认为它是“南方易学家的著述”[④]。而朱伯崑先生认为帛书《周易》经传文多半来自齐学，王葆玹先生则说帛书《易经》和《系辞》编辑者应是陈地老子学派人物。然而，帛书《易传》中不仅多处引用楚国的历史故事，而且缪和、昭力等又为楚人，因此它极有可能是“楚地经学的孑遗”[⑤]。尤其是郭店楚墓竹简的问世，给学界重新审视先秦学术史带来新的机遇，如江林昌先生将《楚辞·离骚》与郭店简《穷达以时》，将《楚辞·天问》与郭店简《老子》《太一生水》等相比勘，最后总结说：“郭店简告诉我们，当时的楚地思想界，儒道两家互补互济。而屈原的《楚辞》里既有与竹简儒书相合者，又有与竹简道书相符者。可

---

① 蒙文通：《经史抉原·经学导言》，巴蜀书社1995年版，第18—20页。

② 〔英〕崔瑞德、鲁惟一编：《剑桥中国秦汉史》，杨品泉、张书生译，中国社会科学出版社1992年版，第726页。

③ 刘毓庆、郭万金：《战国〈诗〉学传播中心的转移与汉四家〈诗〉的形成》，《文史哲》2005年第1期。

④ 张岱年：《初观帛书〈系辞〉》，《道家文化研究》第三辑，上海古籍出版社1993年版，第3页。

⑤ 李学勤：《简帛佚籍与学术史》，江西教育出版社2001年版，第8页。

见屈原也是一位儒道兼习者。”[①]由屈原及郭店楚墓竹简墓主人均为儒道兼习者，说明儒家与南方楚地的道家文化并没有根本的抵触，二者的结合也成为此后楚文化的一大特色。

总之，战国时期儒家是以开放姿态向四周传播的。而郭店简《老子》的问世，尤其是儒、道两家经典文献同出一墓，至少说明过去被视为如同水火、针锋相对的早期儒、道关系应当被重新认识。其实，自孔子去世后，孔门后学在传播儒学时都不同程度地受到区域文化影响。如子夏在西河，他的《诗经》整理不仅出现“以史证《诗》”的历史化倾向，而且其弟子与洙泗学派“纯正的儒家色彩”相比，子夏弟子多具有“法家的色彩”[②]。战国后期大儒孟、荀，由于他们长期在稷下学宫活动，他们在“遵夫子之业而润色之”的同时，也不免受到其他诸子、来自其他地域文化的影响。如果说孟子还执着地坚守着“邹鲁文化”，那么荀子则以儒家为本位的姿态积极接纳其他各家思想，为儒学开辟了一片新天地。[③]

（二）诸子各家对儒学的评判

自孔子在世的时间起，儒学就已受到时人的热切关注与评判，褒奖者有之，批判者亦有之。虽然孔子并未得到时代的重用，但是在他去世后，孔子的影响不仅没有消退，反而日益扩大。孔子整理的“六经”，由于凝结了此前几千年来诗书礼乐文化的精髓，顺理成章地成为战国时期诸子学习文化知识的重要途径。无论是儒学的尊奉者，还是走向儒学对立面的其他诸子，儒学都是无法绕过去的知识宝库，以及构建其学说的前提和基础。如“学儒者之业，受孔子之术”的墨子，尽管严厉批评儒学，但是从今本《墨子》来看，孔子仍是

---

① 江林昌：《中国先秦儒道文献的重大发现与深远意义——初读〈郭店楚墓竹简〉》，《烟台大学学报》（哲学社会科学版）2000年第4期。

② 王钧林：《中国儒学史（先秦卷）》，广东教育出版社1998年版，第170页。

③ 白奚：《稷下学研究——中国古代的思想自由与百家争鸣》，生活·读书·新知三联书店1998年版，第82页。

墨子心目中“当而不可易”的重要人物。如秦彦士先生说：“墨子所接受的儒家思想确有明显反映：《亲士》《修身》注重君子的道德修养，主张国君必须任贤。《所染》要求交友之慎，《三患》与孔子‘足食足兵’也有一定思想联系……而《尚贤》‘十论’大量引用的《诗》《书》古典，也正是孔门传习的经典。”[①]当然，诸子对儒家的评判，不仅包括对孔子的评判，而且包括对战国孟、荀等儒者的评判。

虽然墨子受儒者之业，并深受儒学的影响，但是《墨子》一书中对儒家的丧葬、婚礼、天命观、服古思想等都进行了严厉的批判。如儒者公孟子以“学吾之慕父母”，来论证“三年之丧”的合法性时，墨子批评说：“夫婴儿子之知，独慕父母而已。父母不可得也，然号而不止，此亓故何也？即愚之至也。”（《墨子·公孟》）进而批判儒者之知如同婴儿；又如儒者以“知天命”自居，并自信地说：“寿夭贫富，安危治乱，固有天命，不可损益。穷达赏罚，幸否有极，人之知力，不能为焉。”然而，墨者却指出盲目崇信“天命”的危害，说：“群吏信之，则怠于分职；庶人信之，则怠于从事。不治则乱，农事缓则贫，贫且乱政之本，而儒者以为道教，是贼天下之人者也。”（《墨子·非儒下》）当然，尽管墨家对儒家的核心价值理念提出了批评，但是其“务为治”的措施，几乎无一不是对儒家主张的“纠偏”。墨者“信身而从事”“疾而从事”“量亓力所能至而从事”以及“择务而从事”等，都应是在在批判、吸收儒家理想模式基础上，根据社会现实而做出的补救措施。

庄子作为战国时期最重要的诸子代表，他在构建其学说时，儒家同样是其无法绕过去的重要资源。从今本《庄子》看，其中并不乏丑化孔子的色彩，如《庄子·盗跖》云：“孔子再拜趋走，出门上车，执辔三失，目芒然无见，色若死灰，据轼低头，不能出气。”然而，庄子对真正的儒者是极为尊崇的，如《庄子·田子方》中说：“周闻之，儒者冠圜冠者，知天时；履句屦者，知

---

① 秦彦士：《墨子考论》，巴蜀出版社2002年版，第8页。

地形；缓佩玦者，事至而断。”在他看来，真正儒者应是“博通”的，尤其在处理国事时，能做到“千转万变而不穷”。可见，《庄子》中虽然有丑化孔子的言语，但是庄子认定孔子是真正的儒者，自己还一度以“儒服而见王”（《庄子·说剑》）。这不由得使我们想起商鞅初见秦孝公时说以“帝道”“王道”的情景。应该说，庄子与商鞅都是曾学习儒术，并膺服于儒学的。如刘士林先生说：“庄子对儒家的辛辣嘲弄和猛烈批判，倒从另一个角度表明：庄子本人从儒家思想和信念中挣脱、蜕变出来的痛苦的心路历程。”又说：“庄子对儒家思想的负作用的深刻认识和猛烈的切中要害的批判，包括对儒家片面的全盘否定，都可看作是‘从旧垒中来’的致敌死命的‘反戈一击’。”①

战国末期的韩非子更是出入儒、法，评判儒家的最重要的代表。韩非子对儒、墨两家的“法先王”，都提出过严厉的批评，如《韩非子·五蠹》中云：“然则今有美尧、舜、汤、武、禹之道于当今之世者，必为新圣笑矣。”因为尧、舜治国之道，是儒家构建学说的模板，《韩非子·难一》对尧、舜时期“清明”政治的质疑，应是对儒学的猛然一击。他说：“圣人明察在上位，将使天下无奸也。今耕渔不争，陶器不窳，舜又何德而化？舜之救败也，则是尧有失也。贤舜则去尧之明察，圣尧则去舜之德化，不可两得也。”尽管如此，韩非子对“义”的强调应抓住了问题的本质，如齐宣王向匡倩询问儒者是否“博”“弋”“鼓瑟”时，由于这些极有可能有害于儒家的核心理念“义”，所以他给予了否定回答。其实，无论孔子作《春秋》所窃取之“义”，还是荀子“隆礼义而杀《诗》《书》”之“义”，它都应是先秦儒家最关切的核心理念之一。而《韩非子》对“义”的肯定，也理应是对孔子儒家思想的认同。

尽管战国儒家孟子曾受到时人诸如“迂远而阔于事情”的批判，但是由新出土文献及战国诸子对孔子言论、儒家经典的征引频率来看，战国后期儒家的“显学”地位已经相当稳固。究其原因，与儒学植根于先秦社会，服务

① 刘士林：《论庄子的“儒家心路”历程》，《史学月刊》1993年第3期。

社会，密切关注天下苍生的特质有关。儒学欲用礼制重建社会秩序，这是任何社会都必须面对的问题，而太史公“序君臣夫子之礼，列长幼之别”的说法，应是对儒学在维护社会秩序方面所起功能的清醒认识。当然，战国儒家孟、荀等人对诸子评判给予了反驳，应该说真理是越辩越明的。在与诸子交锋中，他们不仅维护了早期儒家的师道尊严，而且为此时儒学汲取诸子智慧，发展孔子学说搭建了广阔平台。

（三）《庄子》的“道术”说

与《荀子·非十二子》《韩非子·显学》等相比，《庄子·天下》对先秦学术史、思想史的探讨，无论从格局、见识，还是文法，都显得略胜一筹。尤其它对先秦诸子的评判，也开启了将中国古代学术思想分类的“滥觞”，并成为研究先秦学术的“关津”[①]。顾实先生赞誉说：“不读《天下篇》，无以明庄子著书之本旨，亦无以明周末人学术之概要也。故凡今之治中国学术者，无不知重视《天下篇》，而认为当急先读破也。”[②]《天下》开篇就说：“天下之治方术者多矣，皆以其有为不可加矣。古之所谓道术者，果恶乎在？曰：‘无乎不在。’曰：‘神何由降？明何由出？’圣有所生，王有所成，皆原于一。”[③]由作者心目中“道术”与“方术”的差别，可见他对“道术”是极为推崇的。而对“道术”的理解与把握，就成为解读《庄子·天下》的关键。

因“道术”是与“方术”相伴而生的概念，所以对二者关系的厘清，更有助于理解“道术”的内涵。学术界在二者关系上的认识还存在着很大的分歧。如唐代学者成玄英《庄子疏》认为，“道术”与“方术”是同一个概念；高晋生、钟泰等认为“道术”是全体，而方术只是“部分”，二者是整体与部分的关系；

---

① 张丰乾：《〈庄子·天下篇〉注疏四种》，华夏出版社2009年版，编者说明第1页。

② 顾实：《〈庄子·天下篇〉讲疏》，商务印书馆1928年版，自序第1页。

③ 陈鼓应：《庄子今注今译》，中华书局1983年版，第855页。

顾实则认为，“道术”应是五帝三代时期的“治术”，“方术”是当时所执行的“法术”，二者之间有“微别”。王青先生总结说：“三种解释的着眼点是不一样的，成疏的着眼点是‘方术’与‘道术’的实质，顾实的着眼点是二者出现的先后，高晋生与钟泰的着眼点是《天下》篇的文义。”[①]其实，在《庄子·天下》中，“道术”是能见天地之“美”之“纯”、察古人之“全”之“备”的学问；“方术”则不同，虽然“方术之士”多认为其学说是“不可加”的，但是本质上说只不过是“得一察焉以自好”的学问。可见，“方术”是在“天下大乱，圣贤不明，道德不一”的情况下，“道术将为天下裂”的产物。

在“天下大乱”之前，中国学术就应属于“道术”的范畴。从《庄子·天下》对“道术”的“无乎不在”“皆原于一”等评价来看，似乎它具有很强的宗教色彩。基于此，张卫静先生甚至将其视为“神巫之学”，进而分中国先秦学术为五帝时代的“神巫之学”、夏商周时期的“史官之学”以及春秋战国之世的“百家之学”等三个时期。[②]其实，这种观点是有道理的，如此一来，“神巫之学”就应是“道术”的逻辑起点。而此后的“史官之学”或者“王官之学”，就应是三代圣哲对“神巫之学”理性思考的产物。“神巫之学”是中国先民探索“天道”与“人事”的逻辑起点，因此被学术界给予了很高的赞誉。如江林昌先生说：“夏、商、西周的史官之学实际是神巫学术的专业化、系统化，春秋战国的诸子百家，虽立说各异，而皆以宇宙哲学为其论道之基点。”基于此，还有学者将五帝时代的“神巫之学”称为中国学术之树的“初始之根”，或者认为是“道术”的“起源”[③]。

随着中国早期社会由蒙昧时代走向文明时代，“道术”的“神巫”性逐渐让位于“理性”。中国礼乐文明的形成正是这一变化的集中展现，“六经”成为承

---

① 王青：《说“道术将为天下裂”》，《管子学刊》2007年第2期。

② 张卫静：《〈庄子〉“道术无乎不在”解》，《鲁东大学学报》（哲学社会科学版）2008年第5期。

③ 江林昌：《中国上古文明考论》，上海教育出版社2005年版，第475页。

载这一文明传统的重要载体。《诗》《书》《礼》《乐》《易》《春秋》等先王之政典，应是“道术”由“神巫之学”向“史官之学”转变的结晶。如《庄子·天下》说：“其（道术）明而在数度者，旧法、世传之史，尚多有之。”然而，在“天下大乱”的春秋之世，因“礼乐废，《诗》《书》缺”，“道术”不得不进行再次转换。如冯铁流先生说：“《庄子·天下》篇真不愧是先秦或秦初时代分析天下学派的最精辟之作。该文又认识到孔子学说是应当归入于‘古之道术’一类的，从实质上说来它只是属于‘古之道术’之一部分。”[①]以孔子作《春秋》为例，在“天下无道”的背景下，孔子以布衣之身而作《春秋》，并将其“正名”观念贯穿于“鲁史记旧闻”之中，形成了新的《春秋》。在这一过程中，孔子“接续”史官代行“天子之事”，使得史官向史家转变。即使孔子学说并非原始意义的“道术”，它也是“王官之学”到“诸子之学”转变过程的中间环节，与各得“道术”一察的诸子之学有着本质的差别。这也正是《庄子·天下》所品评诸子中，唯独没有孔子儒家的原因所在。

总之，在争于气力的战国之世，与诸子各家“著书言治乱之事，以干世主”的行为不同，孔子并未功利地思考当时社会的治乱问题，而是坚守“述而不作”原则，将儒学植根于此前几千年积淀的文化土壤之中，欲构建出能从根本上解决社会问题的方案。这也正是孔子学说不被时代所接受的原因所在。但新出土文献证明，早期儒学冲破了时代“既绌”的困境，在不同的文化区域中传播开来。在此背景下，学术界不得不重新思考儒学与当时社会的关系问题。应该说，自孔子创立儒学之日起，儒学就立足于社会，服务于社会，并虚心地接受着社会的检验，与社会之间形成了一种双向互动关系。当然，从某种程度上说，儒学立足于社会、尊重历史，则成为此后中国传统学术的传统，对中国社会产生了深远的影响。

---

① 冯铁流：《先秦诸子学派源流考——对先秦诸子学术活动的新认识》，重庆出版社2005年版，第238页。

结　语

在孔子之前，尽管“儒”作为职业已经存在，但是原始儒学作为一个学派或者团体应是由孔子发轫的。原始儒学由前孔子时代的孕育、孔子时代的建立及战国时代儒学的传播与发展等三个阶段组成。原始儒家以纠正春秋末期“礼坏乐崩”的“无道”之世为切入点，围绕重建“有耻且格”的社会秩序进行探索。如《史记·太史公自序》说：“《易大传》：‘天下一致而百虑，同归而殊途。’夫阴阳、儒、墨、名、法、道德，此务为治者也，直所从言之异路，有省不省耳。”可见，先秦时期诸子百家的学说皆是“务为治”的，在战国时期还出现“杨朱、墨翟之言盈天下”(《孟子·滕文公下》)的局面，甚至墨学一度成为与儒学媲美的“显学”(《韩非子·显学》)。然而，秦汉之后，战国时期百家争鸣的诸子学何以逐渐淡出？儒学何以成为历史的主流？究其原因，除最高统治者的支持外，儒学自身的因素应起着决定性的作用。儒学“与时偕极”的品格，使它与中国传统社会结下了“互动”关系，并为统治者从根本上解决社会问题提供了治国理政的方案。孔子儒学的此类功用，应与孔子学说的高度与深度有关。一方面，儒学从“好学”而“博学”的孔夫子，从此前历代圣贤及春秋社会中汲取有益营养，形成了早期中国社会的“大成”智慧；另一方面，在与社会的交互过程中，孔子儒家不断地总结与反思，深入思考学说与当时社会的关系，促使它成为更加成熟、更适应社会需求的学术体系。

一、儒学是深深扎根于传统中国社会的“大成”智慧

孔子学说来源于先秦社会，并受到先秦社会的滋养与孕育。如果没有春秋末期的“天下无道”“礼坏乐崩”，孔子凭借自幼就“常陈俎豆，设礼容”的“好学”精神，或许能成为当时最负盛名的礼乐大师，却很难创立影响中国社会既深且远的学说体系，这也是孔子说“天下有道，丘不与易”(《论语·微子》)的原因。基于春秋末期天下的无道，礼乐征伐的特权“自诸侯出”“自大夫出”，甚至是“陪臣执国命”(《论语·季氏》)的局势，孔子发出“是可忍也，孰不可忍也”(《论语·八佾》)的慨叹。这些因素都是激发他自十五岁就“志于学”的重要原因。“好学”而“博学”只是前提与基础，期望能被社会采用，以纠正春秋末期“礼坏乐崩”的局面，重建社会秩序，才是原始儒学的真正旨归，也就是孔子所说的“学而时习之”。在孔子看来，传统礼乐制度能否有序运转的关键，在于“待其人而后行”(《中庸》)。然而，孔子生活的春秋末期，尽管传统的礼乐制度出现“礼仪三百，威仪三千”的繁荣景象，但是诸侯、士大夫甚至周天子都不愿意严格地按照这些礼仪的规定行事。所以，礼乐文化繁荣的表象并非表明礼制的盛行，其背后恰恰是周礼固有内涵的崩溃，也就是人们常说的“礼坏乐崩”。

在“礼坏乐崩”的社会背景下，诸子学都在探索使社会重归有序的有效路径，孔子学说更是如此。至春秋中期以后，周王室已无力掌控固有的局势，强势的诸侯、士大夫，甚至陪臣就会逐渐“僭越”天子的特权。诸侯争霸、私家兴起，甚至是“陪臣执国命”都加剧着由于“天子衰微”而造成的社会秩序的“失范”程度。换句话说，周王室的衰微，是“礼坏乐崩”局面形成的重要前提；私家兴起、陪臣执国命只是春秋时期社会“礼坏乐崩”的加速器。当然，更让孔子痛心疾首的是春秋时期的世人在理解礼乐之“义”时出现了严重的偏差。如何纠正，或者说用什么来纠正就成为摆在孔子儒家面前最重要的社会使命。与其他诸子摒弃礼乐传统，欲凭借战争、刑罚或者

游说等方式，功利地思考解决当下问题的努力不同，孔子儒家对历史传统抱着一种“温情与敬意”①的态度，积极地汲取王官失守、学术下移所带来的宝贵文化资源。

虽然荀子曾提出“法后王”“法周公”的说法，但是早期儒家重构社会秩序、批评其他诸子的依据均为“尧舜之道”“明王之道”。孔子整理“六经”，孔门后学研读“六经”，表明蕴含在先王政典中的“明王之道”已经成为早期儒家普遍遵循的基本法则。同时，“六经”也是早期儒家汲取明王智慧的重要资源库，如《史记·孔子世家》中说：“孔子以诗书礼乐教，弟子盖三千焉，身通六艺者七十有二人。”又，卫将军文子说：“吾闻孔子之施教也，先之以《诗》《书》，而道之以孝悌，说之以仁义，观之以礼乐，然后成之以文德。盖入室升堂者，七十有余人。”（《孔子家语·弟子行》）由于孔子坚持“述而不作”的原则，所以从本质上说，早期儒家所传承的文化经典与周代王官之学基本相同。在典籍整理上，孔子“晚而喜《易》”“因史记作《春秋》”，则更全面、深刻、系统地掌握与继承了“先王之道”的内涵。“孔子以前数千年之文化，赖孔子而传”（柳诒徵语），“孔子以前的中国文化差不多都收在孔子手里”（梁漱溟语），以及“在孔子以前，中国历史文化当已有两千五百年以上之积累，而孔子集其大成”（钱穆语）等说法，均为原始儒学已真正深深扎根于此前几千年文化传统土壤中的注脚，并为儒学能成为“大成”智慧提供了前提。

当然，在构建学说体系时，孔子儒家不仅汲取了先王智慧，而且吸收了孔子之前或者并世的春秋诸贤的思想。如《史记·仲尼弟子列传》中说：“孔子之所严事：于周则老子；于卫，蘧伯玉；于齐，晏平仲；于楚，老莱子；于郑，子产；于鲁，孟公绰。数称臧文仲、柳下惠、铜鞮伯华、介山子

① 钱穆先生在《国史大纲》之“凡读本书请先具下列诸信念”的第二条中有“对其本国已往历史之温情与敬意”。详见钱穆：《国史大纲》，商务印书馆2010年版。

然，孔子皆后之，不并世。”[1]而“严事”就是“师事”，即充分汲取他们思想的智慧。当然，正如子贡所说：“夫子焉不学？而亦何常师之有？”（《论语·子张》）由于孔子并未受到师门或者学派的局限，所以能从容地思考他的学说与当时社会的关系问题。这也正是孔子“可以速而速，可以久而久，可以处而处，可以仕而仕”（《孟子·万章下》）的原因所在。如孟子曾赞誉说：“伯夷，圣之清者也；伊尹，圣之任者也；柳下惠，圣之和者也；孔子，圣之时者也。孔子之谓集大成。集大成也者，金声而玉振之也。”（《孟子·万章下》）赵岐《孟子注》评论说：“伯夷清，伊尹任，柳下惠和，皆得圣人之道也。孔子时行则行，时止则止。孔子集先圣之大道，以成己之圣德者也，故能金声而玉振之。”[2]与其他诸子或者春秋诸贤相比，孔子所得的“道术”，正是孔子儒家能从先秦诸子百家中脱颖而出的重要原因。其实，唯有如此，原始儒学才能成为深深影响此后中国传统社会两千多年的主流思想，之后又走出国门，影响世界。

二、儒学的生命力在于具“天地之美”“万物之理”

原始儒学与先秦诸子学说都是以先秦社会为其文化土壤的，其中，墨家“法先王”的主张与儒家基本相似。但与“墨学”相比，儒学何以既成为战国时期的“显学”，又能在秦汉以后成为传统社会占主导地位的指导思想呢？我们认为，这应与孔子儒家站在历史的高度思考社会问题密切相关。孔子作为原始儒学的创始者，他“穷达以时”的心态以及欲培养“有耻且格”的社会风气的责任感，决定儒学应是先秦诸子中最具生命力的学派。如《庄子·天下》中说：“以天为宗，以德为本，以道为门，兆于变化，谓之圣人。以仁为恩，

① 〔汉〕司马迁：《史记》，中华书局1959年版，第2186页。

② 〔汉〕郑玄等注：《十三经古注·孟子》，中华书局2014年版，第87页。

以义为理，以礼为行，以乐为和，薰然慈仁，谓之君子。”若抛开后世认为《庄子》一书为“道家”经典的成见，那么《庄子》此处所极力提倡、赞誉的“道术”，就应是“神巫之道”“先王之道”，或者说是“孔子之道”，而并非特指老子之“道”。这也是《庄子·天下》认为“邹鲁之士缙绅先生，多能明之”的原因所在。纵观先秦诸子，只有早期儒家真正做到了“判天地之美，析万物之理，察古人之全”，进而成就了“内圣外王之道”[①]。

由于后世学者受到“夫子之言性与天道，不可得而闻”（《论语·公冶长》），“子罕言利与命与仁”（《论语·子罕》）等说法的影响，孔子不太关注天道性命，似乎早已成为人们的共识和学界的定论。然而，《性自命出》《性情论》等新出土文献的面世，使孔子儒家的天道性命学说再次受到学者们的关注。而把握此问题的关键，仍然是对《周易》及《易传》成书问题的认识。孔子“正《易传》”与“定五经”等说法，说明《易传》中所蕴含的哲学思想都应与孔子密切相关。徐刚先生说：“孔子的思想，在晚年有一次很大的转折，就是从仁义礼乐的世俗伦理，上升到天道性命的探索。这一转变，应该与他晚年喜读《周易》有关。”[②]孔子能从古圣先王据“天地之道”作《易》的过程中获得启发，如《易传·系辞下》中说：“古者包牺氏之王天下也，仰则观象于天，俯则观法于地，观鸟兽之文与地之宜，近取诸身，远取诸物，于是始作八卦，以通神明之德，以类万物之情。”[③]孔子儒家将天道自然视为最和谐、最完美的秩序，并以此作为儒家哲学体系的逻辑起点，也是纠正“天下无道”“礼坏乐崩”社会秩序的理论依据。

孔子以“知其不可而为之”的精神，在列国之间游说长达十四年之久，甚至曾欲“屈节以求伸”，寻求施展其治国理政才能的机会。尽管如此，孔子

---

① 陈鼓应：《庄子今注今译》，中华书局1983年版，第855—856页。

② 徐刚：《孔子之道与〈论语〉其书》，北京大学出版社2009年版，第34—35页。

③ 周振甫：《周易译注》，中华书局1991年版，第256页。

被后世尊奉为“圣之时者”，究其原因，应是孔子对“天命”的把握。正是因为孔子“知天命”以及对天道自然规律的认知，所以才能做到“六十而耳顺”“七十而从心所欲，不逾矩”（《论语·为政》）。此后，“天命”成为早期儒家普遍关注的核心理念，并与构建独特的人性学说有机地结合起来。如《中庸》中说：“天命之谓性，率性之谓道，修道之谓教。”又，《孟子·尽心上》中说：“尽其心者，知其性也。知其性，则知天矣。存其心，养其性，所以事天也。”而“后圣”荀子所提出的“制天命而用之”（《荀子·天论》）宣言，应是此前儒家对“天命”问题探讨的总结与提升。从孔子“知天命”，到荀子“制天命”，他们都从未否定过“天”的力量，更没有主张与“天”争雄抗衡，只是由“知天”“顺天”到“用天”，并强调发挥人的主观能动性，遵从客观规律。

早期儒家对天道自然规律的探索，并非仅仅是对形而上规律的追问，更不是为在与其他诸子的论辩中占据上风，而是为儒家学说寻求更深层的理论根基。在“礼坏乐崩”的春秋战国之世，儒家主张“法先王”，提倡为国以礼，首要的问题就需要论证世人为何要遵守礼制，礼制在人们的生活中扮演怎样的角色。孔子曾论证说：“夫礼，先王以承天之道，以治人之情，故失之者死，得之者生。”（《礼记·礼运》）在孔子看来，礼是上古圣王思考天道、地道、人情的结果。与具体而繁琐的“礼之仪”相比，早期儒家更强调“礼之义”。如孔子的“礼之本”（《论语·八佾》）、孟子的“礼门义路”（《孟子·万章下》）以及荀子的“隆礼义而杀《诗》《书》”（《荀子·效儒》）等，无一不是如此。

与先秦时期的其他诸子相比，孔子儒家顺应天道自然，重视天人之学，在天道、地道与人道之间进行有机地整合，在“人情”与“人义”之间搭建起桥梁，遂有最完整、最精致、最独特的理论思考。这也是儒学具有长期生命力的原因所在。由于孔子站在历史的高度思考社会问题，在力行实践的同时，也在反思学说的深层次问题。“穷达以时”是孔子对其学说不遇时命运的体认；

“有耻且格”则是从根本上维持社会长期有序的重要基石，二者彰显出孔子儒学的高度、深度与境界，并为原始儒学能影响中国传统文化发展的模式与范式奠定了基础。

三、儒学在其形成之初就已得到社会的检验与认证

孔子一生虽然有中都宰、司空、大司寇甚至摄相事等为政的实践与经历，但是至多不过五六年的时间。尽管孔子对自己的学说充满自信，他曾说：“苟有用我者，期月而已可也，三年有成。”(《论语·子路》)但正如《史记·十二诸侯年表》中说：“是以孔子明王道，干七十余君，莫能用，故西观周室，论史记旧闻，兴于鲁而次《春秋》，上记隐，下至哀之获麟，约其辞文，去其烦重，以制义法，王道备，人事浃。”可见，春秋时代并未给孔子提供太多施展为政才能的时机。孔子对其学说不为时代所用，也有着清醒的认识。他曾以历代贤者的“时遇”命运为例，感叹说：“夫遇不遇者，时也；贤不肖者，材也。君子博学深谋不遇时者多矣。由是观之，不遇世者众矣，何独丘也哉！”(《荀子·宥坐》)郭店楚墓竹简中《穷达以时》篇，作为孔子裔孙子思的著作，也“印证了孔子对自己政治命运的深刻理解”[①]。而“穷达以时”是孔子对他的学说与时代、社会之间博弈后二者关系的深刻体认。

虽然孔子学说不为时代所用，但是在他为政期间原始儒学已经得到春秋社会的初步检验。如孔子为中都宰，行之一年，就有“四方皆则之”的效果；如为司空，则有“物各得其所生之宜，咸得厥所”的局面。尤其是为大司寇期间，鲁国曾出现了和平晏然的景象，如《孔子家语·相鲁》中说：“男女行者别其涂，道不拾遗，男尚忠信，女尚贞顺。四方客至于邑，不求有司，皆如归

---

① 杨朝明：《从〈穷达以时〉看孔子的“时遇”思想——兼谈〈论语〉“学而时习之”章的理解问题》,《出土文献与儒家学术研究》，台湾古籍出版有限公司2007年版，第143页。

焉。”然而，持孔子学说不被社会所用观点的学者，对《孔子家语》的这段记载持怀疑态度。在解读孔子命运时，他们更多地关注孔子“堕三都”失败后，“无家可归”、“伐树于宋，削迹于卫”、陈蔡绝粮等。特别是“适郑，与弟子相失”时，孔子“累累若丧家之狗”的记载，更为学者所津津乐道，并成为孔子儒学不为社会所用的重要参照。

据传世文献记载，孔子的困厄与落魄，与他的学说本身并无直接关系，而是由其“正名”主张引起的。如孔子在齐国向齐景公献策：“君君，臣臣，父父，子子。”在鲁国实行“堕三都”，特别是在卫国明确提出“正名”的主张。其实，在鲁国的“堕三都”时，孔子的“强公室，弱私家，尊君卑臣”的意图已昭然若揭。这既使得孔子享誉诸侯，又使他所到之处有僭越礼制行为的执政大夫们胆战心惊。所以，齐景公欲以“尼谿田封孔子”、卫灵公欲“致奉粟六万”以及楚昭王将以“书社地七百里封孔子”时，总会有执政的士大夫或者陪臣出来阻挠。由此可见，孔子得不到重用，并非是他的学说存在问题，而是与“陪臣执国命”的“无道”之世有关。尽管孔子学说不被时代所采用，但是“儒绌于上却自行于下”的特点，使儒学在潜移默化中逐渐得到社会的认可。如孔子开坛授学，跟随他学习的弟子就有三千，贤者至少也有七十余人。可见，虽然僭越礼制的士大夫们抵制孔子及其学说，但是诸侯国君、新兴“士”阶层的认同，则表明原始儒学在它形成之初就得到先秦社会的检验与认证。

尽管战国时期已有儒、墨“世之显学”(《韩非子·显学》)的说法，但是此时孔子儒学是怎样的“显学”？它与先秦社会之间有着怎样的关系？由于传世文献记载的阙如，以往学术界的研究和认识相当模糊。幸运的是，近年来大量新出土文献、器物的面世，不仅为解决此类问题带来新的契机，而且将战国时期儒学流传的大体轮廓勾勒出来。从地域上看，出土文献南至曾被视为“蛮夷”之地的楚地，北到深入狄族的中山国，西到曾被视为法治传统占绝对主导地位的秦地；从时间上看，从战国早期到汉代初期，其间儒学虽然曾受到秦朝“焚书坑儒”、颁布《挟书律》等举措的影响，但是儒学在先秦社会的传承从未中断，而且逐渐成为战国时期最具影响力的学术团体，并为儒学在汉代时期成为官方学术奠定了基础。

总之，原始儒学来源于社会，服务于社会，在传播过程中也得到迅速的发展。只是过去由于受到传世文献记载的局限，先秦儒学史主要是由孔子、孟子、荀子三点一线构成的。然而，近年来，出土文献的大量问世，逐渐打破了以往的成见，孔孟之间的儒学有了新的资料，孔子弟子以及子思之儒的状况逐渐清晰起来。出土文献地域的广泛性、内容的丰富性，则表明战国时期的儒学已得到广泛传播，并为秦汉以后孔子儒学成为官方的正统思想奠定了基础。当然，孔子儒学之所以得到传播、弘扬与发展，一方面是孔子学说的精深，吸引着诸多如孟子、荀子一样的儒者“私淑”孔子；另一方面，与孔子儒学能用“损益”之“礼”去重构当下的社会秩序的理想息息相关。如张德胜先生说：“没有了规范去指导行为，人与人之间就只能以赤裸裸的利益交往，所谓只求目标，不择手段，是失范社会的主要特征。”而“规范的作用不光是节制行为，而且赋予生活意义。人失去了规范，也失去了生活的成法，往往感到惶然无着，焦灼不安。”[①]而孔子儒学强调“天下为公，选贤与能，讲信修睦”，主张“谨于礼”“著其义”“考其信，著有过，刑仁讲让，示民有常”(《礼记·礼运》)，这些都使儒学确立的核心观念成为此后中国传统社会秩序正常运行的基本准则。而在与社会的连体互动中，面对社会出现的新形势、新问题，历代儒家都不断地进行着调整与创新，形成了一个以孔子为“宗师”、以“六经”为常法的中国儒学新形态，成为东方文化的代表，进而影响着全世界。

---

① 张德胜：《儒家伦理与社会秩序——社会学的阐释》，上海人民出版社2008年版，第10—11页。

主要参考文献

古 籍

［1］〔汉〕司马迁撰，〔宋〕裴骃集解，〔唐〕司马贞索隐，〔唐〕张守节正义：《史记》，中华书局1959年版。

［2］〔汉〕韩婴撰，许维遹校释：《韩诗外传集释》，中华书局1980年版。

［3］〔汉〕班固撰，〔唐〕颜师古注：《汉书》，中华书局1962年版。

［4］〔汉〕郑玄等著：《十三经古注》，中华书局2014年版。

［5］〔宋〕朱熹：《四书章句集注》，中华书局1983年版。

［6］〔清〕孙希旦撰，沈啸寰、王星贤点校：《礼记集解》，中华书局1989年版。

［7］〔清〕王先慎撰，钟哲点校：《韩非子集解》，中华书局1998年版。

［8］〔清〕永瑢、纪昀：《四库全书总目提要》，中华书局2003年版。

［9］程树德撰，程俊英、蒋见元点校：《论语集释》，中华书局1990年版。

［10］杨伯峻：《春秋左传（修订本）》，中华书局1990年版。

［11］徐元诰撰，王树民、沈长云点校：《国语集解》，中华书局2002年版。

专 著

［1］王国维：《观林堂集》，中华书局1959年版。

[2] 冯友兰：《中国哲学史新编》，人民出版社1980年版。
[3] 李学勤：《东周与秦代文明》，文物出版社1984年版。
[4] 王力等：《中国古代文化史讲座》，中央广播电视大学出版社1984年版。
[5] 匡亚明：《孔子评传》，南京大学出版社1990年版。
[6] 周振甫：《周易译注》，中华书局1991年版。
[7] 李学勤：《周易经传溯源——从考古学、文献学看周易》，长春出版社1992年版。
[8] 李启谦、姜林祥主编：《孔子思想与当代社会》，天津社会科学院出版社1992年版。
[9] 杨向奎：《宗周社会与礼乐文明》，人民出版社1992年版。
[10] 郭克煜等：《鲁国史》，人民出版社1994年版。
[11] 吴龙辉：《原始儒家考述》，中国社会科学出版社1996年版。
[12] 王钧林：《中国儒学史（先秦卷）》，广东教育出版社1998年版。
[13] 梁漱溟：《东西文化及其哲学》，商务印书馆1999年版。
[14] 杨朝明：《鲁文化史》，齐鲁书社2001年版。
[15] 柳诒徵撰，蔡尚思导读：《中国文化史》，上海古籍出版社2001年版。
[16] 杨朝明：《周公事迹研究》，中州古籍出版社2002年版。
[17] 钱穆：《孔子传》，生活·读书·新知三联书店2002年版。
[18] 陆玉林：《中国学术通史（先秦卷）》，人民出版社2004年版。
[19] 韩兆琦：《史记笺证》，江西人民出版社2004年版。
[20] 金春峰：《〈周易〉经传梳理与郭店楚简思想新释》，中国言实出版社2004年版。
[21] 蒙培元：《蒙培元讲孔子》，北京大学出版社2005年版。
[22] 钱穆：《先秦诸子系年》，商务印书馆2005年版。
[23] 周山：《中国学术思潮史·子学思潮》，上海社会科学院出版社2006年版。

［24］李零：《郭店楚简校读记（增订本）》，中国人民出版社2007年版。
［25］夏静：《礼乐文化与中国文论早期形态研究》，中华书局2007年版。
［26］杨朝明：《出土文献与儒家学术研究》，台湾古籍出版有限公司2007年版。
［27］李学勤：《走出疑古时代》，长春出版社2007年版。
［28］李济：《中国早期文明》，上海人民出版社2007年版。
［29］梁涛：《郭店竹简与思孟学派》，中国人民大学2008年版。
［30］张德胜：《儒家伦理与社会秩序——社会学的诠释》，上海人民出版社2008年版。
［31］陆建华：《先秦诸子礼学研究》，人民出版社2008年版。
［32］杨朝明、宋立林等：《新出简帛文献注释论说》，台湾书房2008年版。
［33］冯友兰：《中国哲学史》，生活·读书·新知三联书店2009年版。
［34］王钧林、周海生译注：《孔丛子》，中华书局2009年版。
［35］徐刚：《孔子之道与〈论语〉其书》，北京大学出版社2009年版。
［36］陈戍国：《中国礼制史（先秦卷）》，湖南教育出版社2011年版。
［37］杨朝明主编：《论语诠解》，山东友谊出版社2012年版。
［38］杨朝明、宋立林主编：《孔子家语通解》，齐鲁书社2013年版。

外国文献

［1］〔俄〕列·谢·瓦西里耶夫：《中国文明的起源问题》，郝镇华、张书生、杨德明等译，文物出版社1989年版。
［2］〔英〕崔瑞德、鲁惟一编：《剑桥中国秦汉史》，杨品泉、张书生译，中国社会科学出版社1992年版。
［3］〔美〕E. 博登海默：《法理学——法律哲学与法律方法》，邓正来译，中国政法大学出版社1999年版。
［4］〔英〕贡布里希：《写给大家的简明世界史——从远古到现代》，张荣

昌译，广西师范大学出版社2003年版。

[5]〔美〕牟复礼：《中国思想之渊源》，王立刚译，北京大学出版社2009年版。

[6]〔美〕路易斯·亨利·摩尔根：《古代社会》，杨东莼、马雍、马巨译，商务印书馆2009年版。

[7]〔德〕黑格尔：《哲学史讲演录》，贺麟、王太庆等译，上海人民出版社2013年版。

[8] Susanne K. Langer, *Philosophy in a New Key*, (Cambridge: Harvard University Press, 1980).

期　刊

[1] 李学勤、李零：《平山三器与中山国史的若干问题》，《考古学报》1979年第2期。

[2] 刘蔚华：《论仁学的源流（上）》，《齐鲁学刊》1982年第1期。

[3] 杨向奎：《关于周公"制礼作乐"》，《文史知识》1986年第6期。

[4] 程宜山：《〈中庸〉"诚"说三题》，《孔子研究》1989年第4期。

[5] 喻博文：《论〈周易〉的中道思想》，《孔子研究》1989年第4期。

[6] 王钧林：《孔子居卫之谜——兼谈鲁、卫文化之异同》，《孔子研究》1989年第4期。

[7] 王勇：《平山三器若干问题研究》，《宁夏大学学报》（社会科学版）1991年第1期。

[8] 李启谦：《孔子周游列国论纲》，《学术月刊》1994年第3期。

[9] 杨朝明：《鲁国礼乐传统研究》，《历史研究》1995年第3期。

[10] 李学勤：《荆门郭店楚简中的〈子思子〉》，《文物天地》1998年第2期。

[11] 李冬君：《儒家分化与孔子圣化》，《南开学报》（哲学社会科学版）

1998年第3期。
[12] 庞朴：《孔孟之间——郭店楚简的思想史地位》，《中国社会科学》1998年第5期。
[13] 庞朴：《孔孟之间的驿站》，《新华文摘》2000年第2期。
[14] 葛兆光：《思想史：既做加法，也做减法》，《读书》2003年第1期。
[15] 庞朴：《古墓新知——郭店楚简的价值》，《荆门职业技术学院学报》2003年第2期。
[16] 杨朝明：《新出竹书与〈论语〉成书问题再认识》，《中国哲学史》2003年第3期。
[17] 李存山：《反思经史关系：从“启攻益”说起》，《中国社会科学》2003年第3期。
[18] 庞朴：《话说“五至三无”》，《文史哲》2004年第1期。
[19] 杨朝明：《〈礼运〉成篇与学派属性等问题》，《中国文化研究》2005春之卷。
[20] 程建功：《〈周易〉与儒家“时中”观的渊源》，《甘肃社会科学》2005年第1期。
[21] 李存山：《不必都是“纯学术”》，《社会科学论坛》2005年第2期。
[22] 杨朝明：《从孔子弟子到孟、荀异途——由上博竹书〈中弓〉思考孔门学术分别》，《齐鲁学刊》2005年第3期。
[23] 李学勤：《辉煌的中华早期文明》，《科学中国人》2005年第4期。
[24] 杨朝明：《〈中庸〉成书问题新探》，《河南科技大学学报》（社会科学版）2006年第5期。
[25] 金春峰：《“德”的历史考察》，《陕西师范大学学报》（哲学社会科学版）2007年第6期。
[26] 杨朝明：《〈逸周书〉所见灭商之前的周公》，《河南科技大学学报》（社会科学版）2008年第1期。

[27] 刘光胜:《出土文献与早期儒学传播》,《平顶山学院学报》2008年第3期。

[28] 晁福林:《“时命”与“时中”:孔子天命观的重要命题》,《清华大学学报》(哲学社会科学版)2008年第5期。

[29] 杨朝明:《礼制“损益”与“百世可知”——孔庙释奠礼仪时代性问题省察》,《济南大学学报》(社会科学版)2009年第5期。

[30] 清华大学出土文献研究与保护中心:《清华大学藏战国竹简〈保训〉释文》,《文物》2009年第6期。

[31] 李学勤:《论清华简〈保训〉的几个问题》,《文物》2009年第6期。

报纸文章

[1] 唐兰:《从大汶口文化的陶器文字看我国最早文化的年代》,《光明日报》1977年7月14日。

[2] 王德成:《〈孔子家语〉——孔子研究第一书》,《光明日报》2008年2月16日。

[3] 姜广辉:《解读清华简:〈保训〉十疑》,凤凰网,2009年5月26日。

后　记

本书是我在博士学位论文的基础上修改而成的，也是筹建的“孔子儒学与历代中国社会研究中心”这一学术平台的重要成果。本书的出版，得到了山东省“泰山学者工程专项经费”的资助。

2007年9月，承蒙杨朝明先生不弃，我随先生学习孔子与早期儒学，具体方向为孔子儒学与中国文化。杨先生的学问博洽，识见渊深。在入门之初，先生博我以文，约我以礼，启我深思，让我逐渐走上了深思慎取，思路开阔而又态度严谨的治学之路。在杨师的指引下，我对孔子儒学与先秦社会关系产生了浓厚的兴趣，也开始了博士论文选题的谋划。在杨师的指导下，最后确定以《原始儒学：早期中国的大成智慧》为题。我之所以选择这样宏大的题目，是基于两方面的考虑：一是为杨师多年来所谋划的“孔子儒学与历代中国社会”这一重大课题做前期的准备工作；二是要认识新的中国，必须先认识老的中国，理清孔子儒学与先秦社会的关系问题，无疑是为解决儒学与当今社会的关系提供历史的依据。

在本书写作之初，与先生多次往来切磋，先生也不辞繁忙，与我精雕细琢。无论是写作的思路还是写作的材料，皆得益于先生的悉心指导。在写作过程中遇到迷茫时，先生的一语就能使我豁然开朗；写作提纲的修订，常使境界顿然一新。至今仍清晰地记着，2010年年初，我将写作完成的博士论文初稿请先生审阅，返回的稿子则令我万分感动。看着先生从摘要到提纲，从前言到论文主体，从参考文献到论文致谢，几乎都留下密密麻麻的批注。这些批注，有些是错误的字词，有的是语句的不通，有些是修改的建议，有的是直接的删改。从先生红色的批注中，我获得的并非仅仅是具体知识，更多的是治学过程中的性情之养。

杨春梅先生是我的硕士生导师，也是杨朝明先生多年的挚友。春梅师学识渊博，治学严谨，谈笑从容。在先生门下读书时，时常得到学业、生活的帮助。读博士期间，与先生仍往来甚繁，得先生学识和风采之滋养。此外，黄怀信先生、傅永聚先生、王洪军先生、张松智先生、刘厚琴先生、修建军先生、李建先生、周海生先生等，曾对本书的写作计划提出许多宝贵的建议；李纪祥先生、王钧林先生、曾振宇先生、李翔海先生等多赐激励、训导之语。诸位先生苦心栽培，遂使拙著免于鄙陋。师恩浩大，谢字难表！在写作的过程中，还得到师母刘淑强教授、同门师兄弟宋立林、孔德立、王红霞、王慕东、房伟、吴信英、杨萍等在资料、思路和生活诸方面的鼎力相助，才使我有机会能顺利地完成学业，在此一并感谢。

当然，本书之所以能顺利面世，多赖王海涛、战海霞等先生之功。王海涛、战海霞先生皆为山东人民出版社的编辑，为拙著操劳甚多，有关出版事宜，书稿格式等，二位皆详告知。特别是在今年出版时间紧、任务重的前提下，仍辛苦运作。常言说："一人之所需，百人斯为备。"没有诸位良师贤达之点拨，没有各方师友之协助，这本书是不可能顺利出版的。感谢之情难以言表。聊作此记，以永识之。

魏衍华

2018年9月10日于圣城曲阜